2019 年度教育部人文社会科学研究青年基金项目"质量文化……学生发展研究"（项目批准号：19YJC880……

质量文化视角下
中外合作大学学生发展研究

RESEARCH ON STUDENT DEVELOPMENT OF
SINO-FOREIGN COOPERATIVE UNIVERSITIES FROM THE
PERSPECTIVE OF QUALITY CULTURE

谢莹莹　著

ZHEJIANG UNIVERSITY PRESS
浙江大学出版社
·杭州·

图书在版编目（CIP）数据

质量文化视角下中外合作大学学生发展研究 / 谢莹
莹著.—杭州 ：浙江大学出版社，2024.3
ISBN 978-7-308-24714-6

Ⅰ．①质… Ⅱ．①谢… Ⅲ．①国际合作－联合办学－
研究－中国 Ⅳ．①G522.7

中国国家版本馆CIP数据核字(2024)第050848号

质量文化视角下中外合作大学学生发展研究

谢莹莹　著

责任编辑	黄兆宁	
责任校对	汪　潇	
封面设计	林智广告	
出版发行	浙江大学出版社	
	（杭州市天目山路148号　　邮政编码　310007）	
	（网址：http：//www.zjupress.com）	
排　版	杭州林智广告有限公司	
印　刷	杭州钱江彩色印务有限公司	
开　本	710mm×1000mm　1/16	
印　张	19.75	
字　数	301千	
版 印 次	2024年3月第1版　2024年3月第1次印刷	
书　号	ISBN 978-7-308-24714-6	
定　价	68.00元	

序

20 世纪 80 年代以来，受教育服务贸易和高等教育大众化的影响，全球范围内各个国家和地区对高等教育资源的需求旺盛，但优质教育资源却相对集中。供求不平衡的矛盾，为合作办学提供了可能。具有独立法人资格和独立校园的中外合作大学应运而生。自 2004 年以来，经教育部批准的中外合作大学共有 10 所（含内地与港澳台地区合作大学，下同）: 宁波诺丁汉大学、温州肯恩大学、西交利物浦大学、上海纽约大学、北京师范大学—香港浸会大学联合国际学院、昆山杜克大学、香港中文大学（深圳）、广东以色列理工学院、深圳北理莫斯科大学、香港科技大学（广州）。

同时，随着教育问责制的强化，以及高等教育成本和消费者负担的增加，利益相关者对于教育资源的投入成效，特别是对于学生的发展日益关注，学生发展质量也逐渐成为高等教育质量评价的核心指标。

在此背景下，该书以 6 所中外合作大学为研究对象，选取"质量文化"这一理论视角，采用混合方法研究，提出了"中外合作大学学生的发展现状如何""基于质量文化理论，影响学生发展的因素有哪些""这些因素如何影响学生的发展""如何从质量文化角度建构中外合作大学学生发展的支持系统"等系列研究问题，旨在思考在教育国际化浪潮中跨境高等教育的质量问题及其带来的借鉴意义。

首先，该书勾勒了质量文化视角下中外合作大学学生发展的群像素描。根据量化分析、质性访谈和各校发布的就业质量报告，建构了中外合作大学学生"通识教育、知识技能、个人社会性发展"三个发展子维度。研究发现，中外合作大学学生发展的核心能力呈现独特性，如具有较强的批判性思考能力、跨文化能力、分析和逻辑思维能力、合作能力、适应能力以及全球化视野、博雅意识、国家认同与社会责任感，并能主动学习、积极思考、寻找所需的信息，形成自身的价值与伦理标准。总体而言，学生良好的"入口"和"出口"表现，使得社会各界对中外合作大学学生的认可度较高。但是，中外合作大学学生在高质量发展的同时也面临一定的挑战。

其次，该书研析了质量文化视角下中外合作大学学生发展的影响因素和影响机理。基于混合方法研究可以看出，影响因素的量化和质性分析结果之间呈现出错综复杂的关系，呼唤着影响机理的进一步解释与验证。于此，研究借助结构方程模型中的路径分析和中介效应检验技术，构建了"链式多重中介"影响机理模型，呈现了质量文化对学生发展的驱动型理论体系，挖掘了多重影响机理，证实了中外合作大学物质层、行为层、制度层、精神层质量文化通过链式多重中介作用影响学生发展的路径及其影响程度。本研究构建的影响机理模型与原有的质量文化、学生发展相关理论模型在学生发展结果的呈现维度、学生发展影响过程剖析的理论视角、"链式多重中介理论模型"获取结果方面存在不同，但是精神层作为质量文化的核心概念价值认同一致。

最后，该书构建了质量文化视角下中外合作大学学生发展支持系统。研究通过经费来源、校园环境、师资队伍、学生结构等物质层质量文化支持系统的构建来保障学生发展；通过学生参与、教师参与、师生互动、朋辈互动等行为层质量文化支持系统的构建来提升学生发展；通过评价制度、制度参与、教学制度、支持制度等制度层质量文化支持系统的构建来激励学生发展；通过质量意识、质量理念、质量定位、质量愿景等精神层质量文化支持系统的构建来引领学生发展。这是从"质量文化"理论的视角对"院校影响力"和"学生发展"理论的全面回应，也能为国内普通高校的质量建设和学生发展提供一定的借鉴。

谢莹莹博士结合理论研究和工作实践，长期专注于中外合作大学以及学生发展的研习探索。该书创造性地将高等教育质量文化理论运用于中外合作大学这一特殊类型高校，有效拓展了学生发展研究的理论视角，也是对现有理论的一种延伸与补充，同时研究构建了质量文化对中外合作大学学生发展的链式多重中介影响机理模型，呈现了质量文化对学生发展层层递进、环环相扣的驱动型理论体系，提出了质量文化视角下中外合作大学生发展的支持系统构建，具有一定的创新研究价值。希望该书的出版能为教育强国建设背景下中外合作办学提质增效、普通高校的高质量发展和学生发展领域的自主知识体系建构提供可能性的借鉴。

是为序。

钟 f 环

2024 年 2 月 13 日

目　录

第一章

绪　论

　　20 世纪 80 年代以来，受教育服务贸易和高等教育大众化的影响，全球范围内各个国家对高等教育资源的需求旺盛，但优质教育资源却相对集中。供求不平衡的矛盾，为合作办学提供了可能。中外合作大学应运而生，并表现出国际化、多元化、复杂化的特点。随着社会问责制的强化，以及教育成本和消费者负担的增加，高等教育利益相关者对于教育资源的投入成效，特别是对于学生发展的关注度日趋增长，学生发展质量也已逐渐成为高等教育质量评价的核心指标。

　　在此背景下，本研究尝试从质量文化视角出发，探析中外合作大学学生发展的外在表现和内在机理，旨在思考在教育国际化浪潮中，中国跨境高等教育如何提质与增效。

第一节　研究背景

一、异军突起：中外合作办学蓬勃发展

　　中外合作办学是全球高等教育伴随世界经济结构调整而进行规模扩张的教育产物。进入 21 世纪，中外合作办学已不同于传统意义上的高等教育国际化的"人员的流动"，而呈现出项目与机构的跨国流动这一全新的表现形式。"数据显示，截至 2021 年底，全国经审批机关批准设立、举办的合作办学机构和项目共 2356 个，其中本科以上层次的机构和项目 1340 个，专科层次的机构和项目 1016 个；合作对象涉及 39 个国家和地区，1000 余所境外高校，900 多所中方（内

地）高校。"[1] 作为高等教育机构跨国流动的重要产物，相继出现了宁波诺丁汉大学、西交利物浦大学、上海纽约大学等 10 所中外合作大学。

中外合作大学的蓬勃发展满足了我国高等教育国际化、大众化的需求。作为高等教育领域的新兴产物，其教育产品的高质量呈现，以及教育过程的高质量渗透，也引起了社会各界的广泛关注。据相关报道，西交利物浦大学 2017 届本科毕业生最终就业率达 99.51%，升学比例为 82.37%，71.02% 升入世界百强名校深造，23.73% 被全球前十的顶尖学府录取。[2] "2014 年，中外合作大学毕业生平均就业率达到 95%，毕业生对就业满意度达到 92%。毕业生对母校人才培养的满意度也达到 90%，95% 的毕业生愿意向社会和广大考生推荐母校。"[3]

显然，中外合作大学在数量增长的同时，其毕业生高就业率、高升学率、高出境率的高质量输出也吸引了学术界对其教育资源、教育质量、学生发展的研究。

二、暗箱揭秘：中外合作大学质量保障

在这些"合格的产品"背后，人们会追问：在中外合作大学的四年学习生活中，学生到底学到了什么？学生实际获得的发展成果如何？这些学生的整体质量如何？面对高额的学费，家长付出的教育成本收益如何？中外合作大学的人才培养质量的评价标准是什么？质量保证体系是什么？

关于跨国界高等教育办学质量的保障，联合国教科文组织（UNESCO）和经济合作与发展组织（OECD）于 2005 年颁发的《保障跨国界高等教育办学质量的指导方针》强调，在坚持若干原则的基础上，要从五大方面考量："背景保障、投入保障、过程保障、结果保障、机制保障。"[4] 我国的中外合作办学从 20

---

[1] 中华人民共和国教育部教育涉外监管信息网 . 这十年，中外合作办学交出满意答卷 [EB/OL].（2022-10-12）[2023-12-13].https://jsj.moe.gov.cn/news/2/1789.shtml.

[2] 西交利物浦大学 . 西浦发布 2017 届毕业生就业质量报告 [EB/OL]. (2018-02-12)[2018-12-20]. http://www.xjtlu.edu.cn/zh/news/2018/02/graduates-report-2017.

[3] 中国新闻网 . 中外合作大学毕业生平均就业率达到 95%[EB/OL]. (2016-04-15)[2018-11-02]. https://www.chinanews.com/sh/2016/04-15/7836414.shtml.

[4] 郭丽君 . 中国跨国高等教育质量保障体系研究 [M]. 北京 : 社会科学文献出版社 ,2014: 2.

世纪 90 年代初开展以来，也逐步建立起了较为系统的质量保障与监管体系。关于中外合作大学的质量保障，有关学者提出可以从指向宏观的外部质量保障、指向中观的合作双方母校的监管与评估，以及指向微观的内部质量保障三个层面来解读。的确，中外合作大学要定期接受合作高校的监督评价，如检查学生的学习结果、了解学生的学习体验等，并将学生参与评价作为内部质量评价的重要内容。可见，中外合作大学都尽力在质量上保持与国外高水平大学的一致性，确保优质教育资源引入的完整性，并注重学生的学习体验。那么在此背景下，国际化和本土化相结合的中外合作大学，其质量评价指向什么？其中学生的发展质量如何？上述话题值得评估与探讨。

三、评价转向：学生发展成为高等教育质量评估的核心指标

最新颁布的《深化新时代教育评价改革总体方案》明确指出，"教育评价事关教育发展方向，有什么样的评价指挥棒，就有什么样的办学导向"，并强调要将"改革学生评价，促进德智体美劳全面发展"作为教育评价改革的重点任务之一。[①] 此外，美国学者迈尔肯·弗雷泽（Malcolm Fraze）也提到："高等教育的质量首先是指学生发展质量，即学生在整个学习历程中所学的'东西'（所知、所能做的及其态度）。"[②] 的确，高校最根本的育人职能是促进学生发展，面对高等教育质量的建构以及质量评估的实施，应将学生这一利益相关主体纳入，将其获得的发展作为评价的核心指标。

基于存在主义理念、新人文主义理念、实用主义理念，高等教育研究逐渐聚焦于学生发展和学生学习，并形成了一系列学生发展理论和院校环境理论。这部分理论注重从学生角度出发，解释大学四年学生的培养状况，以此作为衡量高等教育质量的重要指标。的确，学生进入大学后，其发展是一个长期而复杂的过程，受到的影响因素很多。关于学生发展进程的揭示，可以从过程维度评价高等教育的质量。

---

① 中华人民共和国中央人民政府 . 中共中央 国务院印发《深化新时代教育评价改革总体方案》[EB/OL]. (2020-10-13)[2020-10-30]. http://www.gov.cn/zhengce/2020-10/13/content_5551032.htm.
② 陈玉琨，等 . 高等教育质量保障体系概论 [M]. 北京 : 北京师范大学出版社 ,2004: 59.

映射到中外合作大学，其中观和微观的质量评价即紧扣学生这一相关利益主体的培养质量。因此，借用或构建一套能有效揭示学生受教育进程的工具，来研究中外合作大学这一特殊类型高校的学生发展质量及其受影响状况，意义重大。这也能成为高等教育质量评价领域一个有益的补充与有力的推进。

四、质量文化：中外合作大学学生发展研究的新视角

在这个注重教育战略谋划的世纪，"质量关注"已经跳出"规模扩张"的理路，表现为通过内涵建设而获取质量提升。对于学生发展质量的提升，本研究尝试选取质量文化这一独特视角进行剖析。

因为质量文化作为来自工商界的舶来品，运用到高等教育领域，一定程度上避开了高等教育质量管理与保障技术的局限性。自从以欧洲的李·哈维（Lee Harvey）为代表的一批学者率先提出质量文化的概念后，雅克·拉纳雷斯（Jacques Lanarès）、乌尔夫-丹尼尔·埃勒斯（Ulf-Daniel Ehlers）、欧洲大学协会（European University Association，EUA）等学者和研究机构纷纷提出各自的理论模型，并提出如苏格兰模式、金字塔/同心圆模型等理论概念。综观分析，质量文化强调自下而上，强调学生参与和言语行为，强调信任、价值观等观念的重要性，强调制度自治、组织情境、多样化等。而且学术界关于质量文化的路径建设逐渐聚焦，以学生为中心的教育质量文化逐渐兴起。反过来看，将质量文化的理论框架作为学生发展尤其是学生发展影响因素、影响机制的研究视角，可以说，对于中外合作大学这一有着天然学术自治倾向的、以学生为中心且高度重视质量建设和质量评价的中外文化"联姻"的高等教育产品，或许具有一定的研究适恰性与研究创新性。

第二节　研究意义

一、理论意义

首先，有利于进一步验证和丰富质量文化理论。质量文化理论进入高等教

育领域后，被赋予了更为复杂的含义。当前学术界对质量文化理论的解读视角各异，国内外学者从金字塔／同心圆的角度提出了二、三、四层次的理论模型，此外，还有拉纳雷斯、埃勒斯、欧洲大学协会的高等教育质量文化模型，以及苏格兰模式、哈维的理想类型方法等。本研究拟通过对质量文化文献综述、理论基础和概念界定的研究，结合中外合作大学实际，构建契合院校特质的质量文化理论模型，进而验证和丰富质量文化理论。

其次，有利于拓展对学生发展相关理论的理解。"学生的发展变化"已经成为评价高等教育质量的关键指标，因此，学术界对学生发展相关理论的关注度较高。当前，学生发展相关理论主要可以分为两类：学生发生变化的结果呈现和过程剖析。前者对应于学生发展理论，后者对应于院校影响力理论。本研究拟通过具体的调查与访谈来构建中外合作大学学生发展理论模型，包括结果呈现部分和与影响因素、影响机理有关的过程剖析部分。这是对现有学生发展理论的一种验证、延伸与补充。

最后，有利于检验质量文化和学生发展相关理论进入不同组织情境的适恰性。质量文化和学生发展相关理论都有一定的组织情境性。现有的理论能否适用于"校园学术与生活环境、师生群体、家庭背景均有别于普通高校"的特殊类型高校——中外合作大学，值得研究探讨。本研究拟采用混合方法研究，覆盖6所不同合作背景的高校，通过微观与实证来进行检验。

二、实践意义

首先，本研究有利于通过对中外合作大学学生发展现状与特征的描述，进一步揭示其影响因素，并分析质量风险，提出中外合作大学学生发展的支持系统，进而改善作为核心发展主体的学生的就读状况。

其次，有利于深化政府和社会对中外合作大学这一特殊类型高校学生的学习与生活的关注，并能通过一定的数据资料，对其动态的数据进行跟踪，为中外合作大学乃至其他高校建立教育质量评估与保障的数据基础，进而提升政府教育指导的科学性。

最后，有利于解决我国高等教育大众化和国际化背景下，优质教育资源短缺的问题，通过优质教育资源的国际流动，推动我国中外合作办学事业高质量发展。

第三节 文献综述

随着跨境高等教育的兴起，针对中外合作大学这一特殊类型的高校的相关研究逐渐增加，尤其是针对其优质教育资源经由国际化与本土化后，在利益相关主体——学生这一群体中体现的价值或产生的影响的研究日益增多。学生发展是高等教育质量保障的一个重要监测点，国外学者对其的研究起步较早，在研究上相对成熟，国内学者通过研究理论、研究工具的引入，也紧跟其后，相关研究日渐增多。而在质量文化这一视角下，通过学生发展这一切入口来窥探中外合作大学的内部质量保障，值得期待。

本研究在收集文献时，主要将关键词聚焦于"中外合作办学、中外合作大学、学生发展、质量、就读经验、质量文化"等，这些主题词与本研究高度相关。首先，在对中文专著的搜索中，以"质量文化"为主题进行检索，得到的结果主要面向经济、教育、民族、旅游等几个方面的研究，其中与"教育质量文化"相关的研究主要涉及民族文化和学校文化。以"中外合作"为主题进行检索，得到的结果主要覆盖教育、政治、经济、文化的研究方向。以"中外合作"并包含"学生"为主题进行检索，鲜见相关专著。

其次，在对论文的搜索中，主要利用CNKI（中国知网）进行逐步检索，以此来按需寻找更有针对性的文献资料。以"中外合作大学"为关键词进行检索，得到的结果聚焦于中外合作大学的人才培养模式、教育主权、教学质量、通识教育、学生管理、学生党建、就读体验、发展战略、招生制度、质量保障、风险治理、教学语言、优质教育资源等。以"中外合作"并包含"学生"为关键词进行检索，得到的结果主要涉及中外合作办学中学生的思政和教学层面。以"教育质量文化"为关键词进行检索，得到的结果主要涉及内涵解读和建设举措。以"中外合作"并包含"质量文化"，或"中外合作"并包含"学生发展"，或"学生发展"并包含"质量文化"为关键词时，均未检索到相关文献。可见，国内论文中关于中外合作大学的学生发展研究较少，鲜有从质量文化视角进行研究的。

最后，在对外文文献的搜索中，主要利用 ProQuest 进行逐步检索，以"college student development"（大学生发展）为主题词检索时，得到万余个结果，并辅以"quality"（质量）时，得到 200 余个结果。以"student"（学生）并包含"cross-border education"（跨境教育）为主题词检索，有 2 万余个结果，应该说关于跨境教育学生主体的研究较为繁荣。在以"education quality culture"（教育质量文化）为主题词进行检索时，发现有 122 万余个结果，可见国外对教育质量文化研究较为成熟。在以"education quality culture"和"student"为主题词进行检索时，得到的结果较多是从学生与学校文化进行研究，没有从质量文化视角进行的研究。

由此可见，国内外对于质量文化和跨境高等教育中学生发展的研究具有显著差别，国外相对繁荣，国内较为冷门。基于以上文献检索，本节将从质量文化研究、学生发展研究、中外合作大学学生发展研究、质量文化视角下学生发展研究这 4 个方面展开文献综述，分析学术界现有研究的基础贡献，并提出本研究拟开拓之处。

一、质量文化研究

教育质量文化可以说是企业质量文化概念的延伸，两者在后续发展过程中交叉融合。本部分将从企业质量文化和高等教育质量文化两方面展开综述，以期对质量文化有更为整体的了解。

（一）企业质量文化

质量文化的研究源于日本的全面质量管理（total quality management，TQM）。全面质量管理是一项全面的管理战略，旨在满足客户日益复杂的需求和扩大的业务环境，包括技术和管理的进步，且在组织的各个层面坚持以客户为导向的原则。众所周知，全面质量管理主要在日本和美国传播。然而，日本人和美国人的文化价值观却截然不同。日本人强调群体和谐的重要性，而美国人主要重视个人的创造力和成就。即便如此，这些不同文化的公司也已成功实施全面质量管理，并取得了世界一流的业绩。有理由相信，当全面质量管理作为一个无文化系统在特定的文化环境中实施时，它必须在一定程度上适应当地文化。为了克服全面质量管理概念和要素中认识的不足，部分学者开始"将全面质量管理作为一种文化现象来研究，认为成功的全面质量管理实施依赖于将质量镶嵌以及反映于组织文化当中，而不是仅仅作为一套工具和技术"①。

基于这种认识，以企业为代表的大型组织开始寻求以积极主动和有意识的方式重塑文化。近年来，企业文化的概念被用于发展和理解与组织研究相关的文化概念。托马斯·J. 彼得斯（Thomas J. Peters）和罗伯特·H. 沃特曼（Robert H. Waterman）在他们的著作《寻求卓越》一书中总结了许多人普遍接受的组织文化的重要性，认为这些组织中的文化优势和连贯性无一例外地证明了成功的基本素质。②

1. 质量文化与组织文化

学术界对组织文化的研究较为丰富，但由于质量文化内涵的复杂性，将这两者的概念进行比较并不容易。部分学者倾向于认为质量文化是组织文化的一部分，属于组织的价值观之一，而且需要通过行为去实践组织理念和组织价值观。部分学者则认为，质量文化是所有人和资源的集中，在组织的各个方面永无止境地追求更高的质量和服务。质量文化超越了质量管理，因为它涵盖了组织的理念、核心价值观和实践，以及使组织内部发生变化的微观要素。③

2. 企业质量文化的原则

乔·巴顿（Joe Batten）认为需要遵守以下价值观和原则，即：组织的每个方面都必须存在，以提供增值服务；"弱点"必须被认为是不充分发展的优势；所有人都应该有明确的目的、方向和期望；所有人都应该通过开放和坚韧的心态寻求增长；组织中的每个人都应该期待生活中每个方面的最佳状态。④

---

① Cameron K. Framework for Organizational Quality Culture, 1999, ASQ [EB/OL].(2013−01−24)[2019−1−13]. http://webuser,bus.umich. edu/cameronk/PDFS/Organizational% 20Culture/FrameworkOrgQualCulture.pdf.

② 托马斯·彼得斯，罗伯特·沃特曼. 追求卓越 [M]. 北京：中信出版社,2012.

③ Batten J. A Total Quality Culture[J].Management Review, 1993,83(5):61.

④ Batten J. A Total Quality Culture[J].Management Review, 1993,83(5):61.

3. 企业质量文化的要素

哈里森·安德鲁（Harrison Andrew）等认为高级管理层领导、员工参与和授权、客户关注、供应商合作、团队合作、首席执行官效应和开放的企业文化，是质量文化的重要因素。另外，从行为科学看，组织理论和全面质量管理文献中确定了可能影响文化变革的因素。这些因素分为五组"变革推动者"——动机，奖励，组织政策，价值观、环境和组织结构。[①] 劳雷尔·尼尔森 - 罗（Laurel Nelson-Rowe）认为，激励是质量文化的重要组成部分，但激励机制差异很大。最有效的激励措施包括与指标和现金奖励相关的个人补偿。[②]

国内关于企业质量文化的研究始于 20 世纪末，经过近 30 年的发展，较多地关注于企业价值观研究、质量文化建设的路径研究、模型研究、各个行业不同领域专业的研究、人这一核心竞争力研究以及品牌提升研究等，与国外的企业质量文化相比，多为描述性、经验性研究。

（二）高等教育质量文化

20 世纪 90 年代初，高等教育质量保障开始兴起，大量的外部保障机构建立，随之出现相应的外部保障技术与规程。同时在高等学校内部，全面质量管理也开始引入。但到 90 年代晚期，高等教育内外部质量保障的发展出现瓶颈，使得学者们不得不质疑：高等教育的质量保障是不是不能仅仅依靠技术与规程，而应像企业一样，要创设一种基于自身教育学术的文化。因为与企业相比，大学与文化的关系似乎更为紧密。于是，学者们开始探索高等教育中的质量文化。

1. 高等教育质量文化的概念界定

基于质量和文化各自概念的不确定性，学者从不同的角度尝试探究质量文化的概念。

从组成要素的角度看，欧洲大学协会提出，质量文化包含文化 / 心理要素和结构 / 管理要素。前者指向个体，主要强调价值观、信仰、承诺等，后者指

---

① Andrew H, Schniepp S. The Metrics of Quality Culture[J].Pharmaceutical Technology, 2015,39(9):22,24−25.

② Nelson-Rowe L. Key Components to a Successful Culture of Quality[J].Talent Development Alexandria,2014,68(11): 22.

向组织，主要强调增强质量的程序，协调个人行动的目标。[1]韩映雄等认为高校质量文化是"全体师生员工涉及质量空间的一切精神活动、精神行为以及精神物化产品的总称"。[2]内库拉·E.西吉丁（Neculai E. Seghedin）、德拉戈斯·基塔留（Dragos Chitariu）等认为，质量文化是组织文化的一部分，大学质量文化的基本要素有人力资源、监管框架和组织结构。[3]

从结构层次的角度看，学者认为高等教育质量文化可以呈现二层次、三层次或四层次等理论形态。二层次论者认为高校质量文化有广义和狭义之分，广义的高校质量文化是指高校以质量为核心，包括物质层、制度层和精神层三个方面的总和；狭义的高校质量文化主要是指学校质量文化的精神方面，"是高校在长期的办学过程中形成的具有校本特色的管理思想和管理理念，是一种团体意识和精神氛围"[4]。三层次论者认为质量文化主要有"物质层、制度层、精神层"，最终表现为"物质质量文化、制度质量文化、精神质量文化"。四层次论者认为质量文化主要有物质层、行为层、制度层和精神（道德）层。高校教学质量文化是包括物质文化、行为文化、制度文化和道德文化在内的涉及质量各要素的总和。[5]

欧洲大学协会除了通过要素界定外，同时采用一种自下而上的讨论来对质量文化进行界定，通过邀请100多所高等教育机构参与"质量"和"质量文化"的概念讨论，最后把质量文化界定为一种致力于永久性提高质量的机构文化，而它的具体含义需要根据各个机构的具体情境而定。[6]

---

[1] 杜云英.高等教育质量文化研究——以研究型大学 X 大学为例 [D].北京：北京师范大学,2012:20.

[2] 韩映雄,梁亦菡.高等教育质量保障体系中的质量文化建设 [J].中国高等教育评估,2006(4):28-29,38.

[3] Seghedin N E, Chitariu D. Software Application for the Development of Quality Culture in Higher Education[J].The International Scientific Conference Learning and Software for Education, 2013(3):338-343.

[4] 高海生,王森.论文化生态学视野下的高校质量文化建设 [J].国家教育行政学院学报,2013(7):15-18.

[5] 王朝兵,王章豹.高校教学质量文化建设初论 [J].合肥工业大学学报(社会科学版),2009(5):81-84.

[6] 杜云英.高等教育质量文化研究——以研究型大学 X 大学为例 [D].北京：北京师范大学,2012:12.

2. 高等教育质量文化的理论模型

当前学术界对质量文化理论的解读视角各异，国内外学者从金字塔/同心圆的角度提出了二、三、四层次的理论模型，此外还有拉纳雷斯、埃勒斯、欧洲大学协会的高等教育质量文化模型，以及苏格兰模式等。具体的模型阐释会在"理论基础"一章中展开。

3. 高等教育质量文化的实证研究

近些年，从实证研究的角度来讨论高等教育质量文化，在国外呈现渐增趋势。例如 Hairuddin Mohd Ali 等对马来西亚国际伊斯兰大学的 267 名学术人员进行调查，测试和验证研究中使用的质量文化和劳动力绩效工具的心理测量属性，并进而研究马来西亚高等教育部门的质量文化与员工绩效之间的关系。研究发现，在马来西亚高等教育部门的推动下，可以有效地利用质量文化倡议，以提高学术人员的绩效。[①]

欧洲大学协会推出了"质量文化工程"和"高等教育机构质量文化检测工程"，这两项实证研究工程的主要贡献点如下：一是为质量文化赋予了一个可操作性的定义；二是指出每所机构可以拥有不同的质量文化，因为文化要与具体情境相适应；三是强调领导与草根阶层共同参与建立质量文化，重视学生的参与；四是声明质量文化与质量保障程序并非排斥关系。[②]

4. 高等教育质量文化的建设策略

国内外较为成熟的研究，大致有如下几类观点。

欧洲大学协会课题组提出高校培育质量文化有八项"优秀原则"：增强职工对学校的认同感，培养学生的参与意识，重视内部沟通并赋予教职工权力，对于评估程序和标准达成一致，对于关键数据做系统的定义、收集和分析，吸纳各方面（教师、学生、家长、雇主等）的适当参与，重视自评，评估后及时跟踪研究并改进工作。[③]

---

① Ali H M, Musah M B. Investigation of Malaysian Higher Education Quality Culture and Workforce Performance[J].Quality Assurance in Education,2012,20(3):289−309.

② 杜云英. 高等教育质量文化研究——以研究型大学 X 大学为例 [D]. 北京：北京师范大学,2012:20.

③ 李福辉. 欧洲高校与质量文化：迎接质量保证的挑战 [J]. 山东教育学院学报,2009(6):39−41.

阿吉里斯（Argyris）、伯恩斯（Burnes）和科特（Kotter）认为院校领导应对质量文化发展的途径有：发展远景和策略；建立必要性意识；创造指导团体；广泛联系，准备持续地倾听；建立共同的承诺；产生一些早期成果；巩固收获；不要沉浸于光环之中。[1]

傅根生等认为，高校质量文化要通过质量理念化、理念制度化、制度文化化等三个进程，促进价值的内化与意义的共享，最终实现大学的质量追求。[2]

唐文指出，在当前我国高等学校着力改善教学条件和加强教学内涵建设的同时，应注重在教育教学过程中培育以学生为本的质量文化，努力在办学理念中融入以学生为中心的质量文化精神，在质量工程建设中强化为学生服务的质量文化意识，在质量保障体系中彰显鼓励学生参与的质量文化特色。[3]

田健认为，建设好教育质量文化，需要树立一个理念，明确两种意识，遵循三个原则，抓住四层系统，落实五方面工作。一个理念即"全面质量管理"的理念。两种意识为品牌意识和特色意识。三个原则即科学发展、以人为本、全员参与。四层系统为物质层、行为层、制度层和价值层。五方面工作是建立组织机构、健全规章制度、开展宣传教育、强化全面管理、完善质量体系。[4]

（三）跨境高等教育质量文化

质量文化来源于企业管理，因此部分学者结合企业的组织文化，将其运用在跨境企业中，但将其融入跨境高等教育的并不多见，如德国学者马克·海（Mark Hay）提到："从质量文化角度出发，固有的保障方式，特别是外部质量保障方法面临许多变数，包括全球经济危机、对各种教育机构信任度的降低、对高等教育机构竞争力和国家竞争力的重视、对院校多样性的认可度增强、对质量保障的责任性和透明度的要求提升等。"[5]可见在国际高等教育中，传统的

① Yorke M. Developing a Quality Culture in Higher Education[J].Tertiary Education and Management,2000(6):19-36.
② 傅根生,唐娥.高校质量文化研究：问题与思考 [J].国家教育行政学院学报,2009(11):18.
③ 唐文.培育以学生为中心的高等教育质量文化 [J].江苏高教,2009(6):50.
④ 田健.教育质量文化建设的意义及其路径选择 [J].高等农业教育,2010(2):42-44.
⑤ 林梦泉,唐振福,杜志峰.国际高等教育质量保障热点问题和发展趋势——近年来高等教育质量保障机构网络组织（INQAAHE）会议综述 [J].中国高等教育,2013(1):60.

外部质量保障方式需要革新。另如在高等教育质量保障机构国际网络组织第十届双年会上,阿联酋的代表提出了跨文化高校质量保障的"聚合模型",即来自不同文化背景的利益相关方共同梳理学校办学过程中显性文化和隐性文化间的差异,在互动交流中达成共识,形成一致的学校质量文化发展愿景。[①]

从现有的中外文文献搜索结果看,与跨境高等教育质量文化相关的研究主题,主要从国别文化中的公共发展愿景以及内外部质量保障的角度来阐释,前者偏向于质量文化的狭义视角,后者偏向于从广义概念来解读。

二、学生发展研究

本部分将从学生发展的理论研究、国内外测量实践和影响因素的经验文本三方面展开综述。

(一)学生发展的理论研究

对于学生发展的相关理论,学术界主要从两大方面着手分析:学生发展理论和院校影响力理论。前者主要从社会心理学、认知结构理论、类型学的角度来展现学生发生的变化,即学生发展的结果呈现。后者主要从实证研究的角度剖析学生发展的影响因素、影响机理等,即关注学生发展的过程。具体的理论模型阐释和评述会在第二章"理论基础"中展开。

(二)学生发展的测量实践

抛开质量文化的理论框架,纯粹从学生发展的测量研究看,学术界主要聚焦于关乎学生知识、能力、道德、公共与学术活动参与以及院校环境等的学生发展的问卷研发与实践调查。

1. 国外相关问卷的研发与调查

基于学生视角的调查及相关数据分析在国外愈发受到重视,其在高校教育质量保障中发挥的作用也愈加显著。尤其是在美国,学术界常以学生参与、校园质量评价、就读体验为切入口来研究分析学生发展、学生学习成果的测量与评价等。

---

① 黄丹凤. 高等教育变革中质量保障的新路径——高等教育质量保障机构国际网络组织第十届双年会综述 [J]. 教育发展研究 ,2009(21):125.

（1）美国大学生就读经历问卷调查（CSEQ：college student experiences questionnaire）。该问卷由印第安纳大学于 1979 年研发，1998 年更新至第四版。问卷的目的是评价本科生在利用院校为其提供的有利于学习与发展的资源与机会时所付出的努力质量，学生如何评价院校环境对不同教育目标的重视程度，以及学生的努力质量、院校资源的评价如何影响学生对一系列自我学习产出的评估。问卷包括学生基本信息、校园活动、对校园环境的评价、学习收获等。[①] 印第安纳大学后又将 CSEQ 问卷改编为用于调查大学新生的学生期望的调查问卷（CSXQ:college student expectations questionnaire）。

（2）全国学生参与度调查（NSSE：national survey of student engagement）。该问卷由印第安纳大学和美国全国高等教育管理系统中心负责研发。其通过分析"学生投入有效学习活动的时间与精力"及"高校在多大程度上促进学生更好地参与"这两大因素来评价学生的学习效率和高等院校的质量。[②] 主要从学生与学校的行为、学生对学习经历和对大学的看法、学生基本信息等维度来建构问卷，还提出了"学业挑战度"等 5 项指标。

（3）加利福尼亚大学本科生校园经历调查（UCUES：the university of california undergraduate experience survey）。由加利福尼亚大学伯克利分校负责，并从 2004 年开始实施。问卷采用模块式设计，内容覆盖加利福尼亚大学本科生对在校经历的看法，包括在校行为、态度、自我认知和目标，以及其他渠道未能提供的人口统计资料等方面的大样本数据。[③] 通过将调查收集的学生信息与管理数据中的各分校数据匹配后，能够提供学生背景、学术与课外活动、目标期望、与学术和管理机构的互动、学习成果与社交技巧的自我评价、同学互动、社区服务、公共活动、预期的学习困难等方面的信息。

2. 国内相关问卷的研发与调查

钟秉林等学者提出："新一轮本科教学评估应将重心加以调整，由院校向学

---

① CSEQ.At a Glance[EB/OL].(2013−02−02)[2019−01−13]. http://cseq.iub.edu/cseq_glance.cfm.

② NSSE.About NSSE[EB/OL].(2013−02−02)[2019−01−01]. http://nsse.iub.eduhtmlabout.cfm.

③ UCUES.Welcome to UCUES[EB/OL].(2013−02−02)[2019−02−13]. http://student survey. university of california.

生转移，从硬件建设向软件建设转移，从关注教师向关注学生转移，从资源的占有量向资源的使用效率和学生学习效果转移。"① 国内相关学者积极探索新的评估范式与评估主体，并借鉴国外成熟研究经验开发或改编问卷。

（1）中国大学生就读经验研究。该研究主要从学生的背景特征、学生的投入或参与，以及学校环境等层面研究各类自变量对学生发展的影响。这项调查由北京师范大学周作宇学者团队于 2002 年从美国引入 CSEQ 并汉化而形成。20年来，他们对国内 20 余所高校的学生进行了调查，并建立了学生数据库。

（2）北京高校学生学业发展状况调查。问卷假设学生的学业成就和认知能力发展取决于院校结构性与组织特性、学生特征、高校环境、学生参与，以及师生、同伴间互动五大要素。② 这项调查由北京大学鲍威学者团队于 2006 年开始实施。

（3）中国大学生学情调查。调查从五大指标入手，比较了美国同类院校学生的学习过程与状态，中国三类院校在校园环境支持度上的差异，以及不同院校类型、学科领域、性别、年级的中国大学生的学习行为和心理状态差别。③ 这项调查由清华大学史静寰学者团队负责。

另外国内的相关问卷研发，还有厦门大学史秋衡学者团队负责的"大学生学习情况调查研究"、复旦大学于海学者团队开发的"上海大学生发展研究"等。④

（三）学生发展影响因素的经验文本

本研究的切入点主要为中外合作大学学生发展的影响分析，因此有必要对已有研究的影响因素进行梳理，为下一步的实证研究提供借鉴。

---

① 魏红, 钟秉林. 重视学生学习效果 改善教育评估效能——国际高等教育评估发展新趋势及其启示 [J]. 中国高教研究, 2009(10):18.
② 鲍威. 未完成的转型——普及化阶段首都高等教育的人才培养与学生发展 [J]. 北京大学教育评论, 2010(1):32.
③ 史静寰, 涂东波, 王纾等. 基于学习过程的本科教育学情调查报告 2009[J]. 清华大学教育研究, 2011(4):9-23.
④ 王小青, 王九民. 中国大学生学业成就评估研究: 二十年的回顾 (1998—2017 年)[J]. 苏州大学学报（教育科学版）,2018(3):64.

1. 人口统计学特征

在各类学生发展的实证研究中，人口统计学特征是作为重要的影响因素来进行变量分析的。尤其是在国外的相关研究中，白人、黑人、亚裔、拉丁裔、非洲裔等身份背景常被用来分析探究教育及社会问题。拉蒙特·A. 弗劳尔斯（Lamont A. Flowers）等学者提出："研究的结果虽然不完全一致，但已表明非裔美国人和白人学生在学生活动中的参与程度不同。此外，研究非裔美国学生参与的学者发现，学生的种族身份可能会影响他们参与校园学生活动的程度。"[①]

2. 家庭背景

在 OECD 的相关研究中，家庭的社会经济地位作为子女成长的最重要的影响因素，已有一致的研究结果。国外以家庭背景为变量因素的研究最早起源于"科尔曼报告"，认为美国学生的家庭社会经济背景特征与学生学业成绩存在很强的正相关性。[②] 此后相关研究者的研究结论也支持了这个结果，得到一致认可。

3. 居住地影响

这一影响因素更适合于研究国外学生的发展。关于居住地的影响主要是选择居住在校内还是校外，亚历山大·W. 阿斯汀（Alexander W. Astin）的结论是："住在校园内与发展有正相关关系，这种积极影响发生在所有类型的机构和所有类型的学生中，不分性别、种族、能力或家庭背景。"[③] 对于国内高校，基于基本统一的校内宿舍，这类影响因素几乎可以排除。

4. 同伴影响

同伴影响的重要性贯穿于教育过程的各个阶段，即生源好的学校更受学生青睐，同样也更能吸引高质量的生源，因为人们相信优质的学生群体更有益于同伴成长。尽管学术界对同伴影响的研究较多，但国外高校由于学生能自主选择住宿同伴，所以影响因素不容易分析。而国内高校中如鲍威研究发现："周边

---

① Flowers L A, et al. Examining the Effects of Student Involvement on African American College Student Development[J].Journal of College Student Development,Baltimore,2004,45(6): 633-654.

② 张劲英 . 中国研究型大学本科新生学业成就之影响因素分析 [M]. 杭州 : 浙江大学出版社 ,2017:54-55.

③ Astin A W. Student Involvement: A Developmental Theory for Higher Education[J].Journal of College Student Development,1984(25):297-308.

同学的学习积极性对改善学生学业成绩具有显著的成效。"[1]

5. 师生互动

师生互动对于学生发展的影响，从群体来讲，国外的研究成效更好。国内高校的师生互动效果并不显著，哪怕基于长时间的推动后，效果仍不明显。在国外，基于大量关于学生与教师互动影响的研究，欧内斯特·帕斯卡雷拉（Ernest Pascarella）发现，学生和大学教师之间的非正式接触为大学生带来了许多积极的教育成果。他在完成另一个广泛调查后，进一步证实了学生—教师互动对大学生认知发展的重要性，并且发现学生各方面的发展受到学生与制度环境的互动以及学生在学术和学习上的努力质量的影响。[2]

6. 学生参与

学生参与在学生发展理论和院校影响理论中，均被认为是非常重要的影响因素，尽管学者使用不同的概念，如学习投入、学生努力质量、学生投入、参与度等，但诸多经典研究均表明，学生的参与投入程度是预测其大部分认知和情感发展的有效指标，并能解释环境变量影响学生的机制。罗伯特·佩斯（Robert Pace）和周作宇教授的系列研究均支持了学生参与重要性的论断。学生参与可以包含课程学习、课外活动体验、参与学生组织、参加体育运动等。[3][4]

7. 学校投入

该变量主要包含软件和硬件的投入，硬件投入比较容易测算，但软件投入如师资队伍质量、师生比、院校文化等对学生发展的影响就比较复杂。北京师范大学周作宇教授的研究结论对学校层面的变量解释率不高，但这并不意味着学校环境的作用就无足轻重，其与学生参与因素共同影响学生。

---

[1] 鲍威. 未完成的转型——普及化阶段首都高等教育的人才培养与学生发展 [J]. 北京大学教育评论 ,2010(1):27–44.

[2] Flowers L A, et al. Examining the Effects of Student Involvement on African American College Student Development[J].Journal of College Student Development,Baltimore,2004,45(6):633–654.

[3] Pace C.Robert. Measuring Outcomes of College:50 Years of Fingdings andRecommendations for the Future[M].San Francisco:Jossey–Bass, 1979:80.

[4] 周作宇 , 周廷勇 . 大学生就读经验 : 评价高等教育质量的一个新视角 [J]. 大学（研究与评价）,2007(1):30.

8. 大学质量、规模与类型

帕斯卡雷拉提出大学质量、规模和类型是影响学生发展的因素之一。他认为大学质量对学生的教育抱负和学位的获得有重要影响；大学规模对工资优势有重要影响；大学类型对学生的影响比较复杂，若公立和私立属性不同或者规模大小不同会导致结果不同。

三、中外合作大学学生发展研究

（一）中外合作办学与中外合作大学

依据《中华人民共和国中外合作办学条例》以及《中华人民共和国中外合作办学条例实施办法》，中外合作办学指外国教育机构同中国教育机构在中国境内合作举办以中国公民为主要招生对象的教育机构的活动。香港特别行政区、澳门特别行政区和台湾地区的教育机构与内地教育机构合作办学的，参照《中华人民共和国中外合作办学条例》的规定执行。①

截至 2023 年 11 月，经教育部批准，"拥有独立法人资格的中外合作大学已经发展到十所"②，分别是宁波诺丁汉大学、西交利物浦大学、上海纽约大学、昆山杜克大学、温州肯恩大学、香港中文大学（深圳）、北京师范大学—香港浸会大学联合国际学院、广东以色列理工学院、深圳北理莫斯科大学、香港科技大学（广州）。本研究将中外合作大学截至 2023 年 11 月的基本情况进行整理，以供整体感知。由于部分数据如在校研究生数、在校留学生数的数据较为隐蔽，因此并不完全准确，仅供参考。具体如表 1 所示。

---

① 教育部 . 中华人民共和国中外合作办学条例 [EB/OL].(2019-03-02)[2019-07-01]. http://www.crs.jsj.edu.cn/index.php/default/news/index/2.
② 刘洁 . 中外合作大学要为未来提供一种教育方案——访西交利物浦大学执行校长席酉民 [J]. 留学 ,2023(23):12.

表1　10所中外合作大学基本情况（截至2023年11月）

序号	学校名	英文校名	建校时间	学校地点	合作单位	教育层次	在校教职工数	在校本科生数	在校研究生数	在校留学生数	院系数量
1	宁波诺丁汉大学	The University of Nottingham Ningbo China	2004年	浙江省宁波市	浙江万里学院、英国诺丁汉大学	本科（2004）、硕士（2008）	700余人	7000余人	约1500人	约300人	3个学院
2	西交利物浦大学	Xi'an Jiaotong-liverpool University	2006年	江苏省苏州市	西安交通大学、英国利物浦大学	本科（2006）、硕士（2010）	1700余人	约15000人	2000余人	约600人	19个院系
3	上海纽约大学	Shanghai New York University	2012年	上海市	华东师范大学、美国纽约大学	本科（2013）、硕士（2017）	200余人	1800余人	200余人	约2000人	3个学部
4	昆山杜克大学	Kunshan Duke University	2013年	江苏昆山	武汉大学、美国杜克大学	本科（2018）、硕士（2014）	800余人	1300余人	200余人	420余人	3个领域
5	温州肯恩大学	Wenzhou-Kean University	2014年	浙江省温州市	温州大学、美国肯恩大学	本科（2014）、硕士（2019）	470余人	本硕博4200余人	本硕博4200余人	约150人	5个学院
6	香港中文大学（深圳）	The Chinese University of Hong Kong, Shenzhen	2014年	广东省深圳市	深圳大学、香港中文大学	本科（2014）、硕士（2015）、博士（2016）	520余人	6500余人	硕博约3000人		6个学院
7	北京师范大学—香港浸会大学联合国际学院	Beijing Normal University – Hong Kong Baptist University United International College	2005年	广东省珠海市	北京师范大学、香港浸会大学	本科（2005）、硕士（2016）	约500人	7300余人	2000余人	约500人	5个院系
8	广东以色列理工学院	Guangdong Technion-Israel Institute of Technology	2016年	广东省汕头市	汕头大学、以色列理工学院	本科（2017）、硕士（2017）	70余人	1100余人	约50人		6个本科专业
9	深圳北理莫斯科大学	Shenzhen MSU-BIT University	2016年	广东省深圳市	北京理工大学、俄罗斯莫斯科国立罗蒙诺索夫大学	本科（2017）、硕士（2018）	500余人	本硕博1800余人	本硕博1800余人	100余人	11个本科专业
10	香港科技大学（广州）	The Hong Kong University of Science and Technology (Guangzhou)	2022年	广东省广州市	广州大学、香港科技大学	本科（2023）、硕士（2022）、博士（2022）	203人	125人	约500人	3人	四大枢纽、15个学域

注：数据来自各校的官方网站、百度百科、招生宣传手册、就业质量报告等相关资料，但信息因来源渠道不同，可能存在差异。

（二）中外合作大学学生发展的实证研究

经 CNKI 检索，与本研究主题相关的主要有 3 篇硕士论文：张志霞以宁波诺丁汉大学为案例对象，从学习环境、个体期望、个人经历 3 个维度分析影响中外合作大学学生就读体验的因素，[①]赵璐以 X 大学为案例对象，采用选择来 X 大学读书的原因、X 大学课程体系、师资与教学、教育质量保障、学生服务与支持以及整体评价等几个就读体验维度来分析促进学生发展的人才培养模式的构成要素和实施现状；[②]南娜以西交利物浦大学为案例对象，从学校资源、教师教学、整体学习感知等方面调查学生的就学满意度。[③]

香港学者 Ka Ho Mok 和 Kok Chung Ong 通过实证研究发现，我国跨境高等教育（含中外合作大学）不仅在治理方式上发生了重大变革，而且在学生学习体验和教学方式上也发生重大变革，国家更加重视文化软实力的竞争。文章还批判性地审视了学生进入跨境高等教育后的学习经历或学习体验，认为学生对自身的体验及发展评价较为积极，尤其认可跨境高等教育项目可以让学生充分利用优质教育资源，提高出境升学率。当然研究也提出跨境高等教育项目在师资、语言及境内校园对学生的区别对待等方面存在一定提升空间。总体认为学生既是教育活动的实施对象，也是教育机构的构成主体，学生在中外合作办学项目中的就读体验能够很大程度上反映出这类教育的实施情况，开展学生实证调查对深入了解中外合作办学具有重要价值。[④]

四、质量文化视角下学生发展研究

在 CNKI 检索中输入"质量文化"并包含"学生"，共出现 5 个结果。其中 3 篇是思辨类论文：王保星提出新世纪十年英国大学教育质量保障确立了质量文

[①] 张志霞 . 中外合作大学本科生就读体验研究——宁波诺丁汉大学的个案研究 [D]. 金华：浙江师范大学 ,2016:1.

[②] 赵璐 . 中外合作大学的人才培养模式研究——以 X 大学为例 [D]. 上海：华东师范大学 ,2016:1.

[③] 南娜 . 基于学生满意度的中外合作大学教学质量评价——以西交利物浦大学为例 [D]. 苏州：苏州大学 ,2016:1.

[④] Mok K H ,Ong K C. Transforming from "Economic Power" to "Soft Power" :Transnationalization and Internationalization of Higher Education in China[J].Survival of the Fittst, 2014(2):133−155.

化建设的新思路，并以学生参与为提升教育质量的新手段①；唐文认为要在办学理念中融入以学生为中心的质量文化精神，在质量工程建设中强化为学生服务的质量文化意识，在质量保障体系中彰显学生参与的质量文化特色②；杨同毅主要从生态学的视角来探讨，并寻求建设路径和方法。另外两篇属于量化分析类论文：程贞玫辅以简易的调查分析，主要从内涵特征和范式路径构建以学生学习为中心的质量文化③；王姗姗采用混合研究方式，从精神、制度、行为、物质4个层面对质量文化的满意度进行调查，提出目标不明确等系列问题，并在结果分析上提出改进策略④。

在CNKI期刊库中输入主题"质量文化"并包含"中外""学生发展"，检索到1篇硕士学位论文：秦琼对安徽省本科项目教学质量保障现状进行了分析，揭示出现质量保障问题的原因，并从师资体系、课程结构、师生参与、教学质量文化等6个方面提出改进建议⑤，但其主要针对的是中外合作办学项目而非中外合作大学。

五、研究述评

本研究在文献梳理过程中，主要聚焦于"质量文化"、"学生发展"和"中外合作大学"3组关键词，而后再经过两两组合进行文献挖掘。从文献回顾可见，国内外学者对上述高等教育领域3个研究关注点的投入有一定的差别，解读的视角和涉及的学科不尽相同，研究产出相对丰硕，但也有进一步拓展的空间。

（一）已有研究基础贡献

首先，已有的研究理论基础扎实，且多学科交叉发展。无论是质量文化理

① 王保星.质量文化与学生参与：新世纪十年英国大学教育质量保障的新思维 [J].杭州师范大学学报,2012(1):118.
② 唐文.培育以学生为中心的高等教育质量文化 [J].江苏高教,2009(6):50.
③ 程贞玫.大学质量文化系统范式构建的新维度——以学生学习为中心 [J].福州大学学报（哲学社会科学版）,2013(6):95–100.
④ 王姗姗.高校质量文化满意度调查与分析——基于学生的视角 [J].江汉大学学报,2016(2):109–113.
⑤ 秦琼.安徽省高校中外合作办学内部教学质量保障研究 [D].合肥：安徽师范大学,2017.

论，还是学生发展理论、院校影响理论，均从国外萌芽，在心理学、社会学、教育学、经济学等领域蓬勃发展而后引入国内，且从多学科视角介入分析，共同促进人们对同一研究主题的探讨。

其次，研究方法以实证分析为主。实证研究分别在质量文化和学生发展两个领域中具备一定的研究基础与研究规模，且国外起源较早，较为成熟。国内学者将相关工具引入后，也取得了一定的研究成果，并供国际比较研究共享。可以说，国内外对于学生发展的影响因素的探讨较为深入。

（二）本研究拟开拓之处

综上所述，国内外学者已有扎实的研究积淀，但仍存有一定的拓展空间。

首先，进一步拓宽研究对象的覆盖面。现有研究多面向普通本科高校，且聚焦于研究型大学。针对中外合作办学项目和机构进行研究的相对较少，并且集中于办学项目的学生或教学管理等方面的学生满意度研究。本研究将以中外合作大学为对象开展研究。

其次，进一步探索研究理论的创新性。现有的研究学生发展影响因素的理论，大多数基于院校影响力理论来探讨。不过对于中外合作大学这一特殊类型的高校，理论的适用性值得研究。同时，有必要选取新的理论视角来尝试分析。

再次，进一步完善研究内容的系统性。现有的研究多通过数据挖掘聚焦重点模块，本研究将在质量文化的理论框架下，梳理相关维度去系统地分析中外合作大学学生发展的现状、影响因素、影响机理、质量风险以及支持系统。

最后，进一步检验研究方法的适用性。国内外相关研究总体上偏量化分析，本研究主要通过量化结合质性的混合方法研究，通过调查问卷和访谈法、观察法、实物收集法等，进一步检验研究方法的适用性。

第四节　概念界定

一、质量文化

质量文化的概念与研究均起源于企业界，在引入高等教育领域后，既继承了质量文化固有的意义，同时也结合高等教育场域的特殊性而被赋予了更为复杂的意义。由于质量与文化这两个概念自身特有的内涵模糊性与复杂性，目前学术界对"质量文化"尚未形成完全统一的定义。部分学者从"个体"和"组织"两个结构来解读；部分学者从"物质""行为""制度""观念"等二、三、四维度来解读；部分学者从"质"与"量"两个相辅相成的角度来解读。尽管解读角度不同，但对通过"参与"和"交流"达到"信任"这个路径较为赞同。如图1所示。

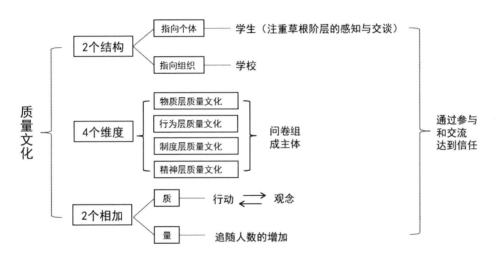

图1　质量文化的几种概念解读

　　本研究的质量文化主要针对高等教育质量文化而言。对其概念的界定倾向于欧洲大学协会对于高等教育质量文化的解析，以及美国质量学会提出的企业质量文化的四个层次解读。

　　本研究认为，高等教育质量文化是指高等教育机构在长期的教育教学和管理实践过程中，自觉形成的关于物质层、行为层、制度层、精神层的文化的总和，其中精神层的质量是目标与核心。运用到不同的组织情境中，高等教育质量文化可有文化适切性的调适。例如在中外合作大学中，物质层的设施设备与师资队伍所呈现的质量要求、文化的适恰性与普通高校存有一定差异。

二、中外合作大学

根据国家相关条例，本研究对"中外合作大学"概念的界定为：中外合作大学是指外国教育机构同中国教育机构在中国境内合作举办以中国公民为主要招生对象，拥有中外合作办学许可证且在中国境内拥有独立校园，具有独立法人资格的高等教育机构。香港特别行政区、澳门特别行政区和台湾地区的教育机构与内地教育机构合作办学的，参照《中华人民共和国中外合作办学条例》的规定执行。目前全国共有 10 所中外合作大学。

三、学生发展

（一）发展

在对学生发展概念进行梳理前，本研究试图对"发展"这一概念进行解读。埃德蒙·C. 桑福德（Edmund C. Sanford）将"发展"界定为对于日益复杂化的情境组织能力的提升。发展是一个积极的成长过程，在这一过程中能整合许多不同的经验。[①] 亚瑟·W. 齐克林（Arthur W. Chickering）对"发展"的概念进行了延伸，提出了"发展向量"的概念，注重理智能力、运动、动手能力和人际互动能力养成。

乔治·库（George Kuh）等学者将个人发展定义为：那些使人能够理解和反思一个人的思想和感受的态度、技能和价值观；认识和欣赏自己与他人之间的差异；成功管理个人事务；关心那些不幸的人；通过友谊、婚姻、公民和政治实体有意义地与他人联系；在各种情况下明确个人和社会可接受的答复；在经济上自给自足。这些品质通常与满足感、身心健康以及工作和休闲的均衡、富有成效的生活有关。[②]

可见，"发展"是一个个体成长的过程和结果。

---

① 方巍. 分化与整合：学生事务管理组织发展比较研究 [M]. 北京：中国商业出版社 ,2003:80.
② Hernandez K, Hogan S, Hathaway C, et al. Analysis of the Literature on the Impact of Student Involvement on Student Development and Learning:More Questions than Answers? [J].NASPA Journal, 1999(36):185−186.

（二）学生发展

"学生发展"一词通常在高等教育的背景下使用。罗杰斯（Rodgers）将"学生发展"描述为："学生在高等教育机构注册后成长、发展或提高其发展能力的方式。"[1] 基于原有理论支撑，本研究认为，学生发展的概念解读可以包括以下两个方面。

一是学生发展的结果呈现。学术界主要从社会心理学、认知结构理论、类型学的角度来展现学生发生的变化。如温斯顿（Winston）和恩克斯（Anchors）认为"学生发展强调基于数据的理论，描述和解释年轻人在五个主要领域的发展：智力、道德发展、社会心理发展、自我发展和职业发展。"[2] 学生发展的结果呈现，包括其维度指标构成，将在本研究的第四章"中外合作大学学生发展群像素描"中通过混合方法研究展开论述。

二是学生发展的过程剖析。学术界主要从院校影响力理论结合实证分析来剖析学生发展的影响因素、影响机理等。如帕斯卡雷拉认为学生的学习和认知发展主要受到 5 个方面变量的综合影响：院校组织或结构特征（在校生数、生师比、选择性、住校生比例）、学生背景和入学前特征（资质、入学前学业成就、个性、动机、种族等）、院校环境、社会化（与教师和学生）交往的频率和内容、学生的努力程度。另如阿斯汀的相关理论模型主要评估不同环境、经历对学生发展所产生的影响。学生发展的内部过程剖析，将在本研究的第五、六章"中外合作大学学生发展影响因素、影响机理"中通过混合方法研究展开论述。

---

① Rodgers R F. Recent Theories and Research Underlying Student Development[M].//Creamer D G, et al. College Student Development: Theory and Practice for the 1990s,1990:27.

② Winston R B, Anchors, S. Student Development in the Residential Environment[M]. // Winston R B, Anchors S, et al. Student Housing and Residential Life: A Handbook for Professionals Committed to Student Development Goals. San Francisco: Jossey-Bass,1993:28.

第二章

理论基础

"质量文化"是本研究的理论视角，其与"学生发展"理论有着天然的融合性与一致性，因为两者都指向了高等教育的质量发展。本章首先对高等教育质量文化理论和学生发展相关理论进行了阐述与分析，而后在第三节中提出本研究的理论框架，并回答了"如何从现有质量文化理论发展到本研究的质量文化理论"和"为何要用质量文化理论来剖析中外合作大学的学生发展"两个问题。

第一节　高等教育质量文化理论模型与方法

本节内容主要从质量文化的三 / 四层次论和其他类型质量文化理论两方面展开论述，并在第三节中进行整合性评述。

一、质量文化的三 / 四层次论

质量文化的三 / 四层次论主要体现为金字塔模型和同心圆模型。

（一）金字塔模型

20 世纪末期开始，企业质量文化的研究成为行业前沿性话题，因为其对企业绩效的影响愈来愈凸显。由此，美国质量学会（American Society for Quality, ASQ）围绕企业质量文化的成熟度评价框架，将质量文化分为四个层次，即质量的物质层级、行为层级、制度层级和道德层级，其中道德层级代表质量文化的核心内容和最高境界，是质量文化建设的最终目标。[1]

---

[1]　齐艳杰 . 高校质量文化建设现状与改进策略——基于"高等教育第三方评估"个案调研 [J]. 中国高教研究 ,2016(3):22.

　　同样在企业质量文化研究领域，中国航空综合技术研究所的郑立伟等学者从质量文化的层次、结构等表现形式角度，提出了质量文化的物质、行为、制度、道德四级理论模型，并从易察觉性到变革抗性，解释了四者的递进关系（见图 2 ）。

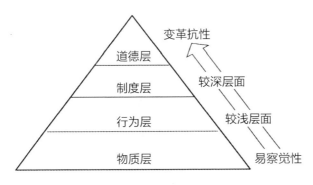

图 2　质量文化金字塔 ①

　　从企业界映射到高等教育领域，部分学者也相继提出了高等教育质量文化的三 / 四层次结构理论模型，本书且将此称为质量文化的金字塔模型。

　　例如厦门大学的董立平、山东省教科所的孙维胜等学者认为，大学质量文化包括物质层、行为层、制度层和道德（精神）层四个层面。这四个层面可组建成一座"金字塔"，道德层是最高的引导层，制度层是支撑层，行为层是一种体现形式，而物质层则是基础层（见图 3 ）。各层面内涵不同、作用明显，但又紧密结合、协调发展。② 这一模型在美国质量学会提出的质量文化金字塔理论基础上进一步强调了"落实"的重要性，但两者都呈现了四个层的递进关系。

---

①　郑立伟, 商广娟, 采峰 . 质量文化评价及实证研究 [J]. 世界标准化与质量管理 ,2008(10):35.

②　董立平 , 孙维胜 . 大学质量文化的本质特征与结构剖析 [J]. 当代教育科学 ,2008(13):8.

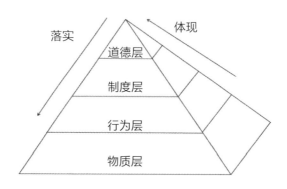

图 3　质量文化的结构类型

武汉大学的罗儒国教授等认为，卓越的质量文化是一种生态型文化，其由精神层、制度层、行为层、物质层等不同层面的质量文化构成。其中，精神层质量文化是核心和灵魂，行为层质量文化和制度层质量文化是保障，物质层质量文化是基石。它们之间相互依存、相互渗透。[①]

欧洲大学联合会于 2002—2006 年实施的"质量文化项目"尽管从定义和阐述上未明确划分四个层面，但其提到：高校质量文化是在大学内、外部利益相关者一致认同的情境下，大学组织的物质层、制度层、行为层、道德层的内在"质量文化模式"。[②]

（二）同心圆模型

同心圆模型与金字塔模型的核心概念和层次划分类似，仅在模型表现形态上有所区别。本书将以下两类模型统称为同心圆模型。

例如，林浩亮认为高校质量文化结构可分为精神、制度、物质和行为四层，如图 4 所示。其中，精神层是核心，支配着其他层次，一旦形成就相对固定。制度层体现了精神层的内涵，又制约着物质层和行为层，可以认为是中介层。物质层和行为层是外显层，展示着高校质量文化的品位和特色，反映出学校的

---

① 罗儒国，王姗姗．高校质量文化建设的战略目标与实现路径 [J]．江苏高教，2013(2):24.
② 齐艳杰．高校质量文化建设现状与改进策略——基于"高等教育第三方评估"个案调研 [J]．中国高教研究，2016(3):23.

文化精髓和文化特质。[①]

图 4　高校质量文化系统结构

　　再如唐大光认为，文化的发展有层次之分。从浅层次至深层次，其表现形式不同，延承性不同，抗变革性也不同。浅层次由群体的行为方式、物质形态等呈现；深层次由价值观念、习俗、规则等呈现。后者的延承性和不易察觉性更强。从文化的层次特性和质量文化管理分析，认为高等教育质量文化又可分为三层：精神层是内层，制度层是中层，物质层是表层。这三者相辅相成，共同影响着高校组织的质量文化。[②] 如图 5 所示。

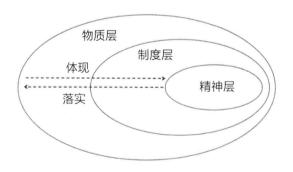

图 5　高校质量文化的结构及相互关系

---

① 　林浩亮 . 质量文化建设 : 新评估周期高校内部教育质量保障新思维 [J]. 长春工业大学学报（高教研究版），2014(3):31.
② 　唐大光 . 高校质量文化及其培育研究 [J]. 国家教育行政学院学报 ,2009(5):24.

二、其他类型的质量文化理论

部分学者根据"质量"+"文化"这一理论概念提出了不同的理解。除了上述的三/四层次论之外，主要有拉纳雷斯、埃勒斯、欧洲大学协会的高等教育质量文化理论模型，苏格兰模式以及哈维的理想类型方法等。

（一）拉纳雷斯的高等教育质量文化模型 [①]

洛桑大学副校长拉纳雷斯认为：与任何文化变革一样，质量文化的发展是一个长期过程，是各种因素互动的结果，也是自上而下和自下而上过程的综合效应。高等教育中发展质量文化的主要挑战之一，是"需要表现出与价值观的一致性"。质量文化的发展，要求质量不仅仅是一种话语，而且还要在实际行为中具体化，反映出价值体系的变化。同时，我们更需要增强质量监督保证机制来观察和影响质量控制的发展，追踪质量文化的发展是否将话语转化为行动。

关于质量文化发展的观察，模型关注到了以下几方面。一是什么层次的观察。例如，沙因（Schein）提出了三个层次：可见的行为和人造物，管理行为的价值观，基本假设（潜在的或多或少无意识的关于事物真实的信念）。二是观察的是什么。多数研究聚焦于人们对其价值观或行为的评价。在行为层面，部分研究认为决策可以成为质量文化的指标。创新代表了决策和行动的具体案例。部分研究认为领导的行为有时与组织文化有关，认为行为是根据领导力或组织结构的理论方法来描述的。也有一些研究将文化与组织绩效的各个方面联系起来。相比于定量方法，定性方法更适合探究信念和观点。三是观察的方法是什么。大多数研究采用简单的类似量表的问卷调查表来表明它们与预定义陈述的一致程度。在某些情况下，也有通过访谈或焦点小组、语篇分析、角色扮演或模拟情境中的决策等获得问题的答案。总之，使用了三个主要类别的措施：人们对他们的价值观和信仰的评价，人们对他们所做的事情的评价，以及人们的行为或行为的结果。

拉纳雷斯认为，质量文化的发展可以看成一块石头扔进水里产生的水纹，

---

① Lanarès J. Tracking the Development of a Quality Culture[EB/OL].(2011-12-23)[2019-02-01]. http://www.eua.be/typo3conf/ext/bzb_securelink/pushFile.Php?Cuid=3091.

具有两个维度。表层要求人们认同价值并参与活动，深层则关注行为的变化。在表层，需要观察越来越远离领导岗位或积极性高的人，例如如何同意价值观并参与质量管理。在深层，涉及与表层粘附相关的行为变化。更深层意味着越来越自发地融入日常的过程，并需要观察一个双重过程：追随人数增加以及话语转化为行动的程度，如图 6 所示。

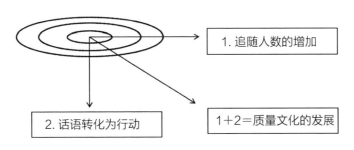

图6　质量文化的双层发展图式

（二）埃勒斯的高等教育质量文化模型[①]

德国杜伊斯堡—埃森大学计算机科学与商业信息系统研究所的一项研究强调，当前高等教育质量管理正进入新时代，质量文化与组织工作、技术、组织结构、事务策略、财务决策这些要素有关，质量文化根植于组织情境和组织文化中，其包含结构、能动、文化、横向四个要素。图 7 显示了高等教育组织的质量和文化之间的关系。

组织文化的核心包括：规范和价值观、观点和态度、关于重要变化的故事，以及组织、思维模式、论据和解释、语言习惯和行为、集体期望和背景信念等。沙因指出，组织文化是对组织所面临的挑战和实现其目标的回应。可以通过组织成员以共同的信念、共享的价值观、符号和仪式进行交流的方式来观察。质量文化将交流和参与视为组织文化的关键要素。因此，沟通和参与在组织内变得很重要，以协调不同的文化并建立集体信任。上述高等教育质量文化模式由四个要素构成。

---

① Ehlers U−D. Understanding Quality Culture[J].Quality Assurance in Education,2009,17(4):343−363.

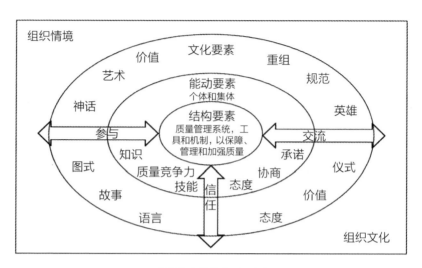

图 7　埃勒斯高等教育质量文化模型

一是结构要素。其代表质量管理系统本身，涵盖了工具和机制，以及规则、法规等。其通过质量管理方法来体现，以适当方式保障、管理、增强或认可质量管理系统。二是能动要素（个人和集体）。这些能动因素是通用和特定的质量能力，能够使组织将质量体系纳入其文化，以及对组织目标和工作流程的认同程度。任何旨在加强教育过程的质量发展过程都需要建立专业人员的能力，即质量发展必须支持教师和其他利益相关者的专业化过程，包括客观的知识、技能、竞争力，以及主观的态度、承诺和协商等。三是文化要素。其代表组织的表现手法、符号和仪式。质量发展过程可以在现有的关于质量、教学、讨论、共享价值观、仪式和有形文化艺术品的假设中表现出来。四是横向要素。通过参与、信任和交流将不同组成部分相互联系起来的横向要素，是提供结构、要素和文化表现之间联系所必需的。组织可以有不同的文化模式，因此，交流和参与在组织内变得很重要，以协调不同的文化并建立集体信任。通过利益相关者的参与建立概念的文化表征，并通过调解和协商来加强他们在内部和外部与他人之间的沟通。信任是刺激个人和集体努力的必要条件，而这又是将质量潜力转化为文化根深蒂固的先决条件，以图式、艺术、价值、仪式和其他质量文化元素表达。值得注意的是，质量文化的发展不能完全由外部引导和管理。它依赖于组织中各个参与者的高度认同和所有权。

（三）欧洲大学协会的高等教育质量文化模型[①]

于 2002—2006 年实施的欧洲大学协会的质量文化研究项目，历经三轮，研究对象涉及 40 个国家近 300 所机构。其主要目标是"以提高知名度的需要来开发机构的内部质量文化，推动出台内部质量管理制度，提高质量水平"。欧洲大学协会认为，质量文化是一种旨在永久提升质量的组织文化，其特点有两个不同的元素：一个是共同价值观、信仰、期望和对质量承诺的文化/心理要素，指向个体；另一个是结构/管理要素，如定义过程、提高质量，旨在协调个人行动的目标，指向组织。这两个要素需要通过沟通、参与以达到信任。其结构要素如图 8 所示。

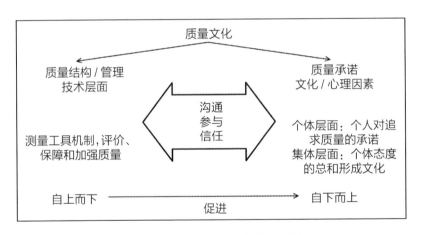

图 8 欧洲大学协会的质量文化模型要素

在质量文化和质量保证领域，高等教育倾向于推动质量文化，因为质量文化中的文化问题聚焦于共同的价值观、信念、期望和承诺。而质量保证是通过有形的东西和管理由制度决定的。欧洲大学协会项目的基本假设是质量文化和质量保证流程是相互关联的，并且质量文化可以通过刺激共同的价值观和信仰来执行决定。

---

① European University Association. Examining Quality Culture: Part I-Quality Assurance Processes in Higher Education Institutions[EB/OL].(2012-02-01)[2018-06-03]. http://www.eua. be/pubs/Examining_Quality_Culture_Part_I.pdf.

（四）苏格兰模式 [①]

"苏格兰模式"由英国高等教育质量保障署与苏格兰大学、苏格兰基金委员会共同设计。它将呈现不同的思考质量文化的方式，以及与高等教育内部质量保证的相互关系。此外，它将开发一个概念模型作为质量文化的一种可能方法。主要涉及以下概念：质量文化、自治、透明、有效性、增值、赋权，以及质量提升（改变机构、制度的过程）和质量变革（改变个体的过程），具体如图9所示。

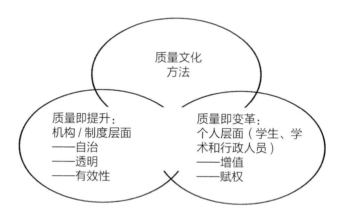

图9　质量文化的苏格兰模式

首先，质量即提升，其属于机构、制度层面，侧重于不断寻求永久性的质量改进。这是高等教育机构的首要责任，以期能最大限度地利用制度自治和自由。质量文化中的共同价值观是制度自治、透明度和有效性。第一个特征是自治。质量文化需要在大学顶层拥有远见卓识和强大的战略领导力，并辅之以自下而上的不同利益相关者。根据博洛尼亚术语表，大学自治意味着机构有权做出自主的组织和行政决策，确定优先事项、管理预算，组织人员招聘和学生录取机制，以及设计教育形式和内容。自治使机构有机会以有意义的方式制定质量监测活动的长期战略规划。质量文化不那么官僚，因此对持续改进更感兴趣，而不是机械和控制质量监控方面。内部质量文化的第二个特征是透明度。透明

---

① Gvaramadze I. From Quality Assurance to Quality Enhancement in the European Higher Education Area[J]. European Journal of Education,2008,43(4):102-114.

度将大学与适当的公共资金联系起来，并在法律环境中保持稳定。它构成了机构和计划层面的活动文化。内部质量文化的透明度改变了外部责任的含义。外部保证并不意味着入侵，而是对内部质量过程的评估。这种非侵入式方法将促进机构的有效性和责任。第三个特征是有效性。公共资源的透明度和外部责任要求大学设计内部质量文化，以实现最大的有效性。有效性要求大学优化其决策过程，以使学生和利益相关者参与有效的教学和学习。

其次，质量即变革，其属于个人层面，改变他们的观念和世界观的过程，可以为学生带来附加值。其中，附加值是衡量高校质量文化的标准，它表明教育在多大程度上增强了学生的教育经验（学习经验）、知识、技能和态度，并赋予他们批判性、反思能力，以及终身学习的能力。在这种情况下，大学的作用是确保学习者充分参与并为学习过程做出贡献。从这个意义上讲，学习者是学习和评估过程的中心（反馈机制、问卷调查等）。将学习者作为核心人物需要通过赋权机制补充增值的相关措施。赋权意味着赋予参与者权力以影响他们的转变。它使利益相关者参与决策过程并导致转型。转型可以提升学习者的自我赋权能力，提高认识，增强自信等。因此，赋权意味着对客户、供应商和加工商（包括学生）的责任下放。这种高等教育内部质量文化模型，本身即代表了一个持续的质量发展过程，而非输入或输出过程。

（五）哈维的理想类型方法[1]

哈维结合文化理论，提出了质量文化的四种理想类型，分别是积极的（responsive）、被动的（reactive）、可再生（regenerative）、可复制（reproductive）。他认为质量文化可以作为一种工具，来质疑事情是如何运行的，机构功能是如何发挥的，它们与谁有关，它们如何看待自身。

一是积极的质量文化——组织控制强、外部规则强。该理想类型由组织控制和外部规则共同引导。无论是政府和学校机构（组织控制）要求，还是各方对合规性（外部规则）的期望，其模式都能积极灵敏地响应，制定前瞻性议程，探索如何最大限度地从政策或要求的参与中获益，并利用它们来审查实践改进

① Harvey L. Quality Culture Understandings, Boundaries and Linkages[J]. European Journal of Education,2008,43(4):427-442.

实施。因此，积极的质量文化模式具有质量保证的改进议程，可以从文化类同的良好实践中学习、采用并修改它。

二是被动的质量文化——组织控制弱、外部规则强。该理想类型的反应，主要依赖外部需求接触。当行动与奖励相关联时，应激模式就会启动或增强，例如，当一项工作与资金奖励相关时，目标群众参与质量评估的主动性和积极性会有所增强，并对潜在结果有所影响。反过来，应激模式弱化了组织控制，有时也会对质量评估产生一定的干扰，也可能引发对其合规性、真实性的质疑。此时，质量文化可能被解释为外部构建，管理和强加，缺乏主动权和归属感。

三是可再生的质量文化——组织控制强、外部规则弱。该理想类型尽管不否认外部规则、环境和期望，但其重点是组织控制和内部发展。再生模式有一个协调的内部再生计划，它居于首要地位，外部规则和机会包含在它们增值的地方。随着活动和事件的发展，再生质量文化趋于普遍，具有明确的总体目标，处于不断变化的状态。它的活力不仅体现在改进议程中，而且表现在对它所知道的内容、发展方向以及构建未来方向的语言的持续重新概念化。改进过程将是一种理所当然的规范，再生模式将假设其持续改进计划本身就是一种组织控制能力形式。质量文化与日常工作实践无法区分，虽然它会导致再生。在意识形态上，质量文化将与团队的愿望相协调。然而，如果再生停滞或受到外部干扰，无论是通过更高层次的管理还是外部力量，质量文化都将具有内在的颠覆潜力。

四是可复制的质量文化——组织控制弱、外部规则弱。该理想型是专注于复制现状，尽可能减少组织控制和外部规则因素的影响。复制模式的重点是机构或其子单位最擅长什么，以及奖励什么，其计划不仅仅是复制它们。它具有广泛的内部质量体系，但界限清晰，已建立规范，不太可能重新定义核心概念或未来目标。从日常工作实践中可以看出，质量文化并不透明，并且被编入各种理所当然或深奥的实践中。在意识形态上，质量文化反映了成员的专业知识和个人愿望，一般拒绝进一步的改变。

上述质量文化的轮廓是理想的。但所有这些特征都有可能在各种高等教育环境中找到。研究表明，质量保证结构的设计通常不考虑现有的社会结构和处理质量保证问题的隐性制度方式。因此，质量保证体系和质量文化将在上述几种环境中存在显著不同。

第二节 学生发展相关理论模型与方法

"学生变化"已经成为评价高等教育质量的关键指标。帕斯卡雷拉和特伦齐尼认为学生发展和变化的理论可以分为两类：一类是发展理论，强调学生个人变化的性质和内容及学生个体的内在因素；另一类是大学影响力模型，强调高校资源、校园环境、社交互动等外在因素对大学生发展的影响作用。[①]本研究从广义上将这两类理论统称为学生发展相关理论。

一、学生发展理论

学生发展理论可分为如下三种，即社会心理学、认知结构理论和类型学，它们均关注学生进入高校之后经历了怎样的发展历程。社会心理学更关注学生外部，而认知结构理论和类型学倾向关注学生内部。本研究认为学生发展既需要对自我内在进行建构，同时也需要关注外部环境以及社会关系的建立等。

（一）基于社会心理学

社会心理发展理论最早起源于埃里克森（Erikson）1950年的论著，而后卡尔·R. 罗杰斯提出，人类发展在整个生命周期中持续存在，并且基本的社会心理结构指导着这种发展。对各种不同人群的身份发展的关注导致了各种身份发展模型的建构，这些模型源于埃里克森的工作，并且发现与社会心理发展模型一致。如同性恋身份发展模型、学生发展模型等。

在该类理论中，埃里克森提出了人格发展的八个阶段。这八个阶段是连续的发展过程，但每个又需要迎接不同的挑战，解决存在的发展问题。罗杰斯根据学生在高等教育过程中经历的变化，对学生发展进行界定，通过分析学生发展的不同特点，指出学生发展作为连续积累的过程，受到社会因素的影响。

---

① 赵晓阳. 基于学生参与理论的高校学生发展及其影响因素研究 [D]. 天津：天津大学,2013:20−21.

而最有代表性的当属齐克林的学生发展理论。该理论由他于 1969 年引入，后人对其进行了修改，以反映更多样化的学生发展。齐克林的学生发展理论解释了一个过程，在这个过程中，个体通过一系列任务进展，以实现进一步的身份发展。"由于稳定身份是青少年和年轻人的首要任务，因此这是齐克林尝试将大学生发展数据综合成可用于指导教育实践的一般框架的逻辑锚点。"[①] 他描述了身份发展的七个变量。他认为："任何一方的运动都可以以不同的速度发生，并且可以与其他运动相互作用。"[②] 七个变量如下[③]：第一，培养能力。培养能力包括发展三个领域的能力：智力、身体和手动能力，以及人际交往能力。第二，管理情绪。管理情绪包括首先学会识别和承认情绪，然后学习表达或缓解情绪的适当方法。第三，通过自治走向相互依赖。学会以自给自足和个人责任行事，同时认识并进入更健康的相互依存形式。第四，发展成熟的人际关系。包括对差异的容忍和欣赏，以及亲密的能力。第五，建立身份。身份的建立受前四个变量的发展影响。前五个有助于自我意识的发展。第六，发展目的。发展目的涉及将个人计划和优先事项、职业计划和愿望、个人利益，以及人际、家庭承诺相结合。第七，发展诚信。通过建立身份和明确目标来发展诚信，它涉及三个连续和重叠的阶段。

在该类型理论中，齐克林于 1987 年又和甘森（Gamson）在对大学有效教学研究的基础上，总结归纳了大学校园里与学生发展最直接相关的教育活动，提出了"良好本科教育的七原则"：鼓励师生交往；培养学生的合作、互惠习惯；调动学生的学习主动性；给予学生及时反馈；强调学习投入的时间和效率；向学生传达高期望；尊重学生的智力差异，提倡不同的学习方式。[④] 这七条原则具有一定的普遍性，适用于绝大多数高校和学生的实践。该原则还对美国印第安纳

---

① Chickering A W, Reisser L. Education and Identity(2nd ed.) [M]. San Francisco: Jossey-Bass, 1993:22.

② Chickering A W, Reisser L. Education and Identity(2nd ed.) [M]. San Francisco: Jossey-Bass, 1993:34.

③ Chickering A W, Reisser L.Education and Identity(2nd ed.)[M].San Francisco: Jossey-Bass, 1993:45-52.

④ Chickering A W, Gamson Z F. Seven Principles for Good Practice in Undergraduate Education[J].AAHE Bulletin,1987,39(7):3-7.

大学开发的全国大学生投入调查（NSSE）等有关学生就读经验的研究和测量模型设计产生了较大的影响。

（二）基于认知结构理论和类型学

学生发展的认知结构理论起源于皮亚杰 1952 年早期的作品，侧重于人们思考的方式而不是他们的思维方式。这些理论试图探索人们认知发展的方式。认知结构理论家专注于认知和道德发展。类型学理论和模型认为阶段或过程并不是发展性的，而是描述个体差异的。而这些差异反过来影响其他领域的发展。一些适用于大学生的类型学模型包括 Myers-Briggs 人格类型、Kolb 的学习风格理论和 Holland 的职业兴趣理论等。

二、院校影响力理论

该系列理论从不同阶段探讨了学生发展的影响因素，如认为入学前特征、校园环境、社会交往、学习投入等影响因素均有一定的研究价值。

（一）阿斯汀：I-E-O 模型和学生参与理论

阿斯汀的 I-E-O（投入—环境—产出）模型主要为评估不同环境、经历对学生所产生的影响提供理论指导。这是院校影响力理论中较为早期的基础性理论模型，成为美国高等教育领域开展学生发展、学生学情大规模调查的理论支撑。

学生投入因素包括人口统计学特征，这可以直接或间接影响学生产出。教育环境因素作为中介变量包括院校特征、学生同伴特征、师资队伍、学生参与等。学生产出指学生能力的获得与提升，即学生发展的结果呈现，包括毕业后的知识、技能、态度、价值观、信念、行为等。阿斯汀后期提出的参与理论用来解释学生变化成长的机制，"参与"是指"学生在学习活动中所投入的心理和体力的总和"。学生只有积极参与院校内的各类有意义的教育活动，才能获得更大的收获。

（二）佩斯："环境—经历—发展"模型和"努力质量"概念

佩斯的"努力质量"概念是在"环境—经历—发展"模型基础上提出的，其认为学校的教育资源、设施设备、课程、教学、激励制度、评价标准对学生发展产生影响，更重要的是学生努力的质量和范围也是影响学生发展的重要因素。学生只有投入自身的精力，积极付出，才能在大学有所发展。这两个概念都强调在环境影响之外，学生的参与和投入带来的收获的重要性。

（三）帕斯卡雷拉：变化评价综合模型

该模型在佩斯等学者的研究成果基础上提出，关注在学生发展的院校影响各因素背后，其具体的运行机制和影响路径是什么。该模型提出学生的学习和认知发展主要受到五方面变量的综合影响：院校组织或结构特征（在校生数、生师比、选择性、住校生比例）、学生背景和入学前特征（资质、入学前学业成就、个性、动机、种族等）、院校环境、社会化（与教师和学生）交往的频率和内容、学生的努力程度，如图10所示。这是一个相对复杂或者说相对完整细致的变化评价的影响因素解释模型，也为后来的"院校组织"和"学生背景"的概念界定提供了参考。

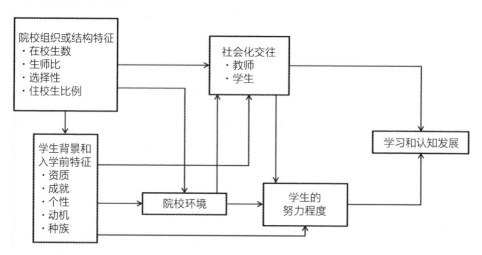

图 10　帕斯卡雷拉的变化评价综合模型

（四）乔治·库：学生成功概念框架

乔治·库的学生成功概念框架是院校影响力理论中比较复杂的理论呈现，但也是将各阶段、各层面的影响因素解剖得相对完善的理论模型，包括入学前的经历、院校经历和外部影响。三者包含的各自构成因素如图11所示。最后学生的成功体现为学业成就和毕业后成就。

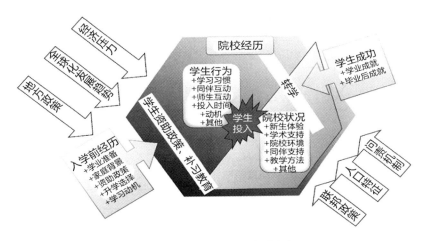

图 11　乔治·库的学生成功概念框架

第三节　本研究的理论框架

本节内容主要根据前两节的理论阐述提出本研究的理论框架，并回答"如何从现有质量文化理论发展到本研究的质量文化理论"和"为何要用质量文化理论来剖析中外合作大学的学生发展"两个问题。

一、理论框架

首先，通过本章第一节高等教育质量文化理论模型的分析，在质量文化三／四层次论的基础上，本研究提出高等教育质量文化理论框架：基于各自的组织情境，通过物质、行为、制度、精神四个层的从易察觉性到抗变革性的质量建设，进而凝聚成本组织的文化认同，如图 12 所示。理论主体为倒金字塔的四个层次，分别为物质层质量文化（如设施设备、师资队伍等）、行为层质量文化（如学生学业行为、教师教学行为等）、制度层质量文化（如教学制度、学生生活支持制度等）和精神层质量文化（如质量意识、质量价值观、质量追求等），其中精神层是核心关键层。同时根据不同的组织情境，质量文化可有文化适切性的调适。四个层的具体内容将通过混合方法研究来具体确定。

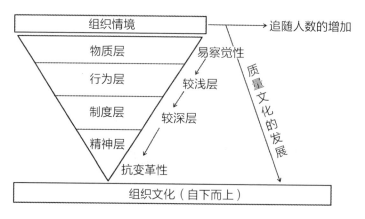

图 12　本研究的质量文化理论模型

其次，在自身构建的高等教育质量文化理论模型的基础上，基于本章第二节学生发展相关理论的分析，从物质层、行为层、制度层和精神层四个层，挖掘质量文化对中外合作大学学生发展的影响因素和影响机理。研究框架如图 13 所示。其中质量文化四个层的具体构成指标，以及考量学生发展的具体构成维度，需要借鉴已有理论和中外合作大学的院校组织特征，具体在后文中构建。

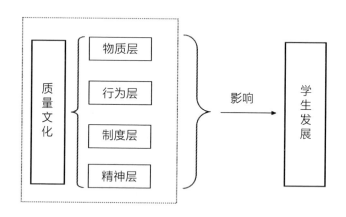

图 13　本研究的质量文化视角下的学生发展影响理论框架

这两个理论框架的提出，有必要回答以下两个问题：如何从现有质量文化理论发展到本研究的质量文化理论？为何要用质量文化理论来剖析中外合作大学的学生发展？

二、如何从现有质量文化理论发展到本研究的质量文化理论

本研究主要将现有的高等教育质量文化理论分为三／四层次论和其他类型两大方面来呈现。这两大方面既有区别，也有一定的关联性。本节主要从其他类型质量文化理论的概念特殊性解读、其他类型质量文化理论涉及的层次指向，以及三／四层次论的全面性和可操作性三个部分来论证本研究的质量文化理论框架的构建。

（一）其他类型质量文化理论的概念特殊性解读

上文提到的其他类型质量文化理论主要包括：拉纳雷斯的高等教育质量文化模型、埃勒斯的高等教育质量文化模型、欧洲大学协会的高等教育质量文化模型，以及苏格兰模式。综观以上理论模型，国外相关学者对质量文化理论的解读，具有各自的视角，也能从中梳理出一定的概念特殊性解读。

首先，强调信任、价值观等精神观念的重要性。欧洲大学协会以一致的方式提出了质量文化概念，并且选择将质量作为共同价值和集体责任传达给机构的所有成员，包括学生和行政人员。埃勒斯模型认为通过沟通和参与能协调不同的文化并建立集体信任。信任是刺激集体和个人努力的必要条件，又是将质量潜力转化为文化根深蒂固的先决条件。质量发展本质上基于共同的价值观。拉纳雷斯模型认为高等教育中发展质量文化的主要挑战之一是"需要表现出与价值观的一致性"，因此要关注机构中的参与者是如何赞同并追随价值的，且"信奉"的价值可以很好地测量组织文化。苏格兰模式中的"质量即变革"则被认为是改变学生等个体层面的观念和世界观的过程。关于这一概念的特殊性解读，将在本研究提出的质量文化理论框架的精神层这一核心关键层中，通过量化和质性的分析来论证。

其次，强调通过言语、行为等达到信任，即强调行为的重要性。苏格兰模式在"质量即变革"中强调参与与学习经验能为学生带来增值，并认为学生应该参加学校内外部的质量管理流程，且质量文化为学生创造了新角色。埃勒斯模型强调质量文化将交流和参与视为组织文化的关键要素。拉纳雷斯模型综合文献发现，质量文化的多数研究依赖人们对其价值观或行为的评价，同时提出价

值观与行为之间的转换。欧洲大学协会模型在结构／管理要素中关注个人行动目标的协调。关于这一概念的特殊性解读，将在本研究提出的质量文化理论框架的行为层中，由学生的自主参与和言语行为来体现。

（二）其他类型质量文化理论涉及的层次指向

其他类型质量文化理论中，除了强调精神观念、行为参与的重要性之外，还涉及了制度自治与组织情境等内容。

首先，强调制度自治。苏格兰模式认为有效的内部质量文化需要高度的制度自治。制度包括人员招聘制度、学生录取制度等。制度自治能通过有意义的方式制定质量监测活动的长效机制。埃勒斯模型提出质量文化四要素中的结构要素代表了质量管理体系本身，涵盖了制度、规则、法规等。欧洲大学协会模型也强调测量的机制、评价的制度等。关于这一概念涉及的层次指向，将由本研究提出的质量文化理论框架的制度层来体现。

其次，强调组织情境、结构、环境等。埃勒斯模型认为教育质量文化并不是教育素材和教学的内在特征，而必须在学习者和教育环境的协调中发展起来。欧洲大学协会模型即提出了结构这一质量文化的重要因素。拉纳雷斯模型更明确提出了组织情境和文化的重要性，对质量文化的研究具有很好的指导意义。关于这一概念涉及的层次指向，将由本研究提出的质量文化理论框架的物质层来体现。

（三）三／四层次论的全面性与可操作性

首先，从上述其他类型质量文化理论的概念特殊性和涉及层次指向分析中可见：信任、价值观指向质量文化的观念层面；学生自主参与、语言行为指向质量文化的行为层面；制度自治指向质量文化的制度层面；组织情境、结构与环境指向质量文化的物质层面。尽管不同的理论模型阐述的角度或重点不同，但其概念的特殊性认同和涉及层次均能与本研究提出的质量文化理论框架相对应，且将在后文中通过混合方法研究进行详细论证。

其次，除了美国质量学会提出的四层次的质量文化模型外，国内不少学者

也有三 / 四层次论的研究基础。三分法有：唐华生、叶怀凡[①]把教育质量文化分为三个层次——物质层、制度层和精神层；高海生、王森[②]认为广义的教育质量文化是以质量为核心的所有存在方式的总和，包括物质层、制度层和精神层，狭义的质量文化即指精神层；蒋友梅[③]把教育质量文化的形态分为显性、隐性和关系形态三种。四分法有：尹者金和潘成云[④]、张蓓[⑤]、龚益鸣[⑥]、王章豹等[⑦]认为教育质量文化由物质层、行为层、制度层和道德（精神）层组成，且倾向于将精神层作为核心关键层。

最后，三 / 四层次论及本研究的质量文化理论框架具有较强的可操作性。从学生发展、院校影响力理论来看，学生发展的影响因素是相对综合且具有多样性的，涉及学生背景因素、院校环境因素、学生投入因素等等。可见，如果能从一个高校的物质资源和环境、师生的行为、各类制度建设以及精神观念等方面来分析，其各子维度的内容能填充得较为丰满且全面，具有较强的客观性和可操作性。

三、为何要用质量文化理论来剖析中外合作大学的学生发展

由前文可见，学生发展的相关理论，无论是理论基础还是实证研究，其体系已相当成熟。本研究拟尝试通过一个新的理论视角来剖析和解读，具体缘由如下。

（一）倡导"以学生为中心"的教育质量观

传统评价一所高校的发展质量，主要从教育的外围因素和教育结果等全局

① 唐华生, 叶怀凡. 高校质量文化建设的价值探索与路径选择 [J]. 学术论坛, 2007(3):182.
② 高海生, 王森. 论文化生态学视野下的高校质量文化建设 [J]. 国家教育行政学院学报, 2013(7):15.
③ 蒋友梅. 转型期中国大学组织内部质量文化的生成 [J]. 江苏高教, 2010(5):55.
④ 尹者金, 潘成云. 一流本科教育视域中地方高校大学质量文化建设探究 [J]. 黑龙江高教研究, 2018(12):50.
⑤ 张蓓. 高校质量文化构建探析 [J]. 集美大学学报 (教育科学版), 2006(4):75.
⑥ 龚益鸣. 现代质量管理学 [M]. 北京: 清华大学出版社, 2003:17.
⑦ 王章豹, 王朝兵. 高校教学质量文化的层次结构和建设原则探析 [J]. 合肥工业大学学报(社会科学版), 2011(5):125.

视角来把握学校办学水平，例如关注大学的排行、关注师生比等。实质上更多地将关注者或评价者的视角引向肯定与认可，而并未指明学校实际发展中存在的问题与挑战，此类评价不具有太多的诊断功能。因此，对于一所高校的质量评价，应该将评价视角从关注外围转向关注学生，若从学生发展结果导向出发，既能全面地揭示高校学生的发展过程和发展结果，又能揭示高校到底在学生发展的过程中如何影响学生，还能帮助高校分析判断其在课程设置、教学实施、学生服务等方面存在的具体问题并提出改进措施。

因此，本研究认为，在教育质量评价重心逐渐转向关注学生的当下，学生发展已成为高等教育质量评估的重要监测点。四个层次的质量文化理论框架，可以较为全面地从一所高校的物质资源、师生行为、制度建设、价值观念等层面去分析到底是哪些因素影响了学生发展，而这些因素又是通过什么路径产生影响的，最终可以帮助高校分析判断其在质量文化四个层面上存在的质量风险，并通过支持系统的构建来改进人才培养工作。总之，用质量文化理论框架来剖析学生发展，可以充分体现"以学生为中心"的现代教育质量观。

（二）质量文化强调自下而上与草根阶层的感受——关注学生

由前文分析可见，拉纳雷斯模型认为质量文化的发展是一个长期过程，是自上而下和自下而上过程的综合效应。欧洲大学协会提出质量文化是一个自下而上的方法，在这个方法中，机构及人员（学生）都应该有发言权并被邀请参与教育机构发展的讨论。苏格兰模式提出质量文化需要大学顶层拥有远见卓识和强大的战略领导力，并辅之以自下而上的不同利益相关者。埃勒斯模型认为沟通、参与以及自上而下和自下而上的互动相结合对于发展质量文化至关重要。三/四层次论和本研究提出的质量文化理论框架也都认为，在行为层质量文化中，学生的自主参与和投入是非常重要的组成部分，是用于分析学生发展的重要自变量。

（三）质量文化强调文化的多样性与适切性——关注中外合作大学

由前文分析可见，三/四层次论和本研究提出的质量文化理论框架都认为，根据不同的组织情境，质量文化可有文化适切性的调适。拉纳雷斯模型认为质量文化的多样性为质量提升提供了机会与空间。埃勒斯模型认为不同的组织可以通过不同的文化艺术表征来构建不同的文化模式，组织在一定程度上具有文化的多元性，当然需要通过协调不同的文化来达到集体的信任。哈维认为文化本身具有多样性，因此质量文化也具有多样性。欧洲大学协会模型强调高等教育的多样性是实施质量文化项目的主要原则。

中外合作大学作为"校园学术与生活环境、师生群体、学生家庭背景均有别于普通高校"的特殊类型高校，其中外融合的文化气息较为浓郁，且已形成了自身较为独特的本土国际化的文化气质。这类高校所具有的多元文化的特征，与质量文化强调的文化多样性与适切性的特点是可以相互契合、相互验证的。

（四）质量文化是一个新的解读视角

学生发展的相关研究多从学生发展理论和院校影响力理论切入开展。前者关注学生发展的结果，后者多从学生背景、院校环境、学生的参与和投入等开放式的视角来考量学生发展的过程。埃里克森、齐克林、阿斯汀、佩斯、帕斯卡雷拉等学者都有相对成熟的研究和理论构架。本研究希望在教育质量评价重心逐渐转向关注学生的当下，以中外合作大学为研究对象，尝试利用质量文化理论框架从多视角进行分析研究，希望能为跨境高等教育学生发展的研究与实践提供新的理论架构，也希望能对现有理论进行验证、延伸与补充。

第三章

研究设计

　　针对已有的研究基础和拟开拓空间，本章的研究设计将主要结合上述分析，根据研究目的，提出研究问题和假设，明确研究对象，勾勒出本研究的内容框架和技术路线，并设计相对应的有效研究方法，进而进行研究工具的开发、修订以及样本的选取和数据采集。

第一节　研究问题与思路

一、研究目的与问题、假设

　　（一）研究目的

　　1. 检验现有的质量文化、学生发展理论能否适用于"校园学术与生活环境、师生群体、家庭背景均有别于普通高校"的特殊类型高校——中外合作大学。结合跨境高等教育的特质与研究结果，构建新的质量文化影响学生发展的理论模型。

　　2. 研究高等教育质量文化的具体理论价值如何转化为实践的价值。例如，如果其中一个指标值是"价值观"，那么这个价值观是如何转化为学校的制度生活的？或者，如果其中一个指标值是学生的"参与"，那么参与质量提升过程的人数、内容或途径是否有可能成为其促进学生发展的一个指标？

　　3. 多层次、多角度地呈现中外合作大学学生发展的现状，并分析其影响因素，探究其影响路径，揭示其内在规律，为中外合作大学乃至其他高校建立教育质量评估与保障的数据基础，提升教育指导的科学性。

4.科学诊断并构建具有中外合作大学特色的学生发展支持系统，提升学生的就读体验质量，提升中外合作大学的学术与管理质量，进而推动我国中外合作办学事业高质量发展。

（二）研究问题和研究假设

1.中外合作大学学生发展现状如何？

2.基于质量文化理论，影响中外合作大学学生发展的因素有哪些？

3.这些因素如何影响中外合作大学学生发展？

4.如何从质量文化角度建构中外合作大学学生发展的支持系统？

基于以上研究问题，本研究提出如下研究假设：

假设1（H1）：中外合作大学学生发展现状良好。

假设2（H2）：中外合作大学质量文化四个层均与学生发展呈显著正相关。

假设3（H3）：家庭社会经济地位（SES）和生源质量对中外合作大学学生发展有显著正向影响。

假设4（H4）：中外合作大学质量文化四个层通过链式多重中介作用正向影响学生发展。

二、研究思路与框架

（一）研究思路

本研究遵循如下逻辑：第一，根据问题的提出，通过文献综述，从中厘清质量文化、学生发展的概念内涵。第二，对高等教育质量文化理论和学生发展相关理论进行深入探讨，提出本研究的理论模型。第三，围绕研究的核心概念，采用一致性混合方法研究来收集数据，并进行数据分析。难点在于调查问卷的编制和混合分析。第四，也是本研究最浓墨重彩的四个版块，即通过混合方法研究，呈现中外合作大学学生发展的群像，并从质量文化的四个维度来分析其对中外合作大学学生发展的影响因素、影响机理，并在质量风险分析的基础上构建支持系统。研究技术路线如图14所示。

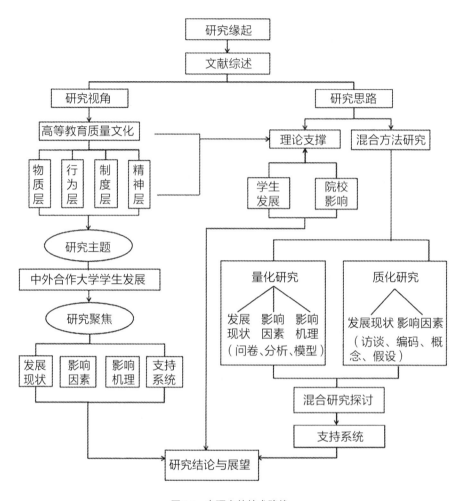

图 14　本研究的技术路线

（二）研究框架

本研究共八章，具体内容如下。

第一章：绪论。陈述背景，挖掘意义，对文献进行综合梳理，进而明确概念界定。

第二章：理论基础。主要对高等教育质量文化理论模型和学生发展相关理论模型进行阐述，提出研究述评，搭建本研究的理论框架。

第三章：研究设计。根据研究目的，提出研究问题和假设，勾勒出本研究的内容框架和技术路线，并设计相对应的有效研究方法——混合方法研究，进而进行研究工具的开发、修订以及样本的选取和数据采集。

第四章：质量文化视角下中外合作大学学生发展群像素描。运用混合方法研究，从量化分析、质性访谈和各校发布的就业质量报告三个方面着手进行全面剖析和结果的混合探讨，进而描绘一张样本高校的学生发展素描图。

第五章：质量文化视角下中外合作大学学生发展影响因素研究。运用混合方法研究，通过具体的量化分析与质性访谈来剖析中外合作大学学生发展的影响因素，并对研究结果进行混合探讨。

第六章：质量文化视角下中外合作大学学生发展影响机理研究。借助结构方程模型中的路径分析和中介效应检验技术，来挖掘质量文化建设四层次的影响因素是通过何种路径来影响中外合作大学学生发展的，并对研究结果进行混合探讨。

第七章：质量文化视角下中外合作大学学生发展支持系统构建。在探讨质量问责核心"谁的质量"和高校及学生发展的"质量风险"后，从质量文化的视角构建中外合作大学学生发展的四层次支持系统，并探讨对普通高校的借鉴意义。

第八章：研究结论、创新与展望。从中外合作大学学生发展现状、影响因素、影响机理以及支持系统构建等方面进行结论概括。同时对研究的创新、局限与展望进行分析。

第二节　混合方法研究

根据研究需要和研究的科学性，本研究运用的主要研究方法为混合方法研究。

一、混合方法研究的选择缘由

约翰·W. 克雷斯维尔（John W. Creswell）和薇姬·L. 查克（Vicki L. Clark）将混合方法研究定义为："混合方法是一种包含了哲学假设和调查方法的研究

设计。作为方法论，它包含一些哲学前提假设，这些前提假设在多个研究阶段引导着数据收集和分析、定性定量方法整合。作为一种方法，它关注单个或系列研究中定性和定量数据的收集、分析与混合。它的核心前提是：比起单独使用定性或定量方法，结合使用两种方法，能够更好地解答研究问题。"[1] 莫尔斯（Morse）提出："混合方法设计是一个以定量研究和定性研究为核心部分构成的科学、严密的研究程序，定性研究和定量研究的互补性指引着理论的发展，研究的组成要素可以共同增强对问题的描述和解释，研究既可以同时进行，也可以按顺序进行。"[2]

的确，定量/量化研究方法是演绎性的，其数据以提供整体信息为主，而定性/质性研究方法是归纳性的，其数据以提供细节信息为主。定量和定性研究提供了不同的图景或观点，但也有各自的局限。倘若研究者针对许多样本进行定性研究，则无法将研究结果推广到更广泛的群体，倘若研究者针对许多样本进行定量研究，则削弱了对某个个体的理解。[3] 鉴于上述理论，考虑到单一数据来源可能解释得不够充分，以及为了更好地使用理论立场，本研究将采用混合方法研究，此为缘由之一。其二，本研究坚持以研究问题为导向，进而选择合适的研究方法。正如马修·B.迈尔斯（Mattew B. Miles）与迈克尔·A.胡伯曼（Michael A. Huberman）所言："当研究者手中同时拥有定量数据和定性数据时，将这两种数据综合运用于解决研究问题的效果比单独使用其中一种数据解决研究问题的效果好，这时实现了最有利、最强大的混合。"[4]

二、一致性混合方法研究及目的

约翰·W.克雷斯维尔和薇姬·L.查克认为混合方法研究主要分为6种类型，

① 克雷斯维尔,查克.混合方法研究:设计与实施[M].游宇,陈福平,译.重庆:重庆大学出版社,2017:4.
② Johnson R B, Onwuegbuzie A J, Turner L A. Toward a Definition of Mixed Methods Research[J].Journal of Mixed Methods Research,2007:118,122.
③ 克雷斯维尔,查克.混合方法研究:设计与实施[M].游宇,陈福平,译.重庆:重庆大学出版社,2017:6.
④ Miles M B, Huberman M A. Qualitative Data Analysis: A Sourcebook for New Methods(2nd ed.)[M]. Thousand Oaks, CA: 1994:42.

如表 2 所示。[①]

表 2 混合方法研究的类型

类 型	定 义	范式基础
一致性 / 并行三角互证性设计）	同时进行定量和定性数据收集，分别进行定量和定性数据分析，以及合并两个数据集	作为统领性哲学的实用主义
解释性设计	按顺序使用研究方法，在第一阶段先收集、分析定量数据，接着进行第二阶段的定性数据收集和分析	第一阶段：后实证主义 第二阶段：建构主义
探索性设计	按顺序使用研究方法，在第一阶段先收集、分析定性数据，接着进行第二阶段的定量数据收集和分析	第一阶段：建构主义 第二阶段：后实证主义
嵌入式设计	同时或按顺序收集支持性数据，分别进行数据分析，并在数据收集程序之前、之中或之后使用支持性数据	世界观可能会体现主要的范式基础：如果是同时进行的就是实证主义；如果是按顺序进行的，定性部分是建构主义，定量部分是后实证主义
变革性设计	在引领方法决策的变革性理论框架中，同时或按顺序进行定量和定性数据的收集和分析	作为统领性哲学的变革性世界观
多阶段设计	在研究项目的多阶段中，结合使用同时和 / 或按顺序收集定量、定性数据的方法	同时的：实证主义；按顺序的：定性是建构主义，定量是后实证主义

　　其中，一致性 / 并行三角互证性设计是较为常用的混合方法研究，可以让原本相对独立的量化研究和质性分析通过取长补短，在后期的结论与讨论中进行整合，这既可以深化原有的认知，也可以修正既有认知。一致性 / 并行三角互证性策略具有直观和高效的优势，当然，也是面临最多挑战的一种混合设计：由于定性和定量数据同等重要，因此需要进行大量的工作，并要求具备定性和定量的专业知识；在合并定性和定量数据时，两者的样本量具有差异，而且有可能两者的数据分析结果出现较大差异，这将使研究者面临抉择。差异如何处理，分析结果如何有效合并、合理解释，都是研究者使用一致性 / 并行三角互证性研究设计面临的考验。约翰·W. 克雷斯维尔和薇姬·L. 查克针对一致性 / 并行三角互证性设计提出了基本实施程序的流程图（见图 15）。[②]

① 克雷斯维尔 , 查克 . 混合方法研究：设计与实施 [M]. 游宇 , 陈福平 , 译 . 重庆：重庆大学出版社 ,2017:52.
② 克雷斯维尔 , 查克 . 混合方法研究：设计与实施 [M]. 游宇 , 陈福平 , 译 . 重庆：重庆大学出版社 ,2017:54.

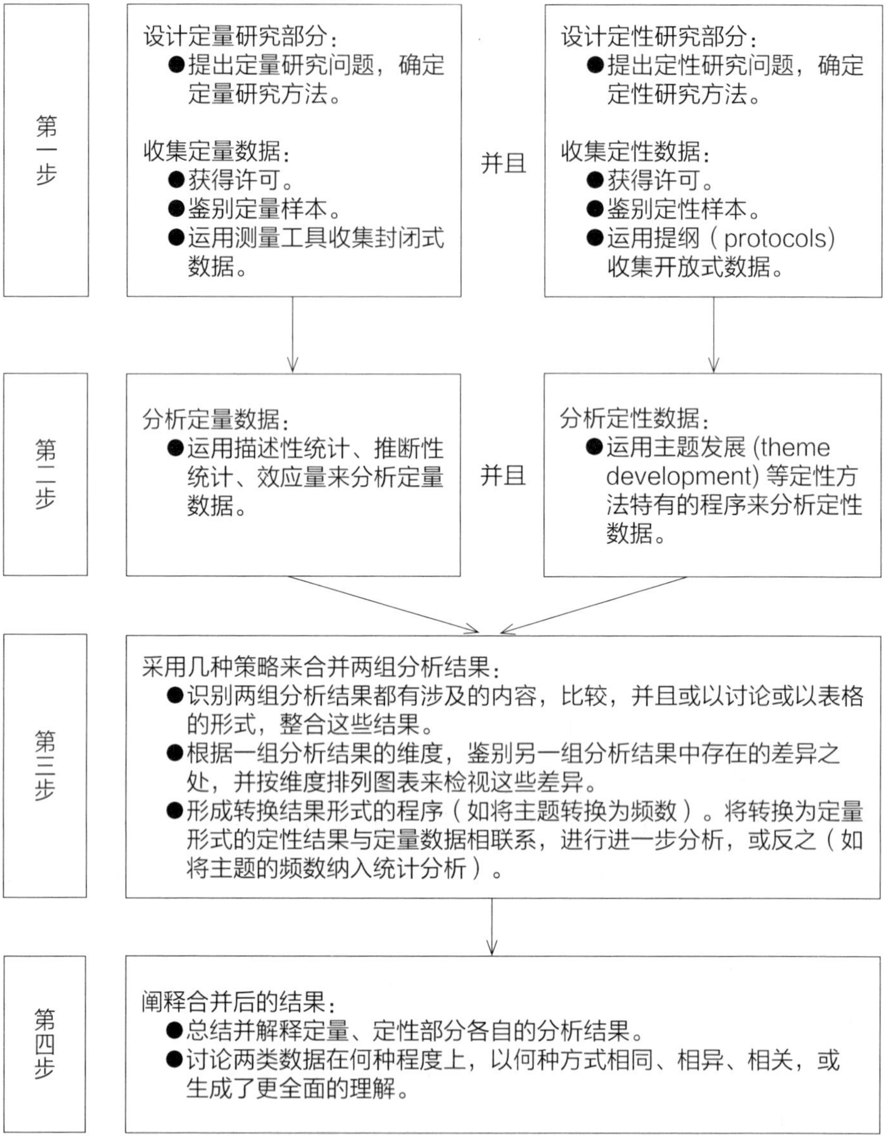

第一步	设计定量研究部分： ●提出定量研究问题，确定定量研究方法。 收集定量数据： ●获得许可。 ●鉴别定量样本。 ●运用测量工具收集封闭式数据。	并且	设计定性研究部分： ●提出定性研究问题，确定定性研究方法。 收集定性数据： ●获得许可。 ●鉴别定性样本。 ●运用提纲（protocols）收集开放式数据。
第二步	分析定量数据： ●运用描述性统计、推断性统计、效应量来分析定量数据。	并且	分析定性数据： ●运用主题发展(theme development)等定性方法特有的程序来分析定性数据。
第三步	采用几种策略来合并两组分析结果： ●识别两组分析结果都有涉及的内容，比较，并且或以讨论或以表格的形式，整合这些结果。 ●根据一组分析结果的维度，鉴别另一组分析结果中存在的差异之处，并按维度排列图表来检视这些差异。 ●形成转换结果形式的程序（如将主题转换为频数）。将转换为定量形式的定性结果与定量数据相联系，进行进一步分析，或反之（如将主题的频数纳入统计分析）。		
第四步	阐释合并后的结果： ●总结并解释定量、定性部分各自的分析结果。 ●讨论两类数据在何种程度上，以何种方式相同、相异、相关，或生成了更全面的理解。		

图 15   一致性 / 并行三角互证策略

同时，简要程序图可如图 16 所示。[①]

----

① 克雷斯维尔 . 研究设计与写作指导 : 定性、定量与混合研究的路径 [M]. 崔延强 , 译 . 重庆 : 重庆大学出版社 ,2016:169.

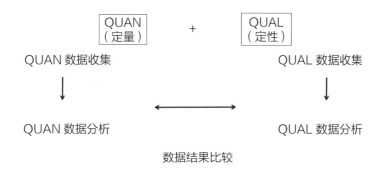

图 16 一致性 / 并行三角互证性策略简要程序

出于研究需要和科学性考虑，本研究将采用混合方法研究中的一致性 / 并行三角互证设计。通过问卷调查获取量化数据，通过访谈和观察获取质性数据，通过文献载阅形成文献积累，从而构成文献积累、量化和质性数据的三角互证模型。

使用一致性 / 并行三角互证设计这一混合方法研究着重解决四个研究问题：中外合作大学学生发展的现状、影响因素、影响机理、支持系统构建。研究运用了一致性 / 并行三角互证设计，这是一种同时收集量化与质性数据、各自分析后再整合的研究方法。在这一研究中，通过调查问卷得出的量化数据用来检验质量文化理论，对中外合作大学学生而言，该学生群体的相关自变量如学生背景变量以及中外合作大学质量文化四个维度的自变量将对学生发展产生正向影响，并揭露具体的影响路径或影响机理，同时量化数据也呈现了中外合作大学学生发展的现状。通过质性访谈和观察等途径得出的质性数据将用来探索中外合作大学学生的发展现状以及影响因素。收集量化和质性数据是为了整合、对比、验证两种数据的结果，来获得对本研究四个研究问题更深刻的洞见，这是使用单一数据无法达到的。[1]

---

① 克雷斯维，查克. 混合方法研究：设计与实施 [M]. 游宇，陈福平，译. 重庆：重庆大学出版社,2017:108.

三、具体研究方法

（一）量化研究法

根据前期研究基础，在数据采集阶段，本研究将自编调查问卷《质量文化视角下中外合作大学学生发展调查问卷》，并将在信效度检验后，面向 N 高校、K 高校、C 高校、X 高校、Y 高校、U 高校这 6 所中外合作大学的境内本科学生进行调查。由于质量文化是一个整体的概念，相对宏观，因此相较于其他方法，调查问卷法更有助于大规模地搜集信息，得出总体趋势及影响因素分析。

统计分析是问卷设计和统计调查工作的延续。本研究将通过实证研究，运用 SPSS 软件中的显著性分析、相关分析、多元回归分析，以及 AMOS 软件中的验证性因子分析等方法重点研究影响因素。此外，运用 AMOS 和 Mplus 软件，采取结构方程模型中的路径分析法、中介效应检验等研究其影响机理。并根据统计结果绘制图表，建立分析模型。

1. 描述性统计分析

通过对调查问卷数据的频数解读、集中趋势分析、绘制统计图等，对中外合作大学学生的个体背景信息、学生发展现状等进行描述性分析。

2. 差异显著性分析

通过方差分析和独立样本 t 检验，对中外合作大学学生发展的影响因素进行差异显著性分析，例如分析学生发展在性别、年级、专业类别、父母职业等维度的差异显著性。

3. 探索性因子分析

借助预测问卷，对问卷及各维度的信效度进行探索性因子分析，为编制更为有效的正式问卷提供预判基础。

4. 关联性分析

借助调查问卷，通过相关分析、多元线性回归分析，研究中外合作大学学生发展与其影响因素之间隐含的数据关联性，进而发现两者之间的内在联系。

5. 结构方程模型分析

借助调查问卷，通过验证性因子分析、路径分析、中介效应检验等，测试中外合作大学学生发展及其质量文化四个维度的因子与相对应的测度项之间的关系是否符合本研究所设计的理论关系，同时对多变量间的交互关系进行分析。

将 SPSS、AMOS 和 Mplus 软件进行混合使用，既弥补了不同统计软件之间的劣势，尽量发挥各自的优势，又可以通过不同软件的统计来考察相互之间研究结果的稳健性。

（二）质性研究法

本研究采用一致性／并行三角互证设计混合方法研究，量化和质性缺一不可。本研究进行质性研究方法的理由如下：首先，尊重研究对象的变异性。因为学生发展是一个动态的过程，每一个个体的具体情形不一，所以要透过访谈的方法，深入收集详细资料。其次，重视参与者的观点。研究者试图在访谈与观察中抛开局外人的身份束缚，以亲身经历来感知学生发展，而非以研究者的视角。最后，对于过程的重视。本研究更加关注人与事物的变化过程，而不仅仅是数据呈现的结果。

陈向明将质性研究方法分为 6 种类型，分别为：现象学、民族志、扎根理论、常人方法学言语分析法、参与性观察、质的生态学。[1] 结合研究目的与研究问题，本研究认为扎根理论这一类型的适切性更强，理由如下：首先，扎根理论特别适合微观的、以行动为导向的社会互动过程的研究。[2] 本研究的研究对象中外合作大学学生即具有学生与组织的过程性和互动性特点，能通过对象的行动与认知来建构理论。其次，扎根理论认为，对那些很重要但没有太多认识的领域或者那些概念尚未发展成熟的领域，我们有必要提出问题，通过扎根理论的方法找到答案。[3] 结合本研究的创新性阐释，笔者认为扎根理论与本研究领域的适切性较强。陈向明将扎根理论的操作程序总结为五步：从资料中产生概念，对资料进行逐级登录；不断地对资料和概念进行比较，系统地询问与

① 陈向明 . 质性研究的新发展及其对社会科学研究的意义 [J]. 教育研究与实验 ,2008(2):14-18.

② Straussa A, Corbin J. Basics of Qualitative Research: Grounded Theory Procedures and Techniques[M]. Newbury Park:Sage,1990:34.

③ Anselm S, Juliet C. Basics of Qualitative Research: Techniques and Procedures for Developing Theory[M]. Sage Publications,1990:37.

概念有关的生成性理论问题；发展理论性概念，建立概念和概念之间的联系；理论性抽样，系统地对资料进行编码；建构理论，力求获得理论概念的密度、变异度和高度的整合性。[①]

在资料收集与分析阶段，具体涉及的方法如下。

1. 访谈法

本研究的质性研究对象主要选取 N 高校、U 高校、K 高校这 3 所中外合作大学境内本科学生，以及部分老师，共 19 个具体访谈对象。本研究对象的选择策略是目的性抽样——旨在选取能够提供与研究目的相关的丰富信息的个体。该策略是为了达到研究的目的，同时也是为了提高研究结果的可信度。

访谈是"一种研究性交谈，是研究者通过口头谈话的方式从被研究者中收集或建构第一手资料的一种研究方法"[②]。本研究采用线上和线下的半结构型访谈。根据访谈提纲，依据受访者思路，尽量保持过程与内容中立。并在征得同意的情况下录音，结合录音整理撰写访谈备忘录。

2. 观察法与实物收集法

霍克斯（Hawkcs）认为："世界是由各种关系而非事物本身构成的，事物的真正本质不在于事物本身，而在于观察者在各种事物之间构造，然后又在它们中间感觉到的那种关系。"[③] 根据前人理论，观察法也成为本研究的研究方法之一。本研究的观察，一是采用开放观察的方式，二是采用聚焦观察的方式。包括进入校园对学校整体与局部环境的观察、对学生个体与群体的观察、对学生参与与学生发展的观察，等等。同时，本研究通过现场笔记的形式记录观察所得。

本研究同时也将实物收集作为资料来源途径之一。首先，实物收集能为本研究拓宽研究手段和分析视角。其次，实物资料作为静态展示物体，能替代访谈时语言无法穷尽的内容，是对访谈法和观察法的补位。再次，实物资料也是对访谈法和观察法的一种验证。本研究将通过参加中外合作大学的相关活动、

---

① 陈向明. 扎根理论的思路和方法 [J]. 教育研究与实验 ,1999(4):58-73.
② 陈向明. 质的研究方法与社会科学研究 [M]. 北京 : 教育科学出版社 ,2016:165.
③ 霍克斯. 结构主义和符号学 [M]. 瞿铁鹏，译. 上海 : 上海译文出版社 ,1987:8.

会议，收集相应的素材，或通过向学生、老师等咨询来获取相关资料。

（三）辅助研究方法

本研究主要的辅助研究方法是文献分析法。本研究的文献资料主要通过北京师范大学图书馆的馆藏读本、中外文数据库以及网络电子资源三种形式获取。中文数据库包括中国知网、超星数据库、北京师范大学学位论文资料库等。外文文献主要通过 ProQuest、Eric、百度学术，以及 Google 等网络资源获得。笔者根据选定的主题，对国内外相关资料进行了理论梳理，把握了此类研究主题，尤其是质量文化和学生发展研究的前沿方向，然后结合中外合作大学学生这一研究对象，明确研究问题与核心概念，最终形成研究思路。

第三节　研究工具开发与修订

当前，在学生发展实证研究中，"自我报告"形式已被广泛应用。乔治·库等指出自我报告数据在满足以下五项条件时，具有较好的有效性：一是受访者清楚问题所询问的信息；二是问题表述得清晰，没有歧义；三是问项询问的是近期发生的事情；四是受访者认为问项的内容严肃周全；五是询问不能威胁受访者，泄露受访者的隐私，且能让受访者以自己喜欢的方式回答。[①] 本研究主要测试大学生对所在学校质量文化建设的具体认知和对自身发展的认知，得分高低受到学生对学校的期待和自我期待的影响，也受到入学前教育经历的影响，因此也更能突显高校中的教育对学生个体的"增值"效应，在一定程度上呈现了其作为教育质量结果性指标的意义。因此，本研究的维度设计均采用学生自我报告的形式。

一、调查问卷设计原则

调查问卷的开发设计是本研究的难点与创新点之一，也是全研究开展量化

---

① Kuh G D, Hayek J C, Carini R M, et al. NSSE Technical and Norms Report[R]. Bloomington,IN: Indiana University Center for Postsecondary Research. Retrieved from http://nsse.iub.edu/pdf7normsl. pdf,2001.

实证研究的基础。本研究进行问卷开发主要坚持以下几个原则。

一是理论视角原则。本研究在"质量文化"这一理论框架下来统筹分析研究问题与研究内容，因此问卷设计伊始，这一理论对于概念的明晰化有很大的帮助，能在量表的具体问题编制之前对整个研究设计提出一个概念性的方案，即依据"质量文化"理论框架的四个层面——物质层、行为层、制度层、精神层来分别设计题项，使得一些看不见、摸不着的感性测量方向有较为明确的参照，量表设计能有一个明晰的理论框架指导显得非常重要。

二是项目池原则。在明确了理论框架和设计目的后，本研究需要在预测框架的最大范围内进行题项编制。这一"最大范围题项"即项目池，来源于文献参考、前期的质性访谈以及部分成熟量表。初期的项目池题项采用只要不偏离设计重心就都包括的原则，其数量远远多于最终量表中准备包括的题项数量，最高峰期达到了预设项目的 3 倍，甚至不排除尝试用不同的说法阐述同一个题项。

三是多题项测量原则。本研究中涉及的质量文化的四个维度以及学生发展维度的相关变量都是潜变量，无法直接进行测量，需要在潜变量下设计具体观测变量，即具体题项来对应。本研究的潜变量由数量不等的观测变量组成，以期将设计构思具体反映在设计指标中。

四是量表优化原则。基于项目池，本研究请中外合作办学领域以及高等教育和统计学领域的相关专家对入池项目进行背对背评审，以对每个项目与测量目标之间的关联性进行评价，对具体题项的表述方式和可能遗漏或忽视的测量指标进行评定。而后形成预测问卷，并根据预测结果，调整维度，调整"差"题项，去掉贡献量小的设计项目，优化量表。

五是特定对象原则。本研究面向中外合作大学本科生开展问卷调查，研究对象相对特殊。这一特殊群体的家庭情况，生源质量，所在高校的环境、制度、文化，师生行为，办学理念等都对其发展产生了不同于普通高校学生的影响，因此问卷设计需要紧贴研究对象的特质，加强问卷题项或者说各变量之间的特定性匹配，使量表的设计更具科学性，更有信效度。

六是信效度原则。量化研究需要在问卷设计和测试时严格考虑量表的信度和效度，只有信效度良好才能开展后续研究。这一原则也是任何一项调查问卷设计必须重点关注的。如果信效度不符合要求，问卷即无效。

二、问卷设计与指标构建

基于以上 6 项问卷设计原则，本研究主要通过以下 3 个步骤设计预测问卷：首先，在质量文化理论框架的指导下，结合文献综述，编制相关题项。其次，于 2019 年 1 月对中外合作大学中的 N 高校和 K 高校中的 4 位本科生和 2 位老师进行了开放式访谈。通过访谈，将突显中外合作大学特色及其学生特色的题项加入其中，形成初步问卷。再次，于 2019 年 7—8 月对中外合作大学中的 N 高校、K 高校和 U 高校的 12 位本科生、7 位老师进行了半结构式访谈，并请这 19 位师生评价、调整、审定问卷，进而形成预测问卷。

根据本研究提出的研究理论框架、研究模型以及研究问题，本研究的预测问卷主要由 6 部分内容组成，共 137 个题项。第一部分共 17 题，主要是学生的背景情况。第二部分是质量文化的物质层子维度，共 13 题，包括校园设施设备、师资队伍两个方面。第三部分是质量文化的行为层子维度，共 28 题，包括学生参加学业活动、学生参加课外实践、学生的人际交往、教师教学行为等 25 个方面。第四部分是质量文化的制度层子维度，共 24 题，包括教学制度、学生支持制度和学生反馈制度。第五部分是质量文化的精神层子维度，共 25 题，包括质量意识、质量标准、质量追求、对学校的整体评价等。第六部分是学生发展收获，共 30 题，包括国际化素养、通识教育、知识技能、个人社会性发展、职业准备。在量度选择上，第二至六部分均采用李克特 5 点量表。

（一）学生背景信息量表指标构建

学生背景信息量表共 17 个指标。其中"总体成绩等级"不同的中外合作大学分段分值不同，如 N 高校以 40 分以下为不及格，而 K 高校则以 60 分以下为不及格，因此为了题项设计的通用性，选用了优、良、中等、合格、不合格等级。生源质量是本研究中一个比较重要的测量点，本调查问卷中要求学生报告大学所就读的年级、当年高考所在的省份/直辖市、当年参加高考的科类以及当年高考成绩在全省的位次等。众所周知，高考成绩在不同分科和地区之间不具有直接可比性，且在部分地区成绩的一分之差能影响较大幅度的排名波动，因此考生在同年度同地区同科类考生中的成绩排名相对更为有效，在后续的研究中，将对排名占比进行赋值。

家庭经济社会地位，简称 SES，由"父母受教育程度和职业、家庭物资情况"等 5 个题项来组合测量，这参考了国际通行的如 PISA 测试的题项设计。

指标构建来源如下：基础信息、生源质量、父母受教育程度指标为自建；成绩等级指标源自质性访谈；父母职业指标源自《中华人民共和国职业分类大典》；家庭物资指标源自南部与东部非洲教育质量监测联盟义务教育质量监测项目。

（二）中外合作大学质量文化量表指标构建

质量文化建设的物质层量表共 13 个指标。该层量表主要聚焦软硬件资源。每所高校的硬件设施和软件资源覆盖面广，但此类指标须与大学生紧密相关，且为学生广泛知晓的元素。因此，硬件设施设备选取了图书馆、实验室、教室、信息技术资源、文体场所以及能体现中外合作大学特色的国际化事务咨询点的设置等题项。软件资源则以师资队伍的质量和数量为代表，以学术教师为主，行政管理老师为辅。指标构建来源如下：除了设施设备中的"国际化事务咨询点设置能满足需求"指标源自质性访谈外，其余指标均为自建。

质量文化建设中的行为层量表共 28 个指标。该层量表主要以学生和教师行为为代表。学生行为主要分为三部分，即参加与学业相关的行为、参加课外实践的行为以及人际交往行为。教师的行为题项，考虑到本问卷是学生的自陈量表，因此选取了学生日常能直观感受到的教师的教学行为。教学行为中考虑了较多国际化和本土化教学特色元素。指标构建来源如下：学生行为的指标均为自建；教师教学行为的指标参考了《高水平中外合作大学研究》一书，以及参考相关文献结合自建而成。

质量文化建设中的制度层共 24 个指标。经过深入的文献研读，本研究参考了迪拜跨境大学微观层面的质量保证体系的校外考官、学生支持、学生反馈等制度[1]，以及后期的质性访谈，制定了教学制度、学生支持和学生反馈三类制

---

[1] 华长慧, 孙珂.高水平中外合作大学研究——理论建构与实践探索 [M]. 北京 : 高等教育出版社 ,2018:214−216.

度，且所有的制度指标直指中外合作大学特色。指标构建来源如下：教学制度中，除了"课程体系设计突显国际化与本土化""课程的设计和调整强调学生参与机制"指标为自建外，其余指标均来自质性访谈；学生支持制度中，"朋辈引导与激励""学生宿舍跨专业、年级等的混住制度""听证、公示、申诉制度"指标源自质性访谈，"英语语言学习支持和学术促进服务"指标源自《高水平中外合作大学研究》一书，其余指标为自建；学生反馈制度的指标均为自建。

质量文化建设中的精神层共25个指标。该层指标比较抽象，不容易界定，但根据质量文化理论的阐述，精神层又是最为核心的一个测试部分，如果精神层的指标无法作用于学生发展，那么整个理论框架或问卷设计将难以推进。本研究经过文献研读，将本层分为4个二级维度，即质量意识、质量标准、质量追求和对学校的整体评价。其中质量意识指向本学校独特的育人理念或共同价值观。质量标准参考了由印第安纳大学高等教育研究与规划中心提供的《美国大学生就读经历问卷调查（CSEQ）》汉化版中的"校园氛围"子量表，测量学生认为所在的学校在多大程度上重视这些方面。不过质量标准中的最后两个题项为凸显中外合作大学特色的新增题项。指标构建来源如下：质量意识中和质量追求中的指标均为自建；质量标准中，"所在学校强调学生自由、平等、民主、开放等的价值观教育"指标源自质性访谈，"所在学校强调'发展学生学科、学术及智力的品质''发展学生艺术、表现及创造的品质''发展学生批判、评价和分析的品质''发展学生对人类特点多样性的理解与鉴赏力''发展学生信息科技搜索能力''发展学生职业及专业的胜任力'"指标源自CSEQ汉化问卷，其余指标均为自建；在对学校的整体评价中，"所在学校展现了国际化的教育特色"指标源自质性访谈，其余指标均为自建。

（三）中外合作大学学生发展量表指标构建

学生发展量表共30个指标。指标设计主要参考了由印第安纳大学高等教育研究与规划中心提供的《美国大学生就读经历问卷调查（CSEQ）》汉化版中的"收获测评"子量表，并新增了"国际化素养"的4个题项。各部分的具体题项内容将在"预测问卷质量分析"中呈现。指标构建来源如下：国际化素养的指标源自质性访谈、CSEQ汉化问卷和自建；通识教育、个人社会性发展、职业准备指标源自 CSEQ 汉化问卷；知识技能中，"了解本学科专业知识"指标为自建，"提升了批判性思考、独立思考能力，提升了自我管理能力，培养了好奇心与实践探索精神"指标源自质性访谈，其余指标源自 CSEQ 汉化问卷。

三、预测问卷质量分析

（一）量表的信效度

1. 量表信度

信度一般指量表所测得的结果的稳定性和一致性。常用的信度检验方法为克伦巴赫所创的 α 系数检验。信度的检验，不仅需要检验总量表的 α 系数，同时还需要对各维度、各子维度进行信度 α 系数的检验。吴明隆综合盖伊（Gay）、娜娜莉（Nunnally）、戴维里斯（Devellis）等专家学者的观点，提出了不同维度的 α 系数参考，认为 α 系数 ≥ 0.07 时，整个量表可以接受、信度高。当然，当 α 系数 ≥ 0.09 时则非常理想。

2. 量表效度

美国心理学会将效度分为内容效度、效标关联效度、建构效度。内容效度是指测验内容的代表性或取样的适切性；效标关联效度是以经验性的方法，研究测验分数与外在效标间的关系；建构效度是指测验或量表能测量到理论上的构念或特质的程度。[1] 建构效度可以通过探索性和验证性因素分析来呈现。

根据相关标准，如表 3 所示，因素负荷量的挑选准则最好＞0.4。本研究为体现更优的解释效果，负荷量选取 0.5 以上。

表 3　因素负荷量、解释变异百分比及选取准则判断标准 [2]

因素负荷量	因素负荷量 2（解释变异量）	题项变量状况
0.71	50%	甚为理想（excellent）
0.63	40%	非常好（very good）
0.55	30%	好（good）
0.45	20%	普通（fair）

---

① 吴明隆.问卷统计分析实务——SPSS 操作与应用 [M]. 重庆：重庆大学出版社,2016:196.
② 吴明隆.问卷统计分析实务——SPSS 操作与应用 [M]. 重庆：重庆大学出版社,2016:201.

续表

因素负荷量	因素负荷量2（解释变异量）	题项变量状况
0.32	10%	不好（poor）
<0.32	<10%	舍弃

另外还需要通过 KMO 和 Bartlett 球体值进行效度检验，当 KMO 指标值在 0.7 以上时，尚可进行因素分析，当然 KMO 指标值在 0.9 以上时，则极适合进行因素分析。

（二）预测问卷信效度

1. 预测问卷总体分析

本次预测采用方便抽样的原则，通过网络问卷星面向 N 高校、K 高校、U 高校这 3 所具有不同合作背景的中外合作大学发放，收回问卷 235 份，剔除 4 份 "所就读学校为非中外合作大学" 的问卷，有效问卷为 231 份，有效率为 98.30%。预测问卷各项 α 系数均>0.9，可见总量表信度非常理想（甚佳，信度很高），各维度的信度也非常理想（信度非常好），表示整个问卷信度质量非常高。一致性系数如表 4 所示。

表 4　预测问卷内部一致性 α 系数值

变　量	内部一致性系数	变　量	内部一致性系数
总量表	0.990	制度层质量文化维度	0.971
物质层质量文化维度	0.927	精神层质量文化维度	0.984
行为层质量文化维度	0.955	学生发展维度	0.984

预测问卷的 KMO 值>0.9，Bartlett 的球形检验卡方值为 37189.096，自由度为 7140，达到显著性水平，可以进行因素分析。

2. 物质层质量文化维度

物质层质量文化量表 KMO 值为 0.913，$p<0.01$。采用主成分分析法，利用最大方差旋转法（varimax）抽取因素。以特征值大于 1，因素负荷量>0.50 为标准，最终量表抽取 2 个共同因素，包含 13 个项目，累计方差贡献率为 65.881%，且各项目负荷均>0.50。2 个共同因素分别命名为师资队伍、校园设施设备，如表 5 所示。

表5　预测问卷物质层质量文化维度旋转成分矩阵

题　项	成　分	
	师资队伍	校园设施设备
18.图书馆资源能满足需求		0.841
18.实验室或研究中心能满足需求		0.840
18.现代化信息技术资源能满足需求		0.811
18.教室与自习室数量能满足需求		0.734
18.文化场所和体育设施能满足需求		0.604
18.国际化事务咨询点设置能满足需求		0.700
19.学术教师数量充足	0.662	0.538
19.学术教师专业水平较高	0.811	
19.学术教师具有多元文化背景	0.782	
19.学术教师的外语水平较高	0.746	
19.学术教师与学生的互动交流水平较高	0.775	
19.行政管理老师数量充足	0.682	
19.行政管理老师管理水平较高	0.667	

3. 行为层质量文化维度

行为层质量文化量表KMO值为0.946，$p < 0.01$。如表6所示，通过主成分分析法，利用最大方差旋转法提取共同因素，删去"与教师的交流"和"与同学、朋友的交流"两个题项，最终抽取4个共同因素，包含26个项目，累计方差贡献率为72.497%，且各项目负荷均>0.50。为进一步精简问卷，且在质性访谈中，受访学生认为"与行政管理人员交流"和"与不同国家和地区的同学、朋友交流"并不多且收获不明显，因此将22题的4个与交流相关的题项均删除，得到正式问卷的行为层质量文化维度量表，量表的主成分由4个精减为3个，3个共同因素分别命名为教师教学行为、学生课外活动行为、学生学业行为。

表6　预测问卷行为层质量文化维度旋转成分矩阵

题　项	成　分			
	教师教学行为	学生课外活动行为	学生学业行为	学生交流行为
20. 利用图书馆资源进行学习			0.758	
20. 投入专业课程学习			0.823	
20. 使用电脑和信息技术学习			0.710	
20. 锻炼自己的阅读能力			0.775	
20. 参加各类课内外考试			0.701	
20. 撰写论文或报告			0.686	
21. 参加社团或学生组织		0.815		
21. 参加文化艺术活动		0.824		
21. 参加校内外实习、兼职等活动		0.786		
21. 参加课外学术科技活动		0.812		
21. 参加志愿服务、社会实践等活动		0.814		
21. 参与学校事务管理,并为学校发展积极献言献策		0.795		
22. 与教师的交流				
22. 与行政管理人员交流				0.623
22. 与同学、朋友交流				
22. 与不同国家和地区的同学、朋友交流		0.533		0.519
23. 引导学生深层次学习	0.806			
23. 课堂教学引入多元文化视角	0.849			
23. 课程作业增加国际问题	0.796			
23. 师生互动突显跨文化性	0.805			
23. 常利用中、外方网络平台资源开展教学	0.814			
23. 针对不同的学生,开展学生差异化教学	0.726			
23. 教师在课堂采用启发式、互动式教学方式	0.875			
23. 教师在课堂上引导学生批判性思考	0.789			
23. 教师为学生自主学习提供有效帮助	0.844			
23. 教师对学生新见解或质疑进行积极回应	0.857			
23. 教师指导学生参与学术科研活动	0.792			
23. 教师在课余时间指导学生或与学生交流	0.799			

4. 制度层质量文化维度

制度层质量文化量表 KMO 值为 0.956，$p<0.01$。通过主成分分析法，利用最大方差旋转法抽取 2 个共同因素，包含 24 个项目，累计方差贡献率为 68.048%，且各项目负荷均>0.50，如表 7 所示。为进一步精简问卷，且在质性访谈中，受访学生认为"交换生制度"与"各类境外交流项目、平台建设"重复，"教学反馈制度"与"学生评教制度"重复，因此将这 2 个题项删除，得到正式问卷量表。2 个共同因素分别命名为教学制度、学生支持制度。

表 7　预测问卷制度层质量文化维度旋转成分矩阵

题项	成分	
	教学制度	学生支持制度
24. 全英文教学制度建设	0.857	
24. 小班化、研讨式教学制度建设	0.823	
24. 课程体系设计突显国际化与本土化	0.717	
24. 课程的设计和调整强调学生参与机制	0.789	
24. 学生评教制度	0.647	
24. 严把试卷质量关的校外考官制度建设	0.671	
24. 导师制	0.644	
24. 教师的 office hour 制度	0.753	
25. 英语语言学习支持	0.799	
25. 学术促进服务	0.704	
25. 朋辈引导与激励	0.538	0.506
25. 奖学金和助学金制度		0.556
25. 心理健康支持	0.555	0.556
25. 邮件交流制度	0.701	
25. 学生宿舍跨专业、年级等的混住制度		0.683
25. 考核评价制度	0.521	0.629
25. 听证、公示、申诉制度		0.727
25. 职业生涯与就业指导		0.732
25. 交换生制度	0.571	0.615
25. 各类境外交流项目、平台建设	0.502	0.692
26. 微信、微博等网络反馈平台建设		0.854

题 项	成 分	
	教学制度	学生支持制度
26. 学生代表反馈		0.811
26. 教学反馈调查		0.693
26. 生活反馈调查		0.785

5. 精神层质量文化维度

精神层质量文化量表 KMO 值为 0.967，$p < 0.01$。通过主成分分析法，利用最大方差旋转法抽取 2 个共同因素，包含 25 个项目，累计方差贡献率为 77.089%，且各项目负荷均 >0.50，如表 8 所示。为进一步精简问卷，且在质性访谈中，受访学生认为"所在学校树立了以人为本的理念""带给学生更多的是服务而不是管理"等概念用得太泛，且与本维度的多个题项有部分重复之意，建议删除。另外，学生对"学校能积极执行已成文的制度"与"学校的教育教学质量建设能激励师生"这两个题项的状况表示不了解。因此将这 4 个题项删除，得到正式问卷量表。2 个共同因素分别命名为质量意识、对学校的整体评价。

表 8　预测问卷精神层质量文化维度旋转成分矩阵

题 项	成 分	
	质量意识	对学校的整体评价
27. 所在学校已形成了具有自身特色的办学理念	0.731	0.501
27. 所在学校树立了以人为本的理念	0.739	
27. 所在学校注重树立质量意识、品牌意识	0.723	0.534
27. 所在学校有师生共同追求的价值观	0.677	
28. 所在学校强调发展学生学科、学术及智力的品质	0.852	
28. 所在学校强调发展学生艺术、表现及创造的品质	0.843	
28. 所在学校强调发展学生批判、评价和分析的品质	0.825	
28. 所在学校强调发展学生对人类特点多样性的理解与鉴赏力	0.833	
28. 所在学校强调发展学生外语水平	0.726	
28. 所在学校强调发展学生信息科技搜索能力	0.766	
28. 所在学校强调发展学生职业及专业的胜任力	0.762	
28. 所在学校强调学生自由、平等、民主、开放等的价值观教育	0.647	0.549

续表

题 项	成 分	
	质量意识	对学校的整体评价
28. 所在学校强调学生国际化教育的同时也重视中华传统文化教育	0.744	
29. 学校能积极执行已成文的制度	0.679	0.571
29. 学校的教育教学质量建设能激励师生	0.735	0.539
29. 学校重视师生提出的需求	0.660	
29. 学校、老师、学生间的"信任"文化氛围浓厚	0.754	0.507
30. 我会向他人推荐就读所在大学		0.736
30. 所在学校展现了国际化的教育特色	0.555	0.677
30. 学校所提供的教育服务承诺基本能实现	0.527	0.732
30. 带给学生更多的是服务而不是管理	0.571	0.646
30. 学校提供了充足的境外交换、学习的机会		0.774
30. 在本学校上学就业前景好		0.772
30. 在本学校上学出国／境深造更加方便		0.802
30. 在本学校上学能有更多与其他国家学生交朋友的机会		0.749

6. 学生发展维度

学生发展量表 KMO 值为 0.964，$p < 0.01$。通过主成分分析法，利用最大方差旋转法抽取 3 个共同因素，包含 30 个项目，累计方差贡献率为 77.860%，且各项目负荷均 > 0.50，如表 9 所示。为进一步精简问卷，且在质性访谈中，受访学生认为对"艺术欣赏力""科学技术理解力""数量问题分析能力""了解自己"这几项个人状况判断不准。因此将这 4 个题项删除，得到正式问卷量表。3 个共同因素分别命名为知识技能、通识教育、个人社会性发展。

表 9　预测问卷学生发展维度旋转成分矩阵

题 项	成 分		
	知识技能	通识教育	个人社会性发展
31. 全英文就读环境，提升了我的外语能力	0.671		
31. 拓宽了全球化视野	0.799		
31. 培养了跨文化（接受、学习、交流）能力	0.747		
31. 获取世界其他地区及其他民族的知识	0.627		
32. 获得涉及不同领域知识的宽泛的综合教育	0.513	0.681	

题　项	成　分		
	知识技能	通识教育	个人社会性发展
32. 在美术、音乐及戏剧的理解力和鉴赏力方面得到提高		0.776	
32. 对文学作品的熟悉程度及欣赏水平得以提升		0.822	
32. 明白历史对理解现在和过去的重要性		0.717	
32. 获得对自己国家政治制度、历史文化传统的知识		0.728	
32. 清晰而有效地写作	0.668		
32. 当和别人讲话的时候，能有效地发表自己的观点	0.658		
33. 了解本学科专业知识	0.722		
33. 了解科学技术新运用所带来的结果（利益、灾害、危险）	0.532	0.616	
33. 分析和逻辑思维能力	0.785		
33. 分析数量性问题（理解概率、比例等）	0.586	0.535	
33. 整合观念，理解观念之间的关系、相似性及不同点	0.756		
33. 主动学习、积极思考，寻找自己所需要的信息	0.794		
33. 提升了使用电脑及其他信息技术的能力	0.613		
33. 提升了批判性思考、独立思考能力	0.783		
33. 提升了自我管理能力	0.709		
33. 培养了好奇心与实践探索精神	0.700		
34. 形成自己的价值及伦理标准	0.665		
34. 了解自己的能力、兴趣和个性	0.606		
34. 增强与不同的人交往的能力			0.732
34. 发展与人合作的能力			0.740
34. 养成锻炼身体、保持健康的习惯			0.653
34. 学会适应变化			0.784
35. 获得知识技能，可用于某一特定的职业、工作		0.507	0.544
35. 获得在职业、学术领域继续深造的知识			0.644
35. 获得也许与某种职业相关的信息			0.604

四、正式问卷指标维度

经过预测问卷的指标构建、信度与效度分析后，正式问卷指标测量维度形成，如表 10 所示。

表 10　正式问卷指标测量维度

维　度	子维度	指标数	
物质层质量文化	校园设施设备	6	13
	师资队伍	7	
行为层质量文化	学生学业行为	6	24
	学生课外活动行为	6	
	教师教学行为	12	
制度层质量文化	教学制度	11	22
	学生支持制度	11	
精神层质量文化	质量意识	14	21
	对学校的整体评价	7	
学生发展	通识教育	4	26
	知识技能	15	
	个人社会性发展	7	

五、质性访谈工具设计

在访谈工具的选择上，按照开放式的问题设计，在质量文化 4 个维度的逻辑架构指导下，本研究将了解学生对大学教育的感知，以及对自我发展收获的感知。具体的问题设置上，主要包括对中外合作大学的认知与期望、对学生家庭背景的探讨、对学校物质资源的感知、对自身学术学习与课外活动参与的感知、对教师教学行为的感知、对教学制度和学生支持制度的感知、对收获与遗憾的感知、对学校发展的建议等。

第四节　样本选取与数据采集

一、量化样本选取与数据收集

（一）样本选取

量化研究对象选取具有本科教育层次且于 2019 年已有本科毕业生的中外合作大学，共计 6 所，分别是：N 高校、X 高校、Y 高校、K 高校、C 高校、U 高校。

　　这6所中外合作大学（含内地与港澳台地区合作大学，下同）具有较好的代表性。首先，在合作背景中"中英合作、中美合作、中国内地与中国香港合作"各2所；其次，4所分布于华东地区，2所分布于华南地区，即长三角和珠三角；最后，其中3所境内合作高校为双一流高校，另外3所的境内合作高校为非双一流高校。6所境外合作高校均为QS全球排名前300的高校。

　　据各高校毕业生就业质量报告的不完全统计，上述6所中外合作大学的在校境内本科生数约为2.5万人。本研究的研究对象即这6所中外合作大学在校境内本科生。表11中的数据均源于所在学校的2019年就业质量报告。

表11　6所样本高校2019届本科毕业生数及在校境内本科生规模

校　名	2018届本科毕业生数/人	2019届本科毕业生数/人	在校境内本科生规模/人
N高校	1345	1444	5381
X高校	1984	2535	10140
Y高校	143	145	580
K高校	375	428	1712
C高校	268	548	1072
U高校	1194	1310	4776

（二）数据收集

1. 样本数据的统计特征描述基本情况

　　调查问卷通过问卷星平台向调查对象发放，问卷的样本量基本达到预期目标。本次调查共回收问卷1809份，剔除"所读大学性质为非中外合作大学"，以及填写时间过短和除基本信息之外问卷答项全部一致的答卷，剩余有效问卷为1736份，有效率为95.96%，约占所有6所中外合作大学在校本科生数的7.2%左右，基本能够反映中外合作大学在校本科生的整体情况。问卷样本分布情况如表12所示。

表 12　样本数据的统计特征描述基本情况

项　目	类　别	样本人数 / 人	百分比 / %
所属学校地域分布	宁波	540	31.10
	温州	260	14.98
	深圳	117	6.74
	苏州	310	17.86
	上海	103	5.93
	珠海	406	23.39
性别	男	635	36.58
	女	1101	63.42
年级	大一	149	8.58
	大二	788	45.39
	大三	285	16.42
	大四	514	29.61
专业类别	人文社科类	1041	59.97
	理工类	650	37.44
	艺术体育类	45	2.59
学生干部经历	是	609	35.08
	否	1127	64.92
城乡来源	省会城市或直辖市	794	45.74
	地级市	676	38.94
	县级市	223	12.84
	乡镇或农村	43	2.48
父亲受教育程度	小学及以下	32	1.84
	初中	162	9.33
	高中（含职高或中专）	289	16.65
	大学（含大专或本科）	994	57.26
	研究生（含硕士或博士）	259	14.92
母亲受教育程度	小学及以下	45	2.59
	初中	171	9.85
	高中（含职高或中专）	395	22.75
	大学（含大专或本科）	953	54.90
	研究生（含硕士或博士）	172	9.91

续表

项　目	类　别	样本人数 / 人	百分比 / %
父亲职业	党政机关与企事业等单位负责人	354	20.39
	专业技术人员	206	11.87
	党政机关与企事业等单位办事人员和有关人员	284	16.36
	商业、服务业人员	449	25.86
	农、林、牧、渔、水利业生产及辅助人员	8	0.46
	生产、制造、运输设备操作人员及有关人员	38	2.19
	军人	25	1.44
	其他从业人员	349	20.10
	无业	23	1.33
母亲职业	党政机关与企事业等单位负责人	229	13.19
	专业技术人员	127	7.31
	党政机关与企事业等单位办事人员和有关人员	402	23.16
	商业、服务业人员	441	25.40
	农、林、牧、渔、水利业生产及辅助人员	5	0.29
	生产、制造、运输设备操作人员及有关人员	21	1.21
	军人	6	0.35
	其他从业人员	370	21.31
	无业	135	7.78
毕业后的选择	在国内工作	503	28.97
	出国 / 境工作	107	6.16
	出国 / 境深造	1028	59.23
	创业	48	2.76
	其他	50	2.88

　　从样本所属高校所在地域分布可见，6所样本高校的分布呈现出差异性。位于宁波、苏州、珠海的3所中外合作大学由于成立时间较早，均在2004—2006年，因此在校本科学生规模相对较大，样本量分别为540人、310人、406人，占比各达31.10%、17.86%、23.39%。位于温州、深圳、上海的3所中外合作大学成立时间均在2012—2014年，相对较晚，因此在校本科学生规模相对较小，样本人数为260人、117人、103人，占比各达14.98%、6.74%、5.93%。

从样本的性别分布可见，男性研究对象占比 36.58%，女性研究对象占比 63.42%。

从样本的年级分布可见，大一研究对象 149 人，仅占 8.58%，大二、大三、大四分别为 788、285、514 人，占比各为 45.39%、16.42% 和 29.61%。这也体现了本研究的倾向，尽量调研高年级学生。因为大一研究对象到校就读时间过短，经历与发展并不明显。

从样本的专业类别分布可见，人文社科类研究对象 1041 人，占比 59.97%；理工类 650 人，占比 37.44%；艺术体育类 45 人，占比 2.59%。该比例与学生总数的专业类别占比相仿。

从样本是否有过学生干部经历分布可见，35.08% 的研究对象有，而大部分的研究对象没有，样本选取比例科学。

从样本的城乡来源分布可见，研究对象来自乡镇或农村的比例较低，只有 43 人，占比 2.48%；来自县级市的 223 人，占比 12.84%。绝大部分来自地级市、省会城市或直辖市，两者占比合计达 84.68%。学生的家庭所在地是其经济社会背景的一个重要标志。第六次全国人口普查数据显示，居住在城镇的人口占 49.68%，居住在乡村的人口占 50.32%。[①] 尽管这 10 年来国家城镇化水平在不断提高，但上述比例仍反映出样本高校升学机会分布的相对不平衡性。

从样本的父母亲受教育程度分布可见，父亲、母亲在大学专科及以上的占比分别为 72.18% 和 64.81%，即 2/3 左右的研究对象自身已不是家庭的第一代大学生。同样，研究对象的父母亲的职业阶层分布都相对较好。

从样本的毕业规划分布可见，59.23% 的研究对象选择出国 / 境深造，这也是中外合作大学国际化的一个显著标志，即大部分学生选择出国 / 境攻读研究生。

此外，总体而言，样本量较大，抽样样本具有一定的代表性，例如各校样本人数占各校总人数的比例基本接近，专业类别和学生干部占比也基本符合现实分布。但也由于条件所限，随机抽样存在一些瑕疵，如男女生比例不佳和大二年级样本人数偏多等。

---

① 国家统计局. 第六次全国人口普查主要数据发布 [EB/OL]. (2011-04-28)[2019-01-15]. http://www.stats.gov.cn/ztjc/zdtjgz/zgrkpc/dlcrkpc/dcrkpcyw/201104/t20110428_69407.htm.

2. 样本数据的统计特征描述成绩情况

本研究关注中外合作大学学生在高校的发展与收获，因此除样本的基本情况外，额外统计了研究对象的大学成绩和高考成绩，如表 13 所示。

从样本的大学综合成绩分布可见，处于优良的学生占比高达 77.65%。从大学英语成绩分布可见，雅思 6.5 或托福 79～93 或英语课成绩比较好的研究对象占比 41.76%，雅思 6 或托福 60～78 或英语课成绩一般的研究对象占比 34.74%，雅思 7 及以上或托福 94 及以上或英语课成绩非常好的研究对象占比 18.55%，比较差的占比 4.95%。

从样本的高考科类分布可见，理科考生共 905 人，占 52.13%，超过半数。高考成绩在省内的位次，处于前 10000 名的占比 38.77%，10001～20000 名的占比 26.38%，20001～30000 名的占比 17.51%，可见前 30000 名总计占比高达 82.66%。

表 13　样本数据的统计特征描述成绩情况

成 绩	项 目	类 别	样本人数 / 人	百分比 / %
大学成绩	大学综合成绩	优	629	36.23
		良	719	41.42
		中等	295	16.99
		合格	84	4.84
		不合格	9	0.52
	大学英语成绩	非常好（雅思 7 及以上或托福 94 及以上或英语课成绩非常好）	322	18.55
		比较好（雅思 6.5 或托福 79～93 或英语课成绩比较好）	725	41.76
		一般（雅思 6 或托福 60～78 或英语课成绩一般）	603	34.74
		比较差（雅思 6 以下或托福 60 以下或英语课成绩比较差）	86	4.95
高考成绩	高考所在省份 / 直辖市	填空题数据		
	高考科类	文科	547	31.51
		理科	905	52.13
		综合（不分文理）	284	16.36

续表

成　绩	项　目	类　别	样本人数/人	百分比/%
高考成绩	高考成绩位次	10000 名及之前	673	38.77
		10001～20000 名	458	26.38
		20001～30000 名	304	17.51
		30001～40000 名	142	8.18
		40001～50000 名	75	4.32
		50001 名及之后	84	4.84

二、正式问卷质量分析

（一）信度检验

总量表的信度系数高达 0.990，其余各维度的信度系数见表 14。即物质层各维度 α 值在 0.892 以上，行为层各维度 α 值在 0.886 以上，制度层各维度 α 值在 0.948 以上，精神层各维度 α 值在 0.936 以上，学生发展各维度 α 值在 0.937 以上。根据吴明隆对信度的解释，可以说该维度量表具有非常理想的内部一致性。

表14　正式问卷各维度内部一致性系数

维　度	克伦巴赫 α 值	题项数
物质层质量文化	**0.936**	**13**
校园设施设备	0.892	6
师资队伍	0.910	7
行为层质量文化	**0.958**	**24**
学生学业行为	0.886	6
学生课外活动行为	0.926	6
教师教学行为	0.967	12
制度层质量文化	**0.968**	**22**
教学制度	0.954	11
学生支持制度	0.948	11
精神层质量文化	**0.979**	**21**
质量意识	0.975	14

续表

维　度	克伦巴赫 α 值	题项数
对学校的整体评价	0.936	7
学生发展	**0.983**	**26**
通识教育	0.937	4
知识技能	0.978	15
个人社会性发展	0.950	7

（二）效度检验

效度是检验量表质量的重要指标，测量结果与要考察的内容越吻合，效度越高。通过因素分析的适合度检验表明正式问卷的 KMO 值为 0.990，Bartlett 的球形度检验为 206813.853，自由度为 5565，$p<0.01$，因此适合进行因素分析。

一般研究通过内容效度和建构效度来评价量表的有效性。效度检验中的内容效度可以通过专家判断法、统计分析法和再测法等形式构成，本研究将用其中的总量表与各维度分数之间的积差相关系数来衡量，在本章节呈现结果。建构效度用因素分析来衡量，除 KMO 值和 Bartlett 的球形度检验结果外，各个维度的验证性因素分析（CFA）将结合模型拟合分析在后面的章节分 5 个维度来呈现。

物质层质量文化维度的内容效度如表 15 所示，可见该维度具有良好的内容效度。且 KMO 值为 0.939，$p<0.01$，适合进行因素分析。

表15　正式问卷物质层质量文化与各子维度的相关矩阵

变　量	物质层质量文化	校园设施设备	师资队伍
物质层质量文化	1		
校园设施设备	0.931★★	1	
师资队伍	0.937★★	0.745★★	1

注：★★ 表示在 0.01 水平（双侧）上显著相关。下同。

行为层质量文化维度的内容效度如表 16 所示，可见该维度具有良好的内容效度。通过因素分析的适合度检验表明行为层质量文化维度的 KMO 值为 0.967，$p<0.01$，适合进行因素分析。

表16　正式问卷行为层质量文化与各子维度的相关矩阵

变　　量	行为层质量文化	学生学业行为	学生课外活动行为	教师教学行为
行为层质量文化	1			
学生学业行为	0.834★★	1		
学生课外活动行为	0.796★★	0.599★★	1	
教师教学行为	0.900★★	0.649★★	0.505★★	1

制度层质量文化维度的内容效度如表17所示，可见该维度具有良好的内容效度。通过因素分析的适合度检验表明制度层质量文化维度的 KMO 值为 0.972，$p < 0.01$，适合进行因素分析。

表17　正式问卷制度层质量文化与各子维度的相关矩阵

变　　量	制度层质量文化	教学制度	学生支持制度
制度层质量文化	1		
教学制度	0.944★★	1	
学生支持制度	0.954★★	0.801★★	1

精神层质量文化维度的内容效度如表18所示，可见该维度具有良好的内容效度。通过因素分析的适合度检验表明精神层质量文化维度的 KMO 值为 0.982，$p < 0.01$，适合进行因素分析。

表18　正式问卷精神层质量文化与各子维度的相关矩阵

变　　量	精神层质量文化	质量意识	对学校的整体评价
精神层质量文化	1		
质量意识	0.988★★	1	
对学校的整体评价	0.951★★	0.892★★	1

学生发展维度的内容效度如表19所示，可见该维度具有良好的内容效度。通过因素分析的适合度检验表明学生发展维度的 KMO 值为 0.983，$p < 0.01$，适合进行因素分析。

表19　正式问卷学生发展与各子维度的相关矩阵

变　量	学生发展	通识教育	知识技能	个人社会性发展
学生发展	1			
通识教育	0.832★★	1		
知识技能	0.983★★	0.747★★	1	
个人社会性发展	0.952★★	0.728★★	0.912★★	1

三、质性样本选取与数据收集

质性研究的数据获得，通过目的性抽样、方便抽样、滚雪球抽样等策略和方式，采用半结构化访谈法、观察法、实物收集法等途径进行。在资料分析中采用开放、主轴、核心三级编码。

（一）抽样标准

对于研究对象的抽样，主要有概率抽样和非概率抽样之分。非概率抽样又被称为目的性抽样或理论性抽样，本研究即执行此抽样标准。目的性抽样，即按照研究的目的抽取能够为研究问题提供最大信息量的研究对象。[①]同时，按照与理论相关的概念做抽样，在对资料进行分析时，资料中初步形成的理论将作为下一步资料抽样的导向。

根据陈向明的研究，目的性抽样的具体策略分为9种，本研究主要采用分层目的性抽样策略。按照中英合作背景、中美合作背景、中国内地与中国香港合作背景三个层面，分别选取N高校、K高校、U高校这3所中外合作大学（含内地与港澳台地区合作大学，下同）作为分层目的性抽样对象，同时每所中外合作大学又分为教师和学生两类访谈对象。

目的性抽样的具体方式，陈向明提出可分为5种，本研究主要采用方便抽样和滚雪球抽样方式。根据方便原则，本研究从容易接触的人进入，首先选取了N高校的较为熟悉的1位校领导、1位管理岗教师和1位专任教师作为样本，并通过这位管理岗教师接触到了4位学生作为样本。K高校、U高校都是笔者根据1位非该校的教师推荐该校的1位教师，再由该校的教师推荐其他教师和4位不同

---

① Patton M Q. Qualitative Evaluation and Research Methods (2nd ed.) [M].Newbury Park: Sage,1990:169.

年级不同专业的本科生组成样本人群。具体研究对象如表20、表21所示。

表20 质性访谈学生参与者个人情况汇总

序 号	访谈对象	性 别	学 校	年 级	专 业	备 注
1	L同学	男	N高校	大一	土木工程	摄影协会会长
2	T同学	男	N高校	大三	国际事务与国际关系	
3	Z同学	男	N高校	大三	国际政治	
4	W同学	男	N高校	大四	英语研究与国际商务	爱作曲、玩音乐
5	H同学	女	U高校	大一	应用翻译	学生会干事、龙狮队成员
6	Q同学	女	U高校	大二	会计	学生会干部、龙狮队成员
7	Y同学	男	U高校	大三	计算机科学与技术	南海轻音古琴社社长
8	C同学	男	U高校	大四	应用经济学	招生大使
9	R同学	女	K高校	大一	会计	学生会成员
10	X同学	男	K高校	大一	金融	
11	G同学	女	K高校	大二	国际商务	学生会主席
12	J同学	女	K高校	大三	金融	团委副书记

学生参与者共计12人，3所中外合作大学各4人，年级和男女生分布相对均衡。共涉及9个不同专业，如土木工程、国际政治、金融、计算机科学与技术、应用经济学、会计、国际商务、应用翻译、英语研究与国际商务等。学生参与者的类别覆盖面较广，有团学干部、社团干部、志愿者、普通学生等。K高校的学生参与者多为学生骨干，U高校的学生参与者多为社团成员，N高校的学生参与者多为普通学生。

表21 质性访谈教师参与者个人情况汇总

序 号	访谈对象	性 别	学 校	职 位
1	L老师	女	N高校	校领导
2	D老师	男	N高校	学生工作老师
3	S老师	女	N高校	国情课学术老师
4	N老师	女	U高校	校领导
5	Z老师	女	U高校	理工学部学术老师
6	F老师	女	U高校	图书馆管理老师
7	H老师	男	K高校	学生工作老师

教师参与者共计 7 人，覆盖 3 所中外合作大学。其中校领导 2 位、学生管理岗教师 3 位、理工类专任学术教师 1 位、社科类专任学术教师 1 位。之所以加入教师参与者，是考虑到学生的发展离不开教师，无论课内还是课外，教师可以从育人师者的角度（或更多视角）更为客观地看待、审视本校学生的发展实际。

（二）进入现场

本研究进入现场主要通过"守门员"这一重要角色，分别是 2 位学生管理岗教师和 1 位校领导。这 3 位"守门员"在学生发展领域都是实践型、理论型专家。笔者在"守门员"的引荐下，直接说明意图后就非常自然地进入了研究现场，进而接触研究对象。

（三）资料收集与录入

笔者从 2019 年 1 月至 2020 年 3 月，前后对 19 名师生进行了深度访谈，受访者主要有 4 类：中外合作大学校领导、学生管理岗教师、专任教师、本科生。在访谈中，结合访谈提纲，给予了受访者较大的开放性，鼓励受访者结合实际情况自由表达，因此每位受访者的访谈时间在 0.5 至 2 小时不等，部分受访者接受过多次访谈。教师受访者在实际访谈中对内容的理解弹性较大，2 位校领导会提升访谈内容的站位，3 位学生管理岗教师会扩大受访内容的广度，2 位专任教师则倾向于结合自身教学探讨学生发展的深度。学生受访者相对直接，多半会围绕访谈提纲来回答，当然也能有弹性地展开部分内容。访谈过程每次都会录音，结束后会及时撰写备忘录，便于在后续分析和撰写阶段作为参考。

访谈既有面对面访谈，也有电话和网络访谈。面对面访谈是本研究的主要访谈方式。面对面访谈除了话语交流外，还能直接观察到受访者的面部表情、肢体语言，能体会其受访过程中的情绪波动和精神状态的变化，所获得的信息更加综合。面对面访谈主要在三种场合进行，分别是办公楼的办公室、学生公寓的单独交流室以及校内咖啡厅。部分电话和网络受访者能排除周边干扰，以语音或文字形式进行表达，尤其文字形式的表达是经过相对成熟思考后的反馈，有效性更强。

笔者进入这三所中外合作大学，主要采用选择性观察方式，聚焦以下内容：中外合作大学的校园硬件设施和学校文化呈现、学校介绍展示厅、学校宣传品、学生社团活动参与、学生课堂学习参与、校园图书馆资料呈现、校园开放日、学术论坛、学生宿舍生活等。

在实物收集中，笔者主要通过校园开放日和访谈机会，收集到了《年度就业质量报告》，反映师生校园生活的校园杂志，学校汇刊与快报，招生宣传册，博雅教育书籍，全人教育宣传单，学生工作部门的各模块服务内容介绍等资料。

（四）资料分析与编码

1. 三级编码

本研究资料分析根据扎根理论，遵从类属分析思路，借助 NVIVO12 质性分析工具，对资料进行开放式编码、轴心编码和选择编码的三级编码形式。其中访谈录音原材料采用逐字逐句转录的方式，获取总字数为 20.7681 万字的转录文本。获取节点 845 个，参考点 1663 个。具体访谈转录文本情况如表 22 所示。

表22 访谈文本编码节点、参考点、字数统计

序　号	访谈转录文本编号	节　点	参考点	字数／字
1	NS01 L 同学	42	88	7740
2	NS02 T 同学	37	68	8455
3	NS03 Z 同学	42	71	10504
4	NS04 W 同学	40	65	10220
5	NT01 L 老师	74	179	15921
6	NT02 D 老师	44	81	14595
7	NT03 S 老师	43	74	14511
8	US01 H 同学	60	127	10008
9	US02 Q 同学	49	111	11839
10	US03 Y 同学	41	88	12166
11	US04 C 同学	46	85	7678
12	UT01 N 老师	49	89	18099
13	UT02 Z 老师	55	110	8534
14	UT03 F 老师	14	22	10146

续表

序　号	访谈转录文本编号	节　点	参考点	字数 / 字
15	KS01 R 同学	39	65	10399
16	KS02 X 同学	39	64	7181
17	KS03 G 同学	35	66	7776
18	KS04 J 同学	44	82	9217
19	KT01 H 老师	52	128	12692
总计		845	1663	207681

（1）开放式编码

开放式编码作为编码初始阶段，需要研究者以开放与投降的阅读初衷，悬置价值判断，让资料自己"说话"。19 个访谈资料文本可视为打散的资料。进行开放式编码，就是将打散的资料逐步分解成不同单位，并赋予概念，再以新的方式重新组合，加以概念化、类属化。这一过程是通过不断提问和不断比较进行的。提问时尽量带着研究问题和研究目的，对资料抱着"既什么都相信，又什么都不信"[1] 的原则。比较时尽量越细致越好，不遗漏任何重要信息。同时，笔者在开放式编码时尽量将当事人的原话用码号命名，尽管一开始略显粗糙，但更具画面感，还原力更强。

（2）轴心编码

第二个过程是轴心编码。主要是发现和建立概念类属之间的各种联系，以表现资料中各个部分之间的有机关联。[2] 不断分析后，类属间的各种关系会愈发明朗，而后形成新的一级类属。轴心编码是对开放式编码中形成的概念类属再次类属化的过程。这一阶段的编码，不但要考虑类属之间的关系，同时要探究受访者的意图和动机，并放到整体研究中进行思考。轴心编码相对更为抽象，而这一编码结果在开始时决定了研究的分析框架，也就是理论雏形。

（3）选择编码

第三个过程是选择编码。这是对轴心编码的进一步提炼，而提炼出的类属

---

[1]　Strauss A.Qualitative Analysis for Social Scientists[M]. Cambridge, UK: Cambridge University Press, 1987:29.

[2]　陈向明 . 质的研究方法与社会科学研究 [M]. 北京 : 教育科学出版社 ,2016:333.

具有更强的统领性，就像一个牵线木偶的最高控制点。选择性编码能够通过概念、类属的整合，检验理论是否达到饱和，并为最终的理论奠定基础。卡麦兹认为，理论饱和的表现是如果发现通过搜集更多的数据已经不再产生新的类属或见解时，就可以说理论达到饱和了。[①]

2. 编码结果

（1）中外合作大学学生发展现状的编码结果

本研究通过对所有访谈资料进行开放式、轴心和选择编码，获得了中外合作大学学生三个方面的发展现状，分别为：通识教育、知识技能、个人社会性发展如表 23 所示。这里需要说明的是，本研究选择的方法是混合方法，量化研究中的调查问卷设计早于质性资料分析，因此在对学生发展现状进行类属化的过程中，会在一定程度上受量化设计的维度划分影响。而实际上，对二级类属进行进一步概括，恰能形成与量化问卷类似的维度，可见三级类属的三个维度属于一个比较宽泛的理论范围。

表 23　中外合作大学学生发展现状编码

一级类属	二级类属	三级类属	核心类属
博：文理融通	博雅教育深入人心		
雅：做人第一、修业第二			
知识多元化	多元化特征明显	通识教育	中外合作大学学生发展现状
文化多元化			
思维多元化			
兴趣爱好广泛			
国家认同感增强	国家认同与社会责任感提升		
社会责任感增强			
外语水平提升	国际化交流能力提升	知识技能	
日常人际交往力提升			

[①]　凯西·卡麦兹. 建构扎根理论——质性研究实践指南 [M]. 重庆：重庆大学出版社,2009:238.

一级类属	二级类属	三级类属	核心类属
能独立思考	批判性思维能力提升	知识技能	中外合作大学学生发展现状
会质疑维权			
表达自我观点			
意见包容			
自主学习能力提升	自律意识增强		
做事更有规划			
自我协调能力提升			
专业学术能力提升	学术素养提升		
可迁移能力挖掘			
跨文化适应力提升	适应能力提升	个人社会性发展	
压力性环境适应力提升			
团队意识增强	团队协作能力提升		
领导力提升			
职业准备	职业发展力提升		
人脉扩张			
更加自信	精神状态改善		
心态更平和			

（2）中外合作大学学生发展影响因素的编码结果

本研究通过对所有访谈资料进行开放式、轴心和选择编码，获得了中外合作大学学生发展影响因素的编码结果，见表24。由于本书的理论托举是质量文化理论，因此在访谈提纲设计时，也基于本研究的理论框架进行访谈，主要从4个方面展开：物质层、行为层、制度层、精神层。这4个理论范围也基本涵盖了二级类属的内容。

表24 中外合作大学学生发展影响因素编码

一级类属	二级类属	三级类属	核心类属
教学设施	校园设施设备	物质层质量文化	中外合作大学学生发展影响因素
生活环境			
资金支持			

续表

一级类属	二级类属	三级类属	核心类属
师资国际化	师资队伍	物质层质量文化	中外合作大学学生发展影响因素
学术教师专业能力			
通过质保机制稳控师资质量			
行政管理教师质量			
专业课程学习	学生学业行为	行为层质量文化	
英语课程强化			
特色课程学习			
传统文化课与国情课学习			
国外暑期课程参与			
课余学业参与			
学生组织活动参与	学生课外活动行为		
海内外志愿服务活动参与			
课堂批判性思维培养	教师教学行为		
鼓励课堂讨论			
强调自主学习			
引入多元文化视角			
营造轻松风趣的课堂氛围			
耐心用心地教学			
课下学业互动	师生互动		
课下非正式互动			
与管理岗老师互动			
学业互动	朋辈互动		
生活互动			
小班化教学制度	教学质量管理制度	制度层质量文化	
全英文教学制度			
学生评教制度			
校外考官制度			
深层次学习机制			
学生参与课程设计与调整			
外教管理制度			

续表

一级类属	二级类属	三级类属	核心类属
弹性的转专业制度	学生学业质量支持制度	制度层质量文化	中外合作大学学生发展影响因素
荣誉学位制度			
严格的考核评价制度			
学分制度			
奖学金制度			
新生适应周制度			
（本科生／朋辈）导师制			
办公时间（office hour）			
邮件交流制度			
学术促进制度			
境外项目交流			
宿舍管理制度	学生生活质量支持制度		
权益维护制度			
学生反馈制度			
心理健康制度			
个人发展规划制度			
国际化	质量品牌	精神层质量文化	
本土国际化			
校训认同	质量价值观		
以生为本			
博雅教育／全人教育			
批判性思维			
信任与契约			
自由开放			
公平平等			
联合办学与独立主体	质量定位		
以本科为本			
培养什么样的人：具有爱国主义情怀的国际化人才			
从教学为主向教学科研兼顾型转变			

续表

一级类属	二级类属	三级类属	核心类属
内部质量保障体系	质量标准	精神层质量文化	中外合作大学学生发展影响因素
外部质量保障体系			
向他人推荐	质量评价		
还会再选择该校吗			

四、质性效度呈现与研究伦理

（一）对效度的呈现

尽管学术界对质性研究的研究效度众说纷纭、莫衷一是，但大部分学者还是会在研究中用效度来讨论研究中的真实性问题。本研究在研究过程中，也始终保持着对研究信息的高度敏感性，采用了三角检验法来确保理论达到饱和：本研究即对中外合作大学学生进行访谈，同时对中外合作大学的管理岗教师、学术专任教师以及学校领导进行访谈，以提高结论的可靠性；过程中通过撰写备忘录的形式进行分析与验证；在访谈法之外，兼顾观察法和实物收集法进行相互验证；邀请高校同行和导师、同学交流讨论。本研究对资料的分析基本满足了信效度的检验。

（二）伦理道德

本研究在伦理道德的处理上，谨慎小心地使用研究者的权利，不对研究对象造成伤害，遵循一个基本原则，即"不论发生了什么问题，我们应该首先考虑到被研究者，然后才是我们自己的研究，最后才是我们自己：被研究者第一，研究第二，研究者第三"[①]。因此在尊重隐私和保密原则的处理上，本研究不公开受访者的真实信息，而是用字母来替代。

---

① Fontana A, Frey J H. Interviewing: The Art of Science[M]. In Denzin N K, Lincoln Y S ,et al. Handbook of Qualitative Research. Thousand Oaks:Sage,1994:373.

第四章

质量文化视角下中外合作大学学生发展群像素描

中外合作大学迅速成长，得到了社会的广泛关注。那么，如何微观地了解中外合作大学学生经过大学教育活动所获得的成长与发展？本章主要结合混合方法研究，从量化分析、质性访谈和各校发布的就业质量报告三个方面着手进行全面剖析，进而描绘并展示一张样本高校的学生发展素描图。

第一节　基于量化分析的学生发展描述

一、学生发展的描述性统计分析

本研究以中外合作大学学生在学生发展维度上的自我评价来衡量其成长收获状况。本维度共选择了通识教育、知识技能、个人社会性发展三个子维度的 26 个题项。从表 25 的数据可见，通识教育子维度中：36.5%～42.2% 的研究对象选择"比较符合"，37.7%～42.5% 的研究对象选择"非常符合"，"两者合计"比例为 74.2%～84.7%；知识技能子维度中，37.6%～41.0% 的研究对象选择"比较符合"，43.0%～51.8% 的研究对象选择"非常符合"，"两者合计"比例为 80.6%～92.8%；个人社会性发展子维度中，35.8%～42.1% 的研究对象选择"比较符合"，40.4%～48.8% 的研究对象选择"非常符合"，"两者合计"比例为 76.2%～90.9%。

换言之，学生发展维度中，学生选择"比较符合＋非常符合"的比例非常高，处于 74.2%～92.8%，尤其知识技能子维度的比例都高于 80%。可以说，经过中外合作大学的教育教学活动，学生们在 26 项发展指标中，均获得了非常理想的发展。

表 25　学生发展维度各题项的选项占比

单位：%

通识教育	很不符合	较不符合	中立	比较符合	非常符合
获得涉及不同领域知识的宽泛的综合教育	0.7	2.1	12.5	42.2	42.5
对文学作品的熟悉程度及欣赏水平得以扩展	1	4.2	17.2	38.4	39.2
明白历史对理解现在和过去的重要性	0.9	4.4	17.9	37.6	39.2
获得对自己国家政治制度、历史文化传统的知识	1.3	5.3	19.2	36.5	37.7
知识技能	**很不符合**	**较不符合**	**中立**	**比较符合**	**非常符合**
清晰而有效地写作	0.5	1.9	13.6	41.0	43.0
全英文就读环境，提升了外语能力	0.3	1.1	9.6	38.6	50.4
拓宽了全球化视野	0.5	1.0	10.7	38.7	49.1
培养了跨文化（接受、学习、交流）能力	0.4	1.0	9.4	37.6	51.6
获取世界其他地区及其他民族的知识	0.4	2.0	13.6	39.5	44.5
了解本学科专业知识	0.6	1.2	10.7	40.6	46.9
分析和逻辑思维能力	0.5	0.8	9.9	39.4	49.4
整合观念，理解观念间的关系、相似性及不同点	0.6	1.0	11.0	39.4	48.0
主动学习、积极思考，寻找自己所需要的信息	0.5	0.4	10.0	38.9	50.2
提升了使用电脑及其他信息技术的能力	0.5	1.3	10.8	38.4	49.0
提升了批判性思考、独立思考的能力	0.3	1.0	8.9	38.0	51.8
提升了自我管理能力	0.6	1.3	12.1	38.2	47.8
培养了好奇心与实践探索精神	0.5	1.2	11.3	39.1	47.9
当和别人讲话的时候，能有效地发表自己的观点	0.5	1.2	10.2	40.3	47.8
形成自己的价值及伦理标准	0.4	0.9	10.7	38.5	49.5
个人社会性发展	**很不符合**	**较不符合**	**中立**	**比较符合**	**非常符合**
增强与不同的人交往的能力	0.3	1.3	10.7	39.7	48
发展与人合作的能力	0.3	1.3	9.7	39.9	48.8
养成锻炼身体、保持健康的习惯	1.1	4.0	18.7	35.8	40.4
学会适应变化	0.2	1.0	10.0	40.1	48.7
获得知识技能，可用于某一特定的职业、工作	0.5	1.6	13.5	40.7	43.7
获得在职业、学术领域继续深造的知识	0.5	1.1	11.4	40.4	46.6
获得也许与某种职业相关的信息	0.5	1.4	12.3	42.1	43.7

学生发展三个子维度的选项占比如图 17、图 18、图 19 所示。

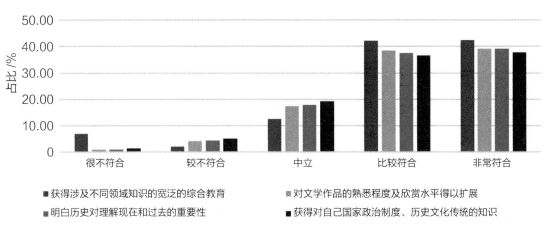

图 17　通识教育各选项占比

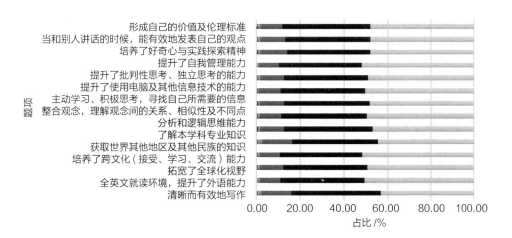

图 18　知识技能各选项占比

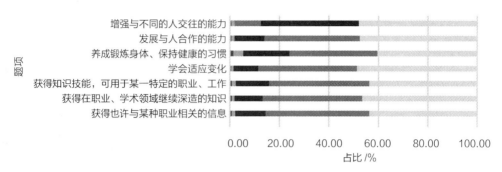

图 19　个人社会性发展各选项占比

　　为更进一步了解中外合作大学学生发展的具体情况，本研究挑选出了学生选择"非常符合"选项频率最高的 10 个题项，见表 26。分别为：批判性与独立思考、跨文化能力、外语能力、主动学习能力、形成自我价值与伦理标准、逻辑思维能力、全球化视野、信息技术能力、与人合作能力、适应变化能力。其中前 4 项能力发展的"非常符合"程度均有超过 50% 的学生选择。

表 26　学生发展维度选择"非常符合"选项频率最高的 10 个题项

题项	数量占比	百分比 /%
提升了批判性思考、独立思考的能力	899/1736	51.8
培养了跨文化（接受、学习、交流）能力	896/1736	51.6
全英文就读环境，提升了外语能力	875/1736	50.4
主动学习、积极思考，寻找自己所需要的信息	871/1736	50.2
形成自己的价值及伦理标准	859/1736	49.5
分析和逻辑思维能力	858/1736	49.4
拓宽了全球化视野	852/1736	49.1
提升了使用电脑及其他信息技术的能力	851/1736	49.0
发展与人合作的能力	847/1736	48.8
学会适应变化	845/1736	48.7

　　学生发展维度量表采用的是 1～5 分的分级量表，表 27 是学生各题项得分均值、标准差和变异系数，可以进一步准确判断学生的各项发展评价情况。按照均分高低排序分别为：知识技能（4.34）、个人社会性发展（4.29）、通识教育

（4.12），均超过 4 分，应该说总体上，中外合作大学学生对自身的发展与收获较为肯定。

同时各子维度及各题项的标准差和变异系数也较小，说明这些因子和题项得分分布相对集中，即学生的自我评价也较为一致。

表 27　学生发展维度各题项得分均值、标准差和变异系数

学生发展	内　容	均值	标准差	变异系数 / %
通识教育	获得涉及不同领域知识的宽泛的综合教育	4.24	0.803	18.94
	对文学作品的熟悉程度及欣赏水平得以扩展	4.11	0.900	21.90
	明白历史对理解现在和过去的重要性	4.10	0.906	22.10
	获得对自己国家政治制度、历史文化传统的知识	4.04	0.947	23.44
	平　均	4.12	0.89	21.56
知识技能	清晰而有效地写作	4.24	0.794	18.73
	全英文就读环境，提升了外语能力	4.38	0.730	16.67
	扩宽了全球化视野	4.35	0.748	17.20
	培养了跨文化（接受、学习、交流）能力	4.39	0.732	16.67
	获取世界其他地区及其他民族的知识	4.26	0.798	18.73
	了解本学科专业知识	4.32	0.760	17.59
	分析和逻辑思维能力	4.36	0.734	16.83
	整合观念，理解观念间的关系、相似性及不同点	4.33	0.755	17.44
	主动学习、积极思考，寻找自己所需要的信息	4.38	0.722	16.48
	提升了使用电脑及其他信息技术的能力	4.34	0.759	17.49
	提升了批判性思考、独立思考的能力	4.40	0.720	16.36
	提升了自我管理能力	4.31	0.779	18.07
	培养了好奇心与实践探索精神	4.33	0.762	17.60
	当和别人讲话的时候，能有效地发表自己的观点	4.34	0.746	17.19
	形成自己的价值及伦理标准	4.36	0.739	16.95
	平　均	4.34	0.75	17.33

续表

学生发展	内　容	均值	标准差	变异系数 / %
个人社会性发展	增强与不同的人交往的能力	4.34	0.742	17.10
	发展与人合作的能力	4.36	0.732	16.79
	养成锻炼身体、保持健康的习惯	4.10	0.916	22.34
	学会适应变化	4.36	0.716	16.42
	获得知识技能，可用于某一特定的职业、工作	4.25	0.785	18.47
	获得在职业、学术领域继续深造的知识	4.32	0.752	17.41
	获得也许与某种职业相关的信息	4.27	0.765	17.92
	平　均	4.29	0.77	18.03

6 所样本高校的学生发展均值为 4.33，通识教育均值为 4.19，知识技能均值为 4.37，个人社会性发展均值为 4.32，如表 28 所示。从校际纵向看，Y 高校的学生发展自我评价均值最高。从横向子维度比较，知识技能的均值最高。

表28　6 所中外合作大学学生发展及各子维度均值

学　校	通识教育均值	知识技能均值	个人社会性发展均值	总均值
N 高校	4.05	4.38	4.32	4.31
K 高校	3.94	4.19	4.10	4.12
C 高校	4.20	4.24	4.18	4.22
X 高校	4.08	4.41	4.35	4.34
Y 高校	4.70	4.77	4.72	4.75
U 高校	4.18	4.25	4.24	4.24
平均	4.19	4.37	4.32	4.33

二、学生发展的验证性因素分析

本研究第三章中的预测卷效度分析使用了探索性因素分析，将各个维度分析出了不同的子维度或者说构念特质。本章节将使用修订后、面对不同样本对象新采集的正式问卷的指标数据，通过结构方程模型中的验证性因素分析，来确认正式问卷所包含的因子是否与当初的探索相同，即因子模型是否与实际搜索的数据契合，以及测量指标是否可以有效作为潜变量的测量变量。[1] 其中模型的适配度指标是判断模型是否有效或拟合的标准。本研究综合吴明隆、邱皓政、约雷斯科格（Joreskog）等学者观点，整理验证性因素分析的各项模型适配度指数，如表 29 所示。

表 29　验证性因素分析的模型适配度

指数类别	指数名称	较优评价标准	可接受评价标准
绝对适配度指标	卡方值（χ^2）	越小越优	卡方值对样本规模较敏感，当样本规模 > 1000 时，不采用卡方值作为评定模型拟合程度的判断标准[2]
	卡方自由度比值（χ^2/df）	1～3	样本观察值愈大，卡方值愈大，因而卡方自由度比值也会变得愈大，此时不应只以卡方值或卡方自由度比值作为判断标准，其他适配度指标也是重要的判别标准[3]
	残差均方和平方根（RMR）	<0.05，越小越优	<0.08
	近似误差均方根（RMSEA）	<0.05，越小越优	0.05～0.08 表示模型良好，具有合理适配；0.08～0.10 表示模型尚可，具有普通适配[4]
	拟合度指数（GFI）	> 0.9，越接近 1 越优	0.7～0.9 表示模型基本可以接受[5]
	调整后拟合度指数（AGFI）	> 0.9，越接近 1 越优	同上
增值适配度指数	归准适配指数（NFI）	> 0.9，越接近 1 越优	> 0.8
	增值适配指数（IFI）	> 0.9，越接近 1 越优	> 0.8
	比较适配指数（CFI）	> 0.9，越接近 1 越优	> 0.8
	非规准适配指数（TLI）	> 0.9，越接近 1 越优	> 0.8
简约适配度指数	简约适配指数（PGFI）	> 0.5	
	简约调整后的规准适配指数（PNFI）	> 0.5	

为验证因子结构的稳定性，本研究使用 AMOS 24.0 软件对因子结构进行验

① 吴明隆 . 结构方程模型——AMOS 的操作与应用 [M]. 重庆 : 重庆大学出版社 ,2019:212.

② 邱皓政 , 林碧芳 . 结构方程模型的原理与应用 [M]. 北京 : 中国轻工业出版社 ,2009 : 100-101.

③ 吴明隆 . 结构方程模型——AMOS 的操作与应用 [M]. 重庆 : 重庆大学出版社 ,2019 : 491.

④ 吴明隆 . 问卷统计分析实务——SPSS 操作与应用 [M]. 重庆 : 重庆大学出版社 ,2016 : 44.

⑤ Joreskog K G, Sorbom D. LISREL 8: Structural Equation Modeling with the Simplis Command Language[M]. Chicago: Scientific Software International Inc. ,1993.

证性因素分析。建立的学生发展维度模型由 3 个潜变量和 26 个观察变量构成。

由输出结果可见，初始模型路径系数为正值，且都在 0.733 至 0.923 之间，表示变量之间是正相关关系。每对变量间的临界比值（t 值）都大于 2（p ＜0.001），各变量间的路径相关显著，表明假设关系中的潜变量与观察变量间的因子关系是稳定存在的。

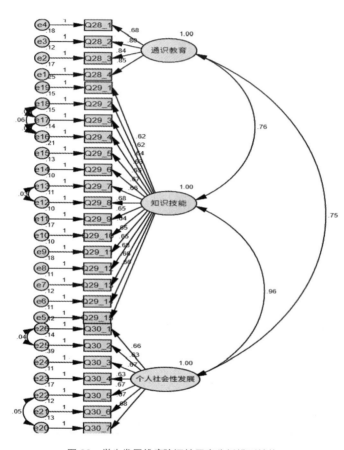

由模型适配度指数表 29 可知，由于本研究的样本规模 1736 ＞ 1000，不采用卡方值、卡方（p 值）、卡方自由度比值为判断标准，因此通过 RMSEA、RMR、GFI、AGFI、IFI、NFI、CFI、TLI、PGFI、PNFI 等适配度指标来检验模型的拟合效果。从表 30 可见初始模型基本达到合理的指数要求，但从 AMOS 24.0 给出的各参数的修正指标值看，测量指标误差项之间存在

图 20　学生发展维度验证性因素分析模型结构

继续修正的可能，如 e16、e17、e18 描述国际化能力，e12、e13 描述逻辑思维，e25、e26 描述人际交往，e20、e22 描述职业准备，其间具有一定的关联性。修正后，RMSEA 值＜0.08，RMR 值＜0.05，GFI、AGFI 值 均 ＞ 0.8，IFI、NFI、CFI、TLI 值均 ＞ 0.9，PGFI、PNFI 值均 ＞ 0.5，修正模型的各项指标拟合效果

更好，维度具有良好的建构效度，如图 20 所示。

表 30　学生发展维度验证性因素分析拟合指标

指标	RMSEA	RMR	GFI	AGFI	IFI	NFI	CFI	TLI	PGFI	PNFI
初始	0.093	0.026	0.788	0.748	0.922	0.917	0.922	0.914	0.664	0.835
修正	0.079	0.025	0.849	0.817	0.945	0.940	0.945	0.938	0.701	0.839

第二节　基于质性访谈的学生发展描述

"看一所大学的优劣，首先看学生的优劣。"[①]——杨福家《博雅教育》

学生的发展质量彰显了所属教育机构的育人成效。良好的毕业生质量才能印证中外合作大学通过引入优质教育资源进行创新办学的可行性与优越性。当然，学生发展的质量必然离不开过程中的人才培养目标，例如宁波诺丁汉大学的学生培养目标为："通过全英式学习，培养熟悉中西文化，熟练掌握和运用中、英两种语言，具有独立思考、创新能力和团队精神，具有国际化思维与视野，达到英国诺丁汉大学专业水平与能力的高层次人才。"[②] 保持办学特色，明确育人目标，是中外合作大学可持续发展的保证。

本节将运用质性研究方法，从"通识教育"、"知识技能"和"个人社会性发展"三个方面来整体勾勒中外合作大学学生发展的概貌。

一、通识教育

古今中外，"通识教育"源远流长，其作为一种教育理念，与专业教育相对，体现在学生发展中，可以借"通人胸中怀百家之言"喻之。哈佛大学于2007 年通过的《通识教育大纲》要求每个学生在大学期间，至少在以下八个领域修一门课程——美学与阐释、文化与信仰、经验与数学思考、伦理思考、生命系统科学、物质世界科学、世界上的社会、美国与世界。[③] 博览群书，具备

---

① 杨福家 . 博雅教育 [M]. 上海 : 复旦大学出版社 ,2014:229.

② 杨福家 . 关于宁波诺丁汉大学筹建工作的汇报讲话 [R]. 宁波 : 宁波诺丁汉大学 ,2005:1.

③ 杨福家 . 博雅教育 [M]. 上海 : 复旦大学出版社 ,2014:48.

广博的学识与才能，是作为一个受教育者的理想形态，也是中外合作大学学生的向往与追求。

（一）博雅教育深入人心

通识教育在不同的场域，亦被称为博雅教育或全人教育，但内涵相似。

> 我们学校非常推行博雅教育，其中既有通识教育，又充分体现了国际化特色，所以博雅教育其实是兼具国际化素养的通识教育。另外就是人的社会性发展，这也是我们主推的一个人才培养的理念。（L老师，女，N高校）

L老师将N高校的博雅教育理解为"兼具国际化素养的通识教育"，这一定义更加彰显中外合作大学的育人导向。Q同学认为，全人教育是该校人才培养中的特色一环，通过全人教育的课程设置可以让自己更全面地发展、更自由地表达。

> 全人教育是希望同学们更全面地发展。大家在接触了很多来自不同方面的信息之后，思维会更加活跃，也能更加自由地去表达自己更多的想法。学校也非常欢迎大家表达自己。（Q同学，女，U高校）

1. 博：文理融通

博雅教育的"博"理念主要体现在学生跨学科的知识融通上。U高校的人才培养方案中明确规定，学生需要在必修课中跨学部选课。Q同学来自该校的工商管理学部，她的专业是会计学，在必修课中，除学习本专业课程外，又跨学部选修了理工科技学部的能源类课程，以及人文与社会科学学部的哲学类课程。

> 学校规定我们的通识教育课程必须选修一门别的学部的课，我选了一门介绍能源的课。老师给我们介绍了人类使用能源的发展过程。另外我还选了人文学部的一门叫作"从亚里士多德到21世纪的哲学"的课。除了我们自己会计专业的课，在这里还会接触到很多可以拓宽视野的通识类课程，比如理工学部的一些通识课程、人文学部的一些通识课程。我觉得这些通

识课程拓宽了我们的视野，对自己以后的人生规划也有正面影响。（Q 同学，女，U 高校）

该校规定，在必修课中需要学习通识教育的课程。而选修课则是融合了不同专业和类别的课，可以自由选择。"自由选修课就是各个学部的课都掺在一起，然后根据自己的兴趣去选。你也可以去上别的专业的专业课，把它当成自由选修课去选。"（Q 同学，女，U 高校）跨学部选修课的融通，更体现了该校在育人目标中注重学生心智的开启、见识的广博，以及人格的养成与健全，而非局限于某一领域知识和技术的传授。

> 的确，本科阶段是一个年轻人成长的阶段，不要过多地拘泥于所学专业，而是要去做一个真正的人。文理融通，这是校长一直提倡的一个理念，也是我们学校非常鼓励学生去做的。包括鼓励学生进行跨专业的学习，参加跨专业的社团等。（L 老师，女，N 高校）

除了跨学科专业知识上的文理融通外，中外合作大学的书院制宿舍生活也让学生的跨学科知识得到了更为全面的提升。

> 我们学校的寝室不是按专业分的，而是随机分配的。所以大一入学时我和一个统计学专业的同学是舍友。我们在宿舍聊天时经常会聊到彼此专业上的内容。我隔壁的宿舍，四个同学分别来自四个学部，她们在平时也会相互了解彼此专业上的一些情况。（Q 同学，女，U 高校）

> 我们是混住的。你的同屋可能和你不是同一个专业，所以大家就会有跨学科的朋友。大家在日常生活中可能会有一些彼此专业上的讨论，也可以一起完成一些项目，所以这种跨学科混住还是挺有意思的。学校比较小，老师和老师之间跨学科沟通比较多，学生之间也是这样。（Z 老师，女，U 高校）

历史上，中国传统书院为千年文脉的赓续提供了客观载体。同样，国外部分高校如牛津大学、哈佛大学等，也是依据书院制的教育模式逐步发展壮大为世界顶尖高等学府。当前，中外合作大学也在大力探索兼顾通识教育与专业教育的书院制育人理念与育人模式，使学生能在打通专业界限的环境中生活与学习，从而获得综合素养的提升。

2. 雅：做人第一，修业第二

立德、立功、立言，对应的顺序就是做人、做事、做学问。这三点在中外合作大学学生的发展认知中，已经自然而然地融入其中。

> "做人第一，修业第二"是我们校长在开学典礼和其他场合经常讲的话。其实作为学生，我对这句话的理解主要是在学术诚信上，我们也基本都能做到。比如每学期每篇论文要做学术诚信陈述、Moodle 平台上的课程作业要有学术伦理的自我保证等。（Z 同学，男，N 高校）

的确，在追求知识和塑造健全人格的道路上，"做人第一，修业第二"的"雅"教育理念让中外合作大学的学生发展更为全面而有底蕴。学生的价值观、世界观、人生观的培养，爱国情操、社会责任感的培养，与人相处的道德风貌的培养等会让学生的成长发展更有厚度。

其实，博雅教育在美国高等教育中覆盖得较为全面，中美合作背景的中外合作大学也有教师提到博雅教育在学校育人理念中的重要性，在此不再详述。

（二）多元化特征明显

多元化一直以来是中外合作大学的学生培养目标之一，是国际化人才的必备素养。本研究发现学生发展的多元化可以包含知识的多元化、文化的多元化、思维的多元化、兴趣爱好的多元化。

1. 知识多元化

全球知识经济一体化的背景，必然会在跨境高校中对教育和学生成长带来影响。

> 因为我们的老师大部分有境外的教育背景，而且自带境内文化背景和学术经历，所以教授学生的知识也相对多元化。比如说我是港大毕业的，那么我可能会在课堂上提一些关于香港大学传授知识内容的方式或者人才培养的方式等，让学生获取多元化的知识。（Z 老师，女，U 高校）

Z老师既有浙江大学的教育背景，又有香港大学的教育背景，尽管都是国内高校，但境内外教育模式的不同，也会使其自身带有多元文化的印记，这会在课堂上自然而然地影响学生。

> 这个学校的老师和学生，可能有一些多元化的追求，我也回忆了之前上的那些课，我可以在同一个学期里一边学传统的古琴，一边去学天体物理。当然不同老师呈现出来的讲授风格也不一样。（Y同学，男，U高校）
>
> 有一些外教，还有一些国内的老师都会特别鼓励我们。带领我们去体验不同的文化，而且鼓励我们投入不同的认知环境。（G同学，女，K高校）

2. 文化多元化

中外合作大学的文化多元化特征，是笔者在访谈中感受最明显的。中外合作大学的专任教师绝大部分都是从全球招聘的，而学生群体中又有较高比例的国际学生，由此而来的多元文化交融对此类高校学生的影响是潜移默化的。

> 我们的教师来自很多国家和地区，平时能通过老师的授课风格以及私下的沟通交流，了解到其他国家和地区的文化特点。（L同学，男，N高校）
>
> 我们班级里有一些国际生，我们经常会组成小组去完成一项任务，在此过程中可以通过交流了解彼此国家的文化。比如我们教他们用筷子，教他们说中文，跟他们普及其他蕴含中国元素的文化，他们也很乐意学。然后他们也会跟我们交流他们国家的文化。这种方式特别好，我们能学到很多。（H同学，女，U高校）
>
> 我最大的收获就是开阔了眼界，认识了很多来自不同国家和地区的老师和同学，也了解了不同的文化。（X同学，男，K高校）

中外合作大学学生身上呈现出来的文化多元化特质，能使其在从事国际性活动时，跳出一隅一地的限制，具有更宽广的文化视野和良好的文化基础。

3. 思维多元化

中外合作大学毕业生的所在单位（雇主）常用"具有活跃的创新思维""有强烈的好奇心"等语句，来评价中外合作大学学生的综合素养。在知识多元化和文化多元化的影响下，学生能够突破旧有的思维定式，尝试通过不同的视角来看待现象、寻找途径、解决问题，甚至包容这个世界，这就是一种成长。

> 我觉得在课堂上学到的最重要的不是知识，而是思维方式的多元化。我觉得我学习专业的过程就是在塑造我的思维方式。比如说我学的专业是外语系的一个语言类小专业，之前我在写论文时就很喜欢观察同学们的语言现象，然后会悄悄地思考和分析。换句话说，就是这样的训练让我对同一件事情有了不同的思考角度和不一样的思维方式。(W 同学，男，N 高校)

> 举个例子吧，我们学校比较重视批判性思维训练，就是 critical thinking (批判性思维)，平时在社团活动或者上课的时候都能明显感觉到。印象最深的就是在写论文时，我们要求先写自己论点的对立面，然后再阐述自己的主要观点。(Z 同学，男，N 高校)

> 我觉得我们学校学生的思想可能(比普通大学的大学生)更开放些，有更多的创新思维。他们会比较关注各种各样的创业机会，做事也会有一些新的途径与方式。(S 老师，女，N 高校)

4. 兴趣爱好广泛

百花齐放的学生社团是中外合作大学校园文化的重要组成部分。而大部分社团依据兴趣爱好而组建，如德语社等学术类社团、商务英语社等实践类社团、壁球社等体育类社团、动漫社等文艺类社团等。受访的学生大部分有参与兴趣类社团的经历，且积极性很高。如 W 同学喜欢音乐、擅长作曲，C 同学喜欢棒球、钟爱运动，而 Y 同学则在回顾大学生活时提到曾经担任过四个社团的社长，兼跨文艺类、体育类、实践类等。

> 我最大的收获就是在这所学校里充分展示了我的兴趣爱好，并且做出了一点成绩。我热爱音乐，我的作品在网易云音乐中播放量最高的有20多万点击量。在大学期间我一共发布了二十几首歌。这所学校让我能做自己喜欢的事，而且给了我很大的发挥空间!(W 同学，男，N 高校)

比如我对于棒球运动的体验，就是我来到学校参与社团后的全新收获，后来还参加不同级别的棒球比赛，这在我以前的学校是没有的。一个学校给学生这么大的兴趣培养空间，真的很好。（C同学，男，U高校）

大学期间，我花了大把的时间在社团上面，曾担任过四个社团的社长，有羽毛球协会、创联慈善公益社、琴社等。（Y同学，男，U高校）

（三）国家认同与社会责任感提升

在国际化进程中，学校最担心的莫过于学生在发展过程中的价值观失衡，如一味地崇洋媚外，丢失了作为本民族、本国家成员应有的秉性。不过在访谈过程中，笔者发现爱国情怀和社会责任感在中外合作大学学生身上并未弱化，反而表现得十分强烈。

1. 国家认同感增强

学生有时候跟我聊天说："老师我觉得不出国不知道，一出国我更加爱国了。尤其当看到一些反华言论，爱国的热情马上就燃烧起来了。"（H老师，男，K高校）

国内的普通院校，可能学生出国的机会不太多。我们学校据统计在大学期间能通过各种项目出去的学生比例有近80%。我还是那句话——"出了国更爱国"。学生们有了出国的经历之后，对学校发展和国家经济发展的状况等会有更深的认识。我可以举一个例子：学生有时候会对学校的后勤服务不太满意，期望值很高，但当他出了国之后，发现在国外有种叫天天不灵、叫地地不应的感觉。相对来说，国外整体的服务水平、反应速度，并不那么乐观。另外国内的学校是有"温度"的，对学生的服务与管理有一定的弹性，不像国外那么简单和直接。所以我觉得学生在中外合作大学就读，会对学校甚至国家产生更多的认同感。（D老师，男，N高校）

尽管这两个例子均出自两所中外合作大学的老师访谈，但其中的内容都是该校学生的真实表现。中外合作大学有各种类型的境内外学术或人文交流项目，学生在对不同地域的文化体验的比较中，更直接地产生了民族自豪感。"出了国更爱国"，这朗朗上口的一句话，是发自内心的一种感觉，也是在双向互动的国际化进程中，学生群体愈发认同的一种认知。

2. 社会责任感增强

社会责任感、使命感的培养是中外合作大学育人目标中的重要内容。C同学关注外来务工人员子女这一弱势群体，利用自身专业优势，坚持义教了一年半。同时他一再强调，做公益并非单方面受益，而是双向共赢的，自己也能对不同的社会群体有更全面与深入的了解。

> 我们学校有个叫创联的公益社团，我加入后选择了外来务工人员子女家教这个志愿服务。我去的是一个工业区，那边有很多外来务工人员，我们一般一周去一次，每次陪一个孩子一上午或一下午的时间，主要是辅导英语和数学学科，有时候还会聊聊人生、谈谈理想。我坚持做了一年半，因为我觉得这是件好事，能用我们的知识力所能及地去帮助这些孩子。另外也能让我们了解不同的家庭，去理解外来务工人群他们的生活和需求。这世界上还是有很多需要我们去帮助的群体。我总觉得做公益不能太功利，因为在这个过程中，不只是我们在付出，对方也让你明白了很多。（C同学，男，U高校）

> H同学是在学校全人教育的课程中，选择了志愿服务类课程。

> 我们学校重视全人教育，开设了不少全人教育的课程。我上的是"环境保护与义工服务"，选择的是老人服务的项目。我们一共去了五次老人院，去跟老人聊天，听到他们的想法和诉求，还给他们举办了生日会，老人们也挺开心的，那边的社工说这是效果最好的一场生日会。（H同学，女，U高校）

> J同学是利用中外合作大学的教育交流平台优势，选择了去海外支教。这也是不少同学在海外学习阶段的"必修科目"。

> 我们学校有海外的志愿者平台，我选了巴厘岛做支教的项目。项目大概是5天时间，是到巴厘岛的一个孤儿院支教。每天教一个上午，大概3小时。每天去之前我们都会计划好内容。一般来说，我们两个女生负责教

小朋友，折简单的纸，做插花游戏，认识单词等等。男生负责较大孩子，做一些有关巴厘岛当地文化和中国文化的交流，还有绘画等等。（J同学，女，K高校）

二、知识技能

从人力资源的角度，知识技能与人的生存和发展密不可分，是人的综合素质不可或缺的组成部分。本研究主要从国际化交流能力、批判性思维能力、自律意识以及学术素养四个方面展开论述。

（一）国际化交流能力提升

交流是人的自然属性和社会属性的融合性体现。而国际化交流能力是中外合作大学学生人才培养的重要目标之一，因为只有具备了良好的国际化交流能力，才能顺利地从事国际性工作或进行跨文化学习。事实上，在培养过程中，中外合作大学学生发展中提升最为显著的能力即国际化交流能力。对于这一点，受访者们有较为一致的认同感。

1. 英语水平提升

中外合作大学的教学模式与国内普通高校区别最大的一点就是全英文授课。这对学生来讲是一种挑战，因为熟练地掌握和应用英语成了最基础的技能。Y同学和H老师都提到，四年的大学生活让中外合作大学学生的英语水平突飞猛进，有了质的飞跃，他们像换了个人似的。部分学生刚入学时不敢张口说英语，到毕业时已经可以去语言培训机构担任英语教师。

> 大学期间我最大的收获来自全英文教学。我觉得自己的英语水平在这三年中发生了质变。大学期间我要常和老师、同学用英语交流，有时候还不得不与老师用英语争论，比如我这个得分，问题在哪儿等等。此外，在假期中我也会去参加一些国外学校的暑期课程。慢慢就会发现，其实张嘴说英语这件事情没有那么难。（Y同学，男，U高校）

> 去年我们毕业典礼上发言的毕业生就是很好的例子。他说他大一刚入学的时候，根本不敢张口说英语，但没想到四年后居然可以代表毕业生站

到台上发言。他感觉这四年自己的口语能力突飞猛进，自己像换了个人似的。他现在好像是去了外语培训机构当口语老师。（H 老师，男，K 高校）

除了学习英语，不少中外合作大学的学生还会兼修其他的外语语种，如日语、西班牙语、意大利语、韩语、法语等，以获得更为综合的国际化语言交流能力。

> 我最大的收获是英语水平提高了，我还学了西语和日语。语言真的很重要。（Z 同学，男，N 高校）

2. 日常人际交往能力提升

敢说、敢讲、敢交流、敢表达，这是中外合作大学学生良好人际交往能力的集中体现。X 同学和 H 老师都提到了学校鼓励学生走出校门，与社会人员进行言语交流，通过不同的平台锻炼口才。在回答"你觉得哪些能力得到提升"时，同学们这样说。

> 我觉得提升了沟通能力。记得有一次我负责一个比赛的接待工作，当时对方没有按时到，而比赛顺序又临时要发生变化，我就很着急，不断与对方沟通，最终他们没有误点。就是那种沟通能力会让我们的大学生活变得更有意思且有意义。（X 同学，男，K 高校）
>
> 就是日常社交能力得到了极大的提升。以前我上台讲话都会发抖，但现在进步很多，站上讲台放松了很多。（L 同学，男，N 高校）
>
> 我们鼓励学生到外面去拉活动赞助，能否成功不重要，关键是要鼓励自己，要敢说，敢跟人家谈，锻炼自己的口才以及各方面的能力。（H 老师，男，K 高校）

（二）批判性思维能力提升

林崇德教授曾提出学生核心素养体系，其中"科学精神"中的"批判质疑"即可以与批判性思维相对应。具体来讲，就是在具有问题意识的基础上，能独立思考与判断，能辩证性地分析问题、提出疑问、表达观点。本研究在此基础上又增加了一点即"意见包容"。

在访谈中，部分受访者将批判性思维的重要性提升到了中外合作大学校本价值观的高度。因此或许可以认为，批判性思维的训练已渗透到了该校教育教学的各个环节。当然，本部分的研究仍然将批判性思维能力作为学生发展的收获之一来进行探讨。

1. 能独立思考

独立思考是批判性思维能力中最重要的一点，也是学术能力训练中的重要组成部分，尤其注重让学生从不同的视角去思考问题，有自己的思路、逻辑以及处理问题的方式方法。

> 我觉得中外合作大学非常注重培养学生独立思考的能力，尤其是通过团队小组协作的方式。（R 同学，女，U 高校）

> 我觉得批判性思维能力，不管是对国内普通大学的学生，还是对中外合作大学的学生来说，都是必备的。就是要学会以批判的视角来看待问题，需要有独立思考的能力。在学习过程中，可能有一些理论是没法质疑的，但老师上课讲题的思路、做事情的方式方法等，我觉得都是可以去分析和探讨的。因此我们学校培养出来的学生相对来说比较多元化，不都是一个模板刻出来的。（D 老师，男，N 高校）

2. 会质疑维权

当代大学生追求透明、公平、公正，同时在批判、质疑中又有较强的自我保护、自我维权意识。这一点在中外合作大学的学生身上表现得更为明显。当然，也是因为学校在文化认同的基础上会多一分包容，正如以下 L 老师所言。

> 我经常看到学生写信去质疑校长。如果你对学校有不满意的地方，可以直接发信给执行校长，他必须给你回复。如果学生对某件事情不理解，或者有其他想法，也可以跟学校平等对话。学校始终抱着一种"这也是学生教育的一部分"的心态来处理，所以校长不会恼怒，不会觉得你在挑战权威。他觉得这个过程能帮助你，因为以后你既要懂得捍卫自己的权利，

又要懂得表达，还要通情达理，对吧？所以这些沟通的过程对学生来说其实是很好的学习机会。但是这也需要学校的管理人员和老师有这种胸怀，能够接受这种质疑，而不是把学生的质疑当成挑战权威。（L老师，女，N高校）

不过也有部分老师认为个别学生对批判、质疑、维权过于较真。例如某门课程成绩下降了，部分学生就会找老师辩论，试图提升成绩。这种辩论，部分合理，但也有牵强、不合理的成分。

3. 表达自我观点

互联网时代，新媒体的蓬勃发展使得当代大学生更乐于通过各种媒介畅快地表达自我观点。当然，这种表达只要是真实的、不无理取闹的、经过理性判断的，都应该鼓励与赞赏，正如L老师所言。

学生来跟你反映问题，如果不是无理取闹，或者说他只是就事论事，并有自己的见解，那么就是一种思辨能力的表现。同样，在反映问题的邮件中，他的写作彬彬有礼，有礼有节，同时也能够坚持自己的观点，捍卫自己的权利，这也是值得鼓励的。我每次看到这样的邮件，心里都既有点压力，又感到非常高兴。（L老师，女，N高校）

另外，Q同学强调了团队协作中自我观点表达的感触与经验。

我们学校经常会通过presentation（演示环节）的展示来让学生有效表达自己的观点和相关信息。就是当小组完成了课题之后，要向大家展示研究成果，这时候就有较多上台演讲的机会。这样同学们就会知道自己该怎样把想法更好地传递给大家，以及在面对讨论中的不同观点时，如何把自己的想法告诉别人，如何与别人的想法进行磨合，最后再整合出一个综合的观点或结论。（Q同学，女，U高校）

就是不要太过拘谨，要有勇于表达的勇气，不用想着对与错，只要把你自己真实的想法表达出来就好了。（R同学，女，K高校）

4. 意见包容

不同的人看待事物的角度自然不同，尤其在中外合作大学这样一类多元化特征明显的教育体中，更需要尊重不同的声音、不同的见解、不同的观念。正如 X 同学认为的，在充分尊重自我表达的基础上，再参与分析和判断。

> 我们在课上会有很多讨论，但不会因为谁的观点错了而马上批判他。而是会让同学说完，再跟他作一些分析与探讨。这就是意见包容的感觉。（X 同学，女，K 高校）

（三）自律意识增强

法国教育家涂尔干认为自律是理智地遵从社会的道德规则，是外部约束力的内部表现。[1] 由于中外合作大学给予学生自主安排时间的弹性较大，对学生而言，需要在没有外部控制的情况下，主动地通过自我管理的办法，规划好、约束好、统筹好自己的学习生活，进而形成良好的自我认知，这是一种考验。

1. 自主学习能力提升

"你见过某某大学凌晨几点的图书馆吗？"此类评论或描述通常出现在教育质量相对较高的高等学府中，但事实上这是一种群体自主学习能力的重要表现。正如 C 同学认为，当学校给予你自由的学习空间与时间时，关键看自身的定力。

> 我们来到大学，最重要的目的肯定是学习，而自学能力就显得很重要。因为大学不会像高中一样能帮你规划好学习的方式和节奏。大学里你需要学会安排自己的时间，下课之后的时间都需要自己规划，比如何时去图书馆，到了那边怎么学。图书馆里没有断网断电断水，想学通宵都行。这种自学能力的提升也是一种收获。（C 同学，男，U 高校）

2. 做事更有规划

中外合作大学的组织结构与国内普通高校相比，较为明显的区别是，没有

---

① 赵盈 . 涂尔干道德教育及对我国教育的启示 [J]. 改革与开放 ,2009(4):166.

班级，没有辅导员角色。因此，"靠自己""看邮件"成了大部分中外合作大学学生自我管理的必修课。学会了对生活和学习的自主安排和合理安排，中外合作大学的学生也就实现了从被动到主动的成功蜕变。

我们在大学里变得更加自觉了。因为我们学校不像别的大学有辅导员，而且在我们学校，没有很强的班级意识。大一开学之后，所有事情就都得靠自己去安排了。包括学校有什么事情，需要干什么，他们可能就是给你发个邮件，然后也没有人说去特意提醒你，会盯着你。如果你不做作业，没人催着你一定要你交，教授可能会在你旷了几节课之后，发个邮件问一下你为什么不来。不过像我们这种学校的话，因为之后大家大部分都要出国/境读研，申请时要有各种各样的成绩，所以学习也不敢随意耽误。然后还有各种各样的实习，其实这些东西父母也是不太懂的，这时候你就只能靠自己，包括你要自己去网上找实习机会，去投简历，去参加招聘，自己去完成这些东西。所以大学到现在最大的收获就是学会了怎么安排自己的生活。（R 同学，女，K 高校）

"我最大的收获就是学会了自己安排事情，合理安排时间。我们学校没有班级，也没有年级，你自己的课程、你自己的所有事情都要由你自己来安排。所以我就学会了自己去揣摩，然后自己鼓励自己上进。（G 同学，女，K 高校）

3. 自我协调能力提升

"自我协调能力"原本也可以归入"做事更有规划"这部分，但本研究发现，中外合作大学丰富多彩的课外活动，会让学生在投入学习和课外活动时的精力难以平衡。的确，部分学生会找不到合理的平衡点，但这也是一种成长的考验。

自我协调能力，就是协调自己学习与社团活动的一种能力。就是你不能把所有的时间都花在一个地方，要多协调，要兼顾各个方面，要提升综合能力。其实也不是说自我协调能力的提升对未来多么有用，只是在慢慢提升的过程中，能学到很多。这种慢慢成长的感觉很好。（H 同学，女，U 高校）

我刚上大学的时候，那么多自由的时间都荒废了。当时因为不懂，加了很多社团，导致很忙，然后感觉学业跟社团分不清楚。到大一下学期的时候，我慢慢可以把社团和学习分开来，后来也养成了每天做计划的习惯。（X 同学，男，K 高校）

（四）学术素养提升

中外合作大学以引入优质的教育教学资源见长。其对教学质量的严格管控，在一定程度上培养了学生良好的学术素养。

1. 专业学术能力的提升

学生的专业学术能力得到了广泛认可，正如 D 老师提及的，中外合作大学过硬的境外升学率就是学生学术能力的体现。

我们学生的学术能力得到了广泛认可。你看我们现在每年有接近30%的毕业生去 QS 世界排名前 10 的高校读研。这个数据已经非常不错了。然后超过 50% 的毕业生能进 QS 排名前 50 的高校，80% 的毕业生能进 QS 排名前 100 的高校。这个数据就证明了学生的学术与学习能力。（D 老师，男，N 高校）

大部分学生对所选专业较为认可，也有学术钻研的兴趣。不过在访谈中，也有部分学生提及对本专业的认可度不高。

我的专业能力得到了提升。我是学经济学的，以后从业的方向，可能会在商业领域，也可能会去教育领域，总之，我挺喜欢我的专业。（C 同学，男，U 高校）

2. 可迁移能力挖掘

授人以鱼不如授人以渔。充分利用迁移规律去提高学生应用知识解决问题的能力非常重要。

学术素养包括论文写作能力等很多学习技能，其中可迁移能力非常重要。这在我们学生身上表现得也比较明显。就是你今天学到的，在别的地

方能够融会贯通，或者说遇到难题时，你能用类似的方法去破解。（L 老师，女，N 高校）

三、个人社会性发展

社会性发展是指个体在人际交往和社会互动过程中形成社会规范、掌握社会技能、学习社会角色、控制自身行为、协调人际关系的过程。[①] 本研究的个人社会性发展主要从适应能力提升、团队协调能力提升、职业发展力提升、精神状态改善这四方面展开。

（一）适应能力提升

适应能力主要是指个体面对外部环境条件的变化而随之改变自身习性与行为等的能力。从组织环境而言，中外合作大学对于刚入校的学生而言是全新、陌生的环境，包括师生多元化结构、全英文教学环境等等。这对学生的适应能力是一种极大的考验。

1. 跨文化适应力提升

跨文化适应能力是国际化人才培养的重要方面，在陌生的跨境教育环境中，中外合作大学学生需要学习新思想、接触新事物、消化新理念，逐渐完成对多元文化认知的转换与适应。中外合作大学中，国际学生的比例较普通高校高出不少，且从全球招聘的外籍教师占据绝大部分比例，因此师生、生生的互动都大大提升了学生的跨文化适应力。

> 我们学校有独特的教师队伍。因为大部分是外籍教师，有来自欧美国家、东南亚国家，也有来自韩国、日本等国家，所以教师队伍的组成非常多元化。因此我们受到各种文化与理念的影响，我觉得我们正在慢慢地、更好地适应那些多元文化。（X 同学，男，K 高校）

2. 压力性环境适应力提升

N 老师将中外合作大学比喻成"真实社会的模拟空间"，的确有一定的道

---

① 冯维 . 高等教育心理学 [M]. 重庆 : 重庆出版社 ,2006:10—12.

理。从不适应到适应有时需要付出代价，正如 N 老师所举的案例。

> 我经常说我们这所中外合作大学就是一个真实社会的模拟空间。从入学的第一天开始，你就要"真刀真枪"地面对了。在这里，学生面临的每一件事，都需要认真对待。举个简单的例子，比如说学生选课，学生进校的第一件事就是要选课。我就遇到过这样的个案，开始选课时学生出国去玩了，然后把选课的事情交给家长。结果到了选课那天，家长才发现原来没那么简单。首先有部分英文家长不懂，其次这是一套复杂的选课系统和选课程序，结果有些想上的课或者好课就没选成，反倒选了几门一年级无法胜任的课。这不但影响了学生的绩点，还影响了他们整个的学习状态。有过这样一次经历之后，学生才发现原来这里的学习环境远不是他想的那样轻松。（N 老师，女，U 高校）

（二）团队协作能力的提升

无论是专业学习，还是社团活动等"第二课堂"的参与，都离不开团队成员间的相互协作，这是学生个体发展的重要组成部分。学会团队协作才更有可能去面对挑战、克服困难，才能更稳健地步入社会。

1. 团队意识增强

在中外合作大学的课堂教学中，教师经常会布置团队性的互动内容，俗称合作性教学。即需要几个学生组成相应的项目组去完成一项任务，并进行团队展示。正如 J 同学和 Z 老师所说，强化沟通与交流的合作项目让学生的团队意识明显增强。

> 在课堂教学时，老师经常会问同学，对于课堂任务，是倾向于个人完成还是倾向于团队合作，大部分同学都倾向于团队合作。这种小组合作并不是各自完成自己的部分就可以，也不是各自完成后进行简单的拼凑。这不仅涉及组内分工，而且需要在过程中加强交流与沟通。（J 同学，女，K 高校）
>
> 每门课程在结束前一般都会有一个大作业，就是一个关于项目的小组作业。对于这类作业，不同的老师有不同的人员分组法，有的老师可能会

将成绩好、中、差的同学"捆"在一起，这就意味着学生不能按自身意愿选择团队成员，其实这就是在模拟真实的社会环境。在这个环境中，会有同学做 leader，就是小组长，然后小组长要督促组员完成各自的任务，如果组员不完成，他可能就要自己做。小组长还需要去调整和优化团队中各成员之间的配合度等。这些都让学生有了明显的团队合作意识。（Z 老师，女，U 高校）

2. 领导力提升

不少受访者提到在大学就读阶段参加了不同的社团组织，如志愿者组织、各类学生社团等，还担任了一定的职务。通过引导群体活动完成共同目标的过程，实际上就是个体领导力的提升过程。正如 L 同学提及的，面对由多个环节组成的活动，项目的整体协调筹划和分工就考验了个体的领导能力。

我们社团要举办很多活动，成员也挺多的。如果想要把一个活动办好的话，各个环节的配合很重要，就是说对一个项目的整体筹划、逐步跟进、人员的安排，各方面都很重要。这真的很考验领导能力。我自己以前其实是个比较害羞内向的人，但是来这个学校参加了一些组织和活动后，交流和统筹能力就真的提升了不少。（L 同学，男，N 高校）

（三）职业发展力提升

大学生面临就业压力，因此职业生涯规划是当代高校重要的育人环节，就是为了培养与提升学生步入社会以后的职业发展能力，如职业知识、职业技能、岗位适应与人际交流能力等。

1. 职业准备

根据访谈可以得知，中外合作大学面向学生提供了较为丰富的职业准备类实习实践平台，例如 C 同学提到的校内岗位兼职、J 同学提到的校外岗位挂职等。高年级学生在学习之余，利用这些平台可以为后续的生涯发展做些准备，使自己成为一个"有准备"的准社会人。

学校会提供一部分实习工作，我在学校的招生办参与了兼职、助理的工作。这是一种完全不一样的职业体验。招生办的工作，需要有较强的沟通能力和组织应变能力，因为现场有很多突发的状况，需要有应变能力。而且这个工作需要经常到外地的招生现场去做宣传，招生说明会上，你甚至可能要做一个主讲人，应对各种场面。这些都是日后走入职场的很宝贵的经验。（C同学，男，U高校）

我现在在市政府挂职，时间是一年。这个过程中，我接触到的机会比较多，经历也比较多。如果说你想把自己培养得更优秀，就需要抓住更多的机会。我们学校还有很多海外实习的机会，这些都是很好的锻炼机会。（J同学，女，K高校）

2. 人脉扩张

不同的高校会有不同的学生群体，具备不一样的生源结构。中外合作大学的生源质量相对较高，学生家庭经济条件不差，并且有一定比例的国际师生，那么，在这一类高校中所结识的同学或老师，对学生个体而言，就是独有的人脉资源。

我觉得在这所学校，我最大的收获就是人脉的积累。我不但遇到了不同国家和地区的老师，还结交了很多国内外的同学、朋友。（T同学，男，N高校）

（四）精神状态改善

健康、乐观、积极向上的学生群体风貌是笔者进入中外合作大学这一研究现场后的直观感受。学生们自我管理、自主统筹，生活与学习节奏饱满。在校园开放日的现场，学生们在百花齐放的社团嘉年华中，表现得更是外向、开朗、自信、阳光。

1. 更加自信

F老师通过对数届学生的观察，认为学生们的自信成长让她感触最深。这种喜悦在访谈中溢于言表。

自信，对，就是自信。我有特别深的体会，因为我们图书馆每一年都有一个迎新周。在迎接新生时，看得出来新生们对学校有不少的期待，但也有少许羞涩。但是四年之后，有学生要出境读研，来找我写推荐信，我就发觉这些孩子真的是越来越成熟、越来越有担当，然后也非常自信，这让我很欣喜。（F老师，女，U高校）

2. 心态更平和

Z同学就读大三年级，在访谈中，其成熟的心态和语言、平静的表情和眼神，让人感觉大学的经历的确让他成长了，精神状态不一样了。

我觉得现在能够更加平和地去看待很多事情。因为在学校里经历的事情多了，就没有那么冲动了。比如说我现在到了大三，再回过头去看，大一学弟学妹们在重复当年我们做过的很多事情，我就觉得现在自己更平和一点了。（Z同学，男，N高校）

四、学生发展现状的质性理论模型

通过对数据进行编码比较，并逐渐使其概念化和范畴化，本研究结合NVIVO12软件建立了中外合作大学学生发展现状的质性理论模型，如图21所示。该理论模型共包含3个三级类属，分别为通识教育、知识技能、个人社会性发展。三级类属又延伸出11个次级，即二级类属，例如通识教育中的博雅教育深入人心、多元化特征明显、公民意识与社会责任感提升；知识技能中的国际化交流能力提升、批判性思维能力提升、自律意识增强、学术素养提升；个人社会化发展中的适应能力提升、团队协作能力提升、职业发展力提升、精神状态改善。

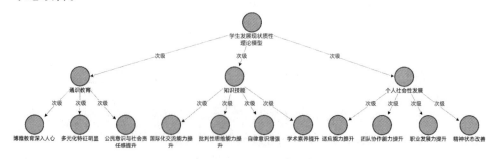

图21 中外合作大学学生发展现状的质性理论模型

可见，中外合作大学学生发展现状从质性研究角度抽取的三个类属与量化研究中的三个子维度具有天然的相似性。当然，由于国内外学者关于学生发展维度的调查研究设计已相对成熟，因此对学生发展或大学生核心素养的维度内容具有一定的共识。例如 UNESCO、OECD、欧盟、美国、日本、新加坡、新西兰、中国台湾地区等都从"与文化知识有关""与自我有关""与社会有关"三个方面提取学生发展核心素养指标，这些维度与指标均与本研究的质性和量化分析有一定的契合度。

第三节　基于就业质量报告的学生发展描述

中外合作大学以其 6 万～18 万元的高额学费，以及相对优质的生源，从"入口—（过程）—出口"等环节的遴选，到培养，再到产出，有力地呈现其较高的年度就业质量。年度就业质量主要包括就业和升学两大方面的质量概貌，而后者是其显著特色。从学生就业和升学的数据中能较为宏观地观测到中外合作大学学生的发展概况，且明显不同于国内非中外合作大学学生。

一、样本高校 2019 届本科毕业生毕业概况

每个自然年度的年底或年初，中外合作大学会发布各自的《年度就业质量报告》，以下三个表的统计数据均源于此，未作修改。另外统计表中的空格代表该校未报告该数据，而非一定为零。

从表 31 和图 22 可见，不同的中外合作大学根据其成立时间的长短以及不同学生规模的顶层设计，在 2019 届毕业生人数上存在一定差距，由 145 人到 2535 人不等。总体就业率处于 89.25%～98.18%，升学率处于 67.00%～86.50%，单位就业率处于 10.30%～28%，自主创业率处于0.10%～4.84%。

表31 6所样本高校2019届本科毕业生（境内生源）毕业概况

学 校	毕业生数 /人	总体就业率 /%	升学率 /%		单位就业率 /%	自主创业率 /%	自由职业率 /%	拟深造率 /%	拟就业率 /%
			境外	境内					
N高校	1444	96.50	84.30		11.40	0.10	0.60		
X高校	2535	96.80	86.50		10.30	4.84			
Y高校	145	94.50	67.00		28.00				
K高校	428	89.25	67.29	0.23	21.27	0.23	0.23	7.48	3.27
C高校	548	98.18	75.73		22.08	0.36		1.28	0.55
U高校	1310	90.31	72.82	2.29	13.51	0.61	1.07		

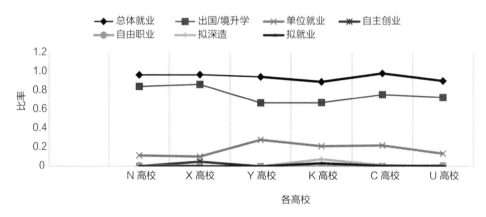

图22 6所样本高校2019届本科毕业生（境内生源）毕业概况

二、样本高校2019届本科毕业生就业概况

在中外合作大学《年度就业质量报告》中，关于学生就业基本用"高质量国际化就业"表示，其在就业形势严峻的人才市场中表现不俗。由表32分析：从就业地域分布看，主要集中于北、上、广、深和江浙等发达地区，且以长三角、珠三角为主。从就业行业分布看，主要集中于金融、商务服务、信息技术、制造业、教育与培训业、建筑业等，且在金融、信息技术及教育培训领域占据明显优势。从就业单位性质分布看，民企、三资企业、国企是中外合作大学学生就业的主要流向。在具体的《年度就业质量报告》中，涉及的民企包括联想、吉利、奥克斯等，涉及的三资企业包括阿里巴巴、百度、京东、网易、四大会计师事务所、腾讯、波音、亚马逊、欧莱雅、联合利华等，涉及的国企包括五

大国有银行、国家电网、中国电信等。可见中外合作大学学生的国际化就业能力较为突出。从毕业生平均薪酬看，平均月收入水平也比麦可思公司发布的"2019届大学毕业生的月收入为5440元"[①]高出不少。

表32 6所样本高校2019届本科毕业生（境内生源）就业概况

就业分布及薪酬	具体分布	N高校	X高校	Y高校	K高校	C高校	U高校
就业地域分布	北京	12.10%	5.36%	12.5%	4.44%	5.79%	9.60%
	上海	30.90%	13.79%	70.00%	13.33%	11.57%	5.65%
	广东	6.10%	3.07%			11.57%（广州）	62.15%
	深圳			7.50%		57.02%	20.34%
	浙江	27.20%	5.36%	2.50%（杭州）	67.78%		
	江苏		26.05%	2.50%（苏州）	5.56%		
	四川	2.40%	3.07%	2.50%（成都）			
就业行业分布	金融	7.90%	18.28%	20.50%	42.22%	17.36%	9.60%
	租赁和商务服务	28.10%	9.68%				28.25%
	信息技术	13.40%	22.04%	15.00%	14.44%	28.93%	9.04%
	制造业	9.80%			12.22%	9.92%	
	批发零售	4.90%			7.78%		3.39%
	文体娱乐	6.10%	8.06%		5.56%		
	教育、培训	7.30%	2.69%	26.00%		28.93%	6.78%
	科研和技术服务	7.30%					
	建筑业	4.30%	16.67%	5.00%		4.13%	
就业行业分布	交通运输、仓储、邮政	3.10%	17.20%			4.96%	
	广告媒体			2.50%		2.48%	
	能源、原材料		4.84%			2.48%	
	管理咨询			26.00%			
	法律			2.50%			
	医疗			2.50%			

[①] 央广网.2020年中国大学生就业报告（就业蓝皮书）发布 [EB/OL].(2020-07-10)[2020-09-29]. http://m.cnr.cn/news/yctt/20200710/t20200710_525162604.html.

续表

就业分布及薪酬	具体分布	N高校	X高校	Y高校	K高校	C高校	U高校
就业单位性质分布	国企	10.30%	15.05%	8.00%	18.89%	14.88%	10.73%
	民企	57.60%	67.74%	28.00%	61.11%	38.84%	
	三资企业	27.30%	11.83%	51.00%	16.67%	35.54%	8.47%
	机关、事业单位	4.80%			2.22%	10.74%	6.21%
	教育单位			13.00%（高等）	1.11%（中初）		
	有限责任公司						58.76%
	股份有限公司						10.17%
	其他企业						5.65%
	非营利机构		4.54%				
平均薪酬		8889.8元/月	/	约14万元/年	5707.37元/月	14.13万元/年	6047元/月

三、样本高校2019届本科毕业生升学概况

由于中外合作大学学生家庭条件相对较好，且长期浸润在国际化教学环境和多元化教学方式中，其既有语言能力上和思维模式上的优势，同时又获得了境外名校的学位证明，因此具有较强的升学优势，尤其是境外深造优势。表31数据显示，6所样本高校的出国/境升学率处于67.00%～86.50%，其中中英合作背景的2所高校高于84%，中国内地和中国香港合作背景的2所高校高于72%，中美合作背景的2所高校高于67%，呈现出高竞争力的全球升学水平。

进一步由表33分析：从深造国家/地区看，英国、美国、中国香港、澳大利亚、加拿大、新加坡是中外合作大学学生境外升学的首选，同时部分欧洲国家和日本、韩国也有一定的升学比例。另外数据也显示，学生的境外升学一般选择本校境外高校所在地，例如N高校和X高校选择去英国升学的比例达到62.30%和75.28%，Y高校和K高校选择去美国升学的比例达到80.00%和34.03%。不过中国内地和中国香港合作背景的2所大学有所不同，C高校选择去美国的最多，占比43.86%；去香港的次之，占比12.77%；而U高校选择去英国的最多，占比38.68%；去澳大利亚的次之，占比25.68%；去中国香港的

再次之，占比 22.22%。从 2019 年 TIMES 世界大学排名前 20 高校看，中外合作大学学生在申请伦敦大学学院、帝国理工学院、哥伦比亚大学、约翰斯·霍普金斯大学、宾夕法尼亚大学、牛津大学、剑桥大学等知名高校中具有较为明显的竞争优势，尽管 Y 高校未报告具体的升学人数，但在前 20 高校的录取覆盖面非常广。相对出境升学，少数中外合作大学学生选择在国内升学，所升学的高校较多为双一流高校，例如 Y 高校有学生去北京大学深造，U 高校有学生去北京师范大学、华东师范大学等高校深造。

表 33　6 所样本高校 2019 届本科毕业生（境内生源）升学概况

升学国家 / 地区及高校	具体国家 / 地区及高校	N 高校	X 高校	Y 高校	K 高校	C 高校	U 高校
深造国家 / 地区	英国	62.30%	75.28%	11.00%	28.13%	8.67%	38.68%
	法国					0.48%	
	美国	12.00%	7.01%	80.00%	34.03%	43.86%	8.91%
	中国香港	2.20%	4.40%	2.00%	5.21%	12.77%	22.22%
	中国内地					12.53%	
	澳大利亚	13.10%	10.23%	3.00%	25.00%	6.51%	25.68%
	荷兰	0.90%			0.35%		
	加拿大	1.10%	0.14%	1.00%	1.39%		0.94%
	新加坡	1.30%	0.62%	2.00%	1.04%	4.10%	
	日本				1.04%	0.96%	
	德国	0.70%				0.72%	
	瑞士					0.96%	
	西班牙				0.35%		
	意大利	0.70%			0.35%	3.37%	
	韩国				0.35%		
	爱尔兰				0.69%		
	比利时					0.72%	
	瑞典					0.48%	

续表

升学国家/地区及高校	具体国家/地区及高校	N 高校	X 高校	Y 高校	K 高校	C 高校	U 高校
深造 2019 TIMES 世界大学排名前 20 高校	牛津大学	7	7			1	
	剑桥大学	3	12	√		1	
	斯坦福大学			√			
	麻省理工学院	1		√		3	
	加州理工学院						
	哈佛大学		1	√			
	普林斯顿大学						
	耶鲁大学		2				
	帝国理工学院	78	185			4	
	芝加哥大学	1	2	√		3	
	苏黎世联邦理工学院		1			2	
	约翰斯·霍普金斯大学	10	9	√	7	14	5
	宾夕法尼亚大学		8	√	2	4	2
	伦敦大学学院	228	529		11	1	34
	加利福尼亚大学伯克利分校		3	√		2	
	哥伦比亚大学	11	23	√	4	22	1
	加利福尼亚大学洛杉矶分校		3				
	杜克大学	6	4	√		2	
	康奈尔大学	2	2	√		3	
	密歇根大学	3	6	√		10	

注：√表示有一定数量的学生，但详细数据报告未呈现。下同。

本研究将 6 所样本高校的《年度就业质量报告》与某几所国内顶尖高校进行了 2019 届本科毕业生境外升学比较分析。尽管不同高校对于全球高校排名引用的评价机构不同，部分使用 QS 排名，部分使用 TIMES 排名，但总体而言，从表 34 可见：中外合作大学学生的境外升学率相对较高，与某几所国内顶尖高校相比，高出了 1～2 倍。中外合作大学的毕业生升学至世界排名前 50 院校的比例，也都相对较高。除 U 高校未报告升学至世界排名前 50 院校外，其他 5 所高校升学至世界排名前 10 或前 50 院校的占比均高于某几所国内顶尖高校。同时升学至世界排名前 2 的牛津大学、剑桥大学的数据中，N 高校和 X 高校的表现可媲美这几所国内顶尖高校，可见英国高等教育界对此类中英合作大学较为认可。

表 34　样本高校及某几所国内顶尖高校 2019 届境内本科毕业生境外升学概况

学校	境外升学率 / %	世界前 10 院校升学率 / %	世界前 50 院校升学率 / %	世界前 100 院校升学率 / %	牛津大学人数 / 人	剑桥大学人数 / 人	斯坦福大学人数 / 人
国内顶尖高校 A	24.6		17.00		6	0	21
国内顶尖高校 B	30.01	5.39	20.18		5	11	13
N 高校	84.30	26.1	58	80.6	7	3	
X 高校	86.50	33.61		77.34	7	12	
Y 高校	67.00		43.44			√	√
K 高校	67.29	39.93		58.33			
C 高校	75.73		64.1		1	1	
U 高校	72.82			49.54			

第四节　对研究结果的混合探讨

根据前文所述，本研究使用的一致性 / 并行三角互证性混合方法研究，可以让原本相对独立的量化研究和质性分析取长补短，在后期的结论与讨论中进行整合，深化并修正既有的认知。本章数据合并的混合结果总体如表 35 所示。

表 35　数据合并的混合结果呈现

主要话题	量化结果	质性结果	并行比较
学生发展三个维度的一致性	①3 个潜变量（通识教育、知识技能、个人社会性发展） ②26 个观察变量	①3 个三级类属（通识教育、知识技能、个人社会性发展） ②11 个二级类属 ③27 个一级类属	量化与质性相互证实
学生发展核心能力的独特性	前 10 核心能力呈现	2 个额外高频类属：博雅教育深入人心、国家认同和社会责任感增强	质性是对量化的补充

续表

主要话题	量化结果	质性结果	并行比较
学生高质量发展的认同性	学生发展均值＞4	师生两类群体对学生发展现状的总体认同	①量化与质性相互证实②就业质量报告是对量化与质性的额外解释
学生发展的挑战性	健康意识有待加强	①部分学生的英文水平、专业课能力有待提升②批判性思维过强	质性是对量化的补充

以下部分的混合研究探讨，即总结并解释量化、质性部分各自的研究结果，尝试分析这两类数据可以通过何种异同的比较与融合，生成更加全面的解释。

一、中外合作大学学生发展三个维度的一致性

国内外关于学生发展的理论已相对成熟，这在本研究的综述中已进行过回顾。如齐克林提出学生发展的 7 个方向，苏联教育家伊凡·安德烈耶维奇·凯洛夫（Иван Андреевич Каиров）和列·符·赞科夫（ЗанковЛеонидВладимирович）强调大学生发展的社会性和个体性等。那么，面向大学生，尤其是具有明显多元化特征的中外合作大学的学生，其发展可以包含哪几个维度？回顾第三章和第四章的论述可见，通过对预测问卷的学生发展维度进行探索性因素分析，利用最大方差旋转法抽取出 3 个因素：通识教育、知识技能、个人社会性发展。这 3 个因素在正式问卷的信效度分析和验证性因素分析中，也得到了较好的质量效果，证明了 3 个潜变量与 26 个观察变量间的因子关系稳定存在。

质性研究中，通过对访谈资料的逐级编码，发展出 11 个二级类属，而后进一步类属化，得到 3 个三级类属，进而构成学生发展现状这一核心类属。而在这 3 个三级类属的形成过程中，尽管有受到量化问卷设计和结果的影响，但"通识教育、知识技能、个人社会性发展"这 3 个类属恰能较完整地实现对 11 个二级类属的概念化和范畴化。并且这 3 个三级类属与各个国际组织、国家、地区等提出的学生发展核心素养维度天然相似。具体如图 23 所示，左边为量化研究结果，右边为质性研究结果。

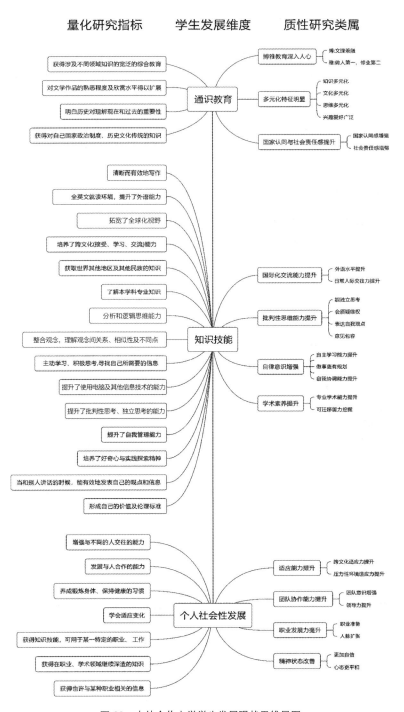

图 23 中外合作大学学生发展现状思维导图

本研究认为，通过量化和质性的混合方法研究，"通识教育、知识技能、个人社会性发展"这3个维度尽管内部指标构成不尽相同，但能较好地勾勒出中外合作大学学生发展的概貌。因此，在后续的学生发展影响因素和影响机理的分析中，本研究即使用这3个维度。

二、中外合作大学学生发展核心能力的独特性

北京师范大学林崇德教授等根据多年研究，架构了中国学生发展核心素养的整体框架，其以培养"全面发展的人"为核心，分为文化基础、自主发展、社会参与3个方面，综合表现为人文底蕴、科学精神，学会学习、健康生活，责任担当、实践创新六大素养。[①]

那么，面对独具特色的中外合作大学的大学生，其核心能力或学生发展的特色又主要体现在哪些方面？根据本章研究，选取学生发展维度中选择"非常符合"选项频率最高的10个题项，由高到低依次为：提升了批判性思考、独立思考的能力；培养了跨文化（接受、学习、交流）能力；全英文就读环境，提升了外语能力；主动学习、积极思考，寻找自己所需要的信息；形成自己的价值及伦理标准；分析和逻辑思维能力；拓宽了全球化视野；提升了使用电脑及其他信息技术的能力；发展与人合作的能力；学会适应变化。

相比质性研究，量化研究中学生发展维度的26个选项指标中，排名前10的上述指标除了"提升了使用电脑及其他信息技术的能力"外，其他的也基本包含在质性访谈的类属中了。另外，在质性访谈中，受访者们提及频率较高的还有博雅教育深入人心、国家认同和社会责任感增强这两个类属。因此本研究认为，中外合作大学学生核心能力主要体现在以上这12个方面，即量化研究中的前10个指标和质性分析补充的2个类属。

三、中外合作大学学生高质量发展的认同性

教育部网站关于"庆祝改革开放40周年教育改革纪事·教育对外开放"专栏

---

① 林崇德.中国学生发展核心素养：深入回答"立什么德、树什么人"[J].人民教育,2016(19):15.

中，对中外合作办学提升高等教育质量，通过"请进来"和"走出去"力促国家走向世界高等教育舞台，给予了系列报道。其中中外合作大学是高等教育改革和高质量发展的特色和典范，而人才培养的高质量几乎是高等教育质量的终极追求目标。

在量化研究的学生发展维度中，学生选择"比较符合＋非常符合"的比例非常高，处于74.2%～89.8%，尤其知识技能子维度的比例都高于84%。另外，6所样本高校的学生发展均值为4.33，通识教育均值为4.19，知识技能均值为4.37，个人社会性发展均值为4.32。可以说，经过中外合作大学的教育教学活动，学生们的26项发展指标，均获得了非常理想的呈现。

质性研究结果显示：中外合作大学的学生在通识教育中，博雅意识增强、多元化特征明显、国家认同感和社会责任感提升；在知识技能中，国际化交流能力、批判性思维能力、学术素养提升明显，且自律意识增强；在个人社会性发展中，适应能力、团队协作能力、职业发展力得到提升，且精神状态得到了改善。

另外，通过对各个中外合作大学的《年度就业质量报告》的分析可见，其亮眼的毕业生出境升学率已然成为学校招生宣传的招牌和亮点（6所样本高校2019届毕业生的出国/境升学率处于67.00%～86.50%），部分指标可与名列前茅的双一流高校媲美。此外，样本高校的高质量国际化就业也借学校的特质得到了充分的展现。因此，中外合作大学尽管有着高昂的学费，但录取分数线却居高不下，如N高校2019年的招生分数线在浙江省内就仅次于浙江大学。

中外合作大学学生良好的"入口"和"出口"表现，使得社会各界对其学生高质量发展有较高的认同感。假设1（H1）"中外合作大学学生发展现状良好"得到了证实。

四、中外合作大学学生发展的挑战性

中外合作大学学生总体向好发展，不过从访谈和量化的结果分析，也发现了一些问题，有部分学生在发展中遇到了瓶颈或挑战：第一，英语水平跟不上全英文教学要求。尽管中外合作大学在招生中对考生的英语单科成绩有明确的要求，如不低于 115 分等，但是个别学生面对专业性较强的英文教学环境，还是表现得较为吃力。第二，专业能力跟不上。大学阶段的专业学习内容都是全新的，而且课上学习节奏快、课后作业任务重，本身就需要学生有一个适应的过程，再加之全英文授课，部分学生表现出专业学习跟不上的状态。第三，批判性思维过强，即部分学生对批判、质疑、维权过于较真，会为了达成自身的某些目的而与老师进行牵强的辩论。第四，自我管理能力有待提升。中外合作大学对学生的自律意识、自我管理能力提出了较高的要求。由于可自主安排的时间较为充裕，部分学生对于如何平衡好生活与学习、"第一课堂"学习与"第二课堂"实践，乃至不同专业课程学习之间的关系，表现出不安和焦虑。第五，健康生活意识弱化。量化研究中关于学生发展的 26 项指标中，得分最低的是养成锻炼身体、保持健康的习惯。可见身体素质作为学生发展的重要组成部分，在一定程度上被学生们忽视了。因此，健康生活理念需要在中外合作大学学生中进一步强化。

第五章

质量文化视角下中外合作大学学生发展影响因素研究

中外合作大学作为中国高等教育的新兴力量，其学生培养质量、教学质量及内外部质量保障等已成为中外合作大学发展研究的核心。随着高等教育多元利益主体的出现，利益相关者——学生主体在高等教育中的地位日益提升，使得学生发展成为评价中外合作大学教育质量的有效监测点。

上一章主要探讨中外合作大学学生发展的群像概貌，这一章将着眼于基于质量文化理论的中外合作大学学生发展的影响因素研究。运用混合方法研究，结合量化和质性分析，通过具体的调查与访谈来构建中外合作大学学生发展的影响因素模型，可以进一步明晰学生在中外合作大学中的发展进程，发展的可控与不可控因素等，这将是对现有学术界关于质量文化理论、学生发展理论的一种验证、延伸与补充。

第一节 基于量化分析的学生发展影响因素研究

探讨质量文化理论视角下中外合作大学学生发展的量化层面的影响因素，主要从显著性分析、相关分析、回归分析入手。

一、学生发展影响因素的显著性分析

根据第三、四章的分析，本研究将学生发展分为三个子维度：通识教育、知识技能、个人社会性发展。本部分在分析影响因素显著性时，将学生发展及其三个子维度共同纳入。

（一）学生发展在性别维度上的显著性分析

从表36可见，不同性别学生的学生发展、通识教育、知识技能、个人社会性发展这四个因变量检验的 t 统计量均未达显著水平。换言之，不同性别的学生在学生发展及其三个子维度上不存在显著差异。

表36　学生发展在性别维度上的显著性分析

检验变量	性别	人数	平均数	标准差	t 值	显著性
学生发展	男生	635	4.26	0.69	−1.302	0.193
	女生	1101	4.31	0.63		
通识教育	男生	635	4.12	0.84	−0.077	0.938
	女生	1101	4.12	0.80		
知识技能	男生	635	4.30	0.70	−1.738	0.082
	女生	1101	4.36	0.63		
个人社会性发展	男生	635	4.26	0.72	−0.978	0.328
	女生	1101	4.30	0.65		

（二）学生发展在学生干部经历维度上的显著性分析

从表37可见，学生干部经历在学生的个人社会性发展这个因变量检验的 t 统计量达到显著性水平，可见学生干部经历对学生的个人社会性发展能产生显著影响，担任过学生干部的学生（M＝4.34）显著高于未担任过学生干部的学生（M＝4.26）。

表37　学生发展在学生干部经历维度上的显著性分析

检验变量	学生干部经历	人数	平均数	标准差	t 值	显著性
学生发展	是	609	4.33	0.62	1.741	0.082
	否	1127	4.27	0.67		
通识教育	是	609	4.14	0.80	0.792	0.429
	否	1127	4.11	0.82		
知识技能	是	609	4.37	0.62	1.587	0.113
	否	1127	4.32	0.68		
个人社会性发展	是	609	4.34	0.64	2.372	0.018
	否	1127	4.26	0.70		

（三）学生发展在学校合作类型（中英、中美、中国内地与中国香港合作）维度上的显著性分析

本研究将调查问卷中"您所读大学的所在城市"的6个选项作为6所不同大

学的区分，根据第三章的研究设计，将6所大学两两合并，形成3种合作类型，即中英合作（2所）、中美合作（2所）、中国内地与中国香港合作（2所）。而后进行显著性分析，结果如下：学生发展、通识教育、知识技能以及个人社会性发展在不同合作类型学校的学生中的均值体现为：学生发展（4.28±0.66）得分最高，之后依次为知识技能（4.33±0.66）、个人社会性发展（4.27±0.69），最低为通识教育（4.13±0.81）。且从学生发展总体得分情况看，由高到低分别为：中英合作大学、中美合作大学、中国内地与中国香港合作大学。这反映出不同合作类型学校的学生在学生发展及其3个子维度上的发展性不同。

对不同合作类型学校进行单因素方差分析，方差齐性检验结果显示：通识教育符合方差齐性要求。因此，分别对通识教育和学生发展、知识技能、个人社会性发展采用不同方法进行事后多重比较分析，如表38、表39所示。

从表38可知，不同合作类型学校学生发展影响因素的单因素方差分析均达到统计学显著水平，也就是说不同合作类型学校学生在学生发展、通识教育、知识技能以及个人社会性发展四方面存在显著差异。

表38　学生发展在学校合作类型维度上的显著性分析

检验变量	学生发展 M±SD	通识教育 M±SD	知识技能 M±SD	个人社会性发展 M±SD	人数/人
中英合作	4.32±0.61	4.04±0.84	4.39±0.62	4.33±0.64	850
中美合作	4.30±0.66	4.16±0.83	4.35±0.65	4.27±0.69	363
中国内地与中国香港合作	4.23±0.70	4.19±0.77	4.24±0.72	4.22±0.73	523
F值显著性	3.358 0.035	4.294 0.014	8.021 0.000	3.970 0.019	

从表39可见，中英合作高校学生的学生发展、知识技能以及个人社会性发展等维度显著高于中国内地与中国香港合作高校，平均差异值分别为0.09286、0.14501、0.10505。而在通识教育维度，中国内地与中国香港合作高校的指标则显著高于中英合作高校，平均差异值为0.12407。

表39　学生发展在学校合作类型维度上的方差分析事后检验

检验变量	事后检验方法	（I）合作类型	（J）合作类型	均值差（I-J）	标准误	显著性
学生发展	Games-Howell	1	2	0.02118	0.04051	0.860
			3	0.09286	0.03726	0.034
		2	1	-0.02118	0.04051	0.860
			3	0.07168	0.04629	0.269
		3	1	-0.09286	0.03726	0.034
			2	0.07168	0.04629	0.269
通识教育	Scheffe	1	2	-0.09743	0.05110	0.163
			3	-0.12407	0.04529	0.024
		2	1	0.09743	0.05110	0.163
			3	-0.02664	0.05568	0.892
		3	1	0.12407	0.04529	0.024
			2	0.02664	0.05568	0.892
知识技能	Games-Howell	1	2	0.03635	0.04027	0.639
			3	0.14501	0.03781	0.000
		2	1	-0.03635	0.04027	0.639
			3	0.10867	0.04635	0.050
		3	1	-0.14501	0.03781	0.000
			2	-0.10867	0.04635	0.050
个人社会性发展	Games-Howell	1	2	0.05646	0.04216	0.374
			3	0.10505	0.03873	0.019
		2	1	-0.05646	0.04216	0.374
			3	0.04859	0.04804	0.570
		3	1	-0.10505	0.03873	0.019
			2	-0.04859	0.04804	0.570

注：合作类型中的1代表中英合作、2代表中美合作、3代表中国内地与中国香港合作。

（四）学生发展在年级维度上的显著性分析

学生发展、通识教育、知识技能以及个人社会性发展在不同年级的学生中的均值体现为：知识技能（4.36±0.66）得分最高，之后依次为学生发展（4.31±0.65）、个人社会性发展（4.31±0.67），最低为通识教育（4.15±0.80）。且从学生发展总体得分情况看，由高到低分别为：大一、大二、大四、大三。反映出不同年级的学生在学生发展及其三个子维度上的发展性不同。

对不同年级进行单因素方差分析，方差齐性检验结果显示：学生发展、通识教育、知识技能符合方差齐性要求。因此，可分别采用不同方法进行事后多重比较分析。从表40可知，不同年级学生在学生发展、通识教育、知识技能以及个人社会性发展四个方面存在显著差异。通过事后检验发现：在上述四个方面，大一学生的指标均显著高于其他年级学生，大二学生也显著高于大三和大四学生，而大三和大四学生无显著差异。

表 40　学生发展在年级维度上的显著性分析

检验变量	学生发展 M±SD	通识教育 M±SD	知识技能 M±SD	个人社会性发展 M±SD	人数 / 人
大一	4.52±0.61	4.42±0.72	4.54±0.63	4.53±0.61	149
大二	4.34±0.63	4.20±0.78	4.37±0.64	4.34±0.64	788
大三	4.18±0.70	4.02±0.83	4.23±0.70	4.18±0.75	285
大四	4.21±0.65	3.96±0.85	4.29±0.66	4.19±0.69	514
F 值 显著性	12.875 0.000	17.561 0.000	9.133 0.000	14.471 0.000	

（五）学生发展在专业类别维度上的显著性分析

学生发展、通识教育、知识技能以及个人社会性发展在不同专业类别的学生中的均值体现为：知识技能（4.34±0.66）得分最高，之后依次为学生发展（4.297±0.66）、个人社会性发展（4.30±0.68），最低为通识教育（4.12±0.84）。且从学生发展总体得分情况看，由高到低分别为：艺术体育类学生、人文社科类学生、理工类学生。反映出不同专业类别的学生在学生发展及其三个子维度上的发展性不同。

对不同专业类别进行单因素方差分析，方差齐性检验结果显示：学生发展、通识教育、知识技能、个人社会性发展均达到方差齐性要求，可再进行事后多重比较分析。从表 41 可知，学生发展和知识技能达到统计学显著水平，也就是说不同专业类别的学生在学生发展、知识技能这两个方面存在显著差异。通过事后检验发现：在上述两方面，人文社科类学生的指标显著高于理工类学生，均值差分别为 0.087 和 0.099。

表 41　学生发展在专业类别维度上的显著性分析

检验变量	学生发展 M±SD	通识教育 M±SD	知识技能 M±SD	个人社会性发展 M±SD	人数 / 人
人文社科类	4.32±0.63	4.15±0.80	4.38±0.63	4.31±0.65	1041
理工类	4.24±0.69	4.07±0.84	4.28±0.70	4.24±0.72	650
艺术体育类	4.33±0.66	4.14±0.87	4.36±0.66	4.35±0.66	45

续表

检验变量	学生发展 M±SD	通识教育 M±SD	知识技能 M±SD	个人社会性发展 M±SD	人数/人
F 值 显著性	3.642 0.026	2.051 0.129	4.529 0.011	2.025 0.132	

（六）学生发展在生源地域维度上的显著性分析

学生发展、通识教育、知识技能以及个人社会性发展在不同生源地域的学生中的均值体现为：知识技能（4.26±0.68）得分最高，之后依次为学生发展（4.21±0.67）、个人社会性发展（4.19±0.70），最低为通识教育（4.06±0.81）。且从学生发展总体得分情况看，由高到低分别为：省会城市或直辖市、地级市、县级市、乡镇或农村。反映出不同生源地域的学生在学生发展及其三个子维度上的发展性不同。

对不同生源地域进行单因素方差分析，方差齐性检验结果显示：学生发展、通识教育、个人社会性发展达到方差齐性要求。因此采用不同方法进行事后多重比较分析。从表42可知，学生发展、通识教育、知识技能、个人社会性发展均达到统计学显著水平，也就是说不同生源地域的学生在这四个方面存在显著差异。通过事后检验发现：在学生发展方面，省会城市或直辖市、地级市学生显著高于乡镇或农村学生，均值差为0.35和0.31；在通识教育方面，省会城市或直辖市学生显著高于地级市、县级市学生，均值差为0.12、0.18；在知识技能方面，省会城市或直辖市学生的相关水平显著高于乡镇或农村学生，均值差为0.34；在个人社会性发展方面，省会城市或直辖市学生的相关水平显著高于乡镇或农村学生，均值差为0.39，同时地级市学生的相关水平显著高于乡镇或农村学生，均值差为0.36。

表42　学生发展在生源地域维度上的显著性分析

检验变量	学生发展 M±SD	通识教育 M±SD	知识技能 M±SD	个人社会性发展 M±SD	人数/人
省会城市或直辖市	4.33±0.67	4.20±0.80	4.37±0.69	4.32±0.69	794
地级市	4.29±0.61	4.08±0.83	4.34±0.61	4.29±0.65	676
县级市	4.23±0.66	4.02±0.80	4.29±0.66	4.21±0.69	223

续表

检验变量	学生发展 M±SD	通识教育 M±SD	知识技能 M±SD	个人社会性发展 M±SD	人数/人
乡镇或农村	3.98±0.72	3.92±0.79	4.03±0.76	3.93±0.76	43
F值 显著性	4.914 0.002	4.890 0.002	4.263 0.005	5.722 0.001	

（七）学生发展在生源质量维度上的显著性分析

关于学生进入大学前的生源质量，本调查问卷中要求学生报告大学所就读年级、当年高考所在的省份/直辖市、当年参加高考的科类以及当年高考成绩在全省的位次等。因为众所周知高考成绩在不同分科和不同地区之间不具有直接可比性，且在部分地区成绩一分之差能较大幅度地影响排名，因此考生在同年度同地区同科类考生中的成绩排名相对更为有效。本研究根据问卷题项中的位次"10000名之前、10001～20000名、20001～30000名、30001～40000名、40001～50000名、50001名之后"选项及所选人数，并通过不同年份、不同地区、不同科类的高考人数，根据高考排名的百分比进行赋值：当年高考成绩位次处于全省排名（生源质量，简称为SYZL）<10%的，赋值5分；10%≤当年高考成绩位次处于全省排名（生源质量，简称为SYZL）<20%的，赋值4分；20%≤当年高考成绩位次处于全省排名（生源质量，简称为SYZL）<30%的，赋值3分，30%≤当年高考成绩位次处于全省排名（生源质量，简称为SYZL）<40%的，赋值2分；当年高考成绩位次处于全省排名（生源质量，简称为SYZL）≥40%的，赋值1分。

学生发展、通识教育、知识技能以及个人社会性发展在不同生源质量的学生中的均值体现为：知识技能（4.29±0.67）得分最高，之后依次为学生发展（4.248±0.65）、个人社会性发展（4.246±0.68），最低为通识教育（4.07±0.80）。且从学生发展总体得分情况看，由高到低分别为：SYZL<10%、40%≤SYZL、10%≤SYZL<20%、30%≤SYZL<40%、20%≤SYZL<30%。反映出不同生源地域的学生在学生发展及其三个子维度上的发展性不同。

对不同生源质量进行单因素方差分析，方差齐性检验结果显示：学生发展、通识教育、知识技能、个人社会性发展均达到方差齐性要求。但在显著性检验中，上述四个方面中通识教育未达到统计学显著水平，p 值为 0.089。因此，如表 42 所示，学生发展、知识技能、个人社会性发展这三者的方差分析之后宜采用 Scheffe 方法进行事后多重比较分析，但却未发现不同生源质量的学生在学生发展、知识技能、个人社会性发展方面存在显著差异。也就是说不同生源质量的学生在学生发展及其三个子维度中均不存在显著差异。

在方差分析中，有时会发现整体研究的 F 值达到显著水平，但经 Scheffe 方法的事后比较检验后，则没有出现成对组的平均数差异达到显著的情形，这是因为"Scheffe 法是各种事后比较方法中最严格、统计检验力最低的一种多重比较方法，此方法较不会犯第一类型的错误，因而平均数差异检验较为严谨……这通常发生在整体检验 F 值的显著性概率值 p 在 0.05 附近"[1]。

表43　学生发展在生源质量维度上的显著性分析

检验变量	学生发展 M±SD	通识教育 M±SD	知识技能 M±SD	个人社会性发展 M±SD	人数／人
40% ≤ SYZL	4.29±0.67	4.11±0.81	4.34±0.67	4.27±0.71	74
30% ≤ SYZL<40% 20% ≤ SYZL<30%	4.18±0.57 4.16±0.73	3.97±0.69 3.98±0.92	4.23±0.61 4.20±0.76	4.20±0.59 4.16±0.75	34 131
10% ≤ SYZL<20% SYZL<10%	4.27±0.66 4.34±0.63	4.10±0.80 4.17±0.80	4.31±0.67 4.39±0.63	4.26±0.69 4.34±0.66	691 806
F 值 显著性	2.971 0.019	2.018 0.089	2.923 0.020	2.696 0.029	

（八）学生发展在父母职业维度上的显著性分析

根据前文所述，本调查问卷的父母职业选项分为 9 个量度，分别为党政机关与企事业等单位负责人，专业技术人员，党政机关与企事业单位办事人员和有关人员，商业、服务业人员，农、林、牧、渔、水利业生产及辅助人员，生产、制造、运输设备操作人员及有关人员，军人；其他从业人员，无业。[2] 根据

① 吴明隆. 问卷统计分析实务——SPSS 操作与应用 [M]. 重庆：重庆大学出版社,2010:345.
② 中华人民共和国职业分类大典 [EB/OL].(2019-07-04)[2023-12-12]. https://baike.baidu. com/item/%E4%B8%AD%E5%8D%8E%E4%BA%BA%E6%B0%91%E5%85%B1%E5%92%8C%E5% 9B%BD%E8%81%8C%E4%B8%9A%E5%88%86%E7%B1%BB%E5%A4%A7%E5%85%B8/9020254? fr=ge_ala.

回收问卷数据统计，将后5个选项重新定义为"其他职业或无业"。

1. 学生发展在父亲职业维度上的显著性分析

学生发展、通识教育、知识技能以及个人社会性发展在父亲职业不同的学生中的均值体现为：知识技能（4.34±0.66）得分最高，之后依次为学生发展（4.292±0.65）、个人社会性发展（4.286±0.68），最低为通识教育（4.11±0.83）。且从学生发展总体得分情况看，由高到低分别为：党政机关与企事业等单位办事人员和有关人员、党政机关与企事业等单位负责人、商业或服务业人员、其他职业或无业、专业技术人员，反映出父亲职业不同的学生在学生发展及其三个子维度上的发展性不同。

对父亲不同职业进行单因素方差分析，方差齐性检验结果显示：学生发展、知识技能、个人社会性发展达到方差齐性要求。但在显著性检验中，如表44所示。上述四个方面只有通识教育达到统计学显著水平，通过事后多重比较分析发现：父亲职业的不同在通识教育上不存在显著差异。也就是说父亲职业的不同在学生发展及其三个子维度中均不存在显著差异。

表44 学生发展在父亲职业维度上的显著性分析

检验变量	学生发展 M±SD	通识教育 M±SD	知识技能 M±SD	个人社会性发展 M±SD	人数/人
其他职业或无业	4.26±0.65	4.14±0.76	4.29±0.67	4.25±0.68	443
商业、服务业人员	4.28±0.65	4.07±0.82	4.33±0.65	4.28±0.67	449
党政机关与企事业等单位办事人员和有关人员	4.34±0.61	4.18±0.80	4.39±0.61	4.35±0.62	284
专业技术人员	4.25±0.68	4.00±0.94	4.32±0.67	4.22±0.72	206
党政机关与企事业等单位负责人	4.33±0.67	4.18±0.82	4.37±0.68	4.33±0.71	354
F值 显著性	1.365 0.244	2.398 0.048	1.226 0.298	1.652 0.159	

2. 学生发展在母亲职业维度上的显著性分析

对母亲不同职业进行单因素方差分析，方差齐性检验结果显示：学生发展、通识教育、知识技能、个人社会性发展均符合方差齐性要求。但在母亲职业维度的统计学检验中都不显著，学生发展、通识教育、知识技能、个人社会性发展这四个方面的显著性p值分别为0.235、0.386、0.205、0.184。也就是说母亲职业的不同在学生发展及其三个子维度中均不存在显著差异。

（九）学生发展在父母受教育程度维度上的显著性分析

1. 学生发展在父亲受教育程度维度上的显著性分析

学生发展、通识教育、知识技能以及个人社会性发展在父亲受教育程度不同的学生中的均值体现为：知识技能（4.26±0.70）得分最高，之后依次为学生发展（4.22±0.68）、个人社会性发展（4.20±0.71），最低为通识教育（4.08±0.80）。且从学生发展总体得分情况看，由高到低分别为：研究生（含硕士或博士）、大学（含大专或本科）、高中（含职高或中专）、初中、小学及以下。反映出父亲受教育程度不同的学生在学生发展及其三个子维度上的发展性不同。

对父亲受教育程度不同的学生进行单因素方差分析，方差齐性检验结果显示：学生发展、通识教育、知识技能、个人社会性发展均达到方差齐性要求。但在显著性检验中，上述四个方面中通识教育未达到统计学显著水平，p 值为 0.443。

从表 45 可知，通过事后检验发现：在学生发展方面，父亲受教育程度不同并未呈现显著性差异；在知识技能水平方面，父亲受教育程度为大学以上的学生的指标显著高于父亲受教育程度为小学及以下的学生，均值差分别为 0.398 和 0.405；个人社会性发展方面和知识技能的结果类同，均值差分别为 0.397 和 0.395。

表 45　学生发展在父亲受教育水平维度上的显著性分析

检验变量	学生发展 M ± SD	通识教育 M ± SD	知识技能 M ± SD	个人社会性发展 M ± SD	人数 / 人
小学及以下	3.95 ± 0.75	3.99 ± 0.74	3.96 ± 0.82	3.91 ± 0.79	32
初中	4.23 ± 0.68	4.04 ± 0.79	4.29 ± 0.68	4.21 ± 0.70	162
高中（含职高或中专）	4.27 ± 0.64	4.09 ± 0.82	4.32 ± 0.65	4.28 ± 0.66	289
大学（含大专或本科）	4.31 ± 0.64	4.14 ± 0.81	4.36 ± 0.64	4.31 ± 0.67	994
研究生（含硕士或博士）	4.32 ± 0.69	4.16 ± 0.85	4.37 ± 0.70	4.31 ± 0.71	259
F 值 显著性	2.903 0.021	0.934 0.443	3.265 0.011	3.248 0.012	

另外，从"父亲是否为家庭第一代大学生"的角度，将父亲受教育程度进行

二分变量划分，分为非大学毕业和大学毕业，非大学毕业设为1，大学毕业设为2。从表46可见，父亲受教育水平（是否为家庭第一代大学生）的不同使学生的学生发展、知识技能、个人社会性发展这3个因变量检验的 t 统计量均达显著水平。换言之，父亲为大学毕业的学生在学生发展、知识技能、个人社会性发展水平中的指标均显著高于父亲为非大学毕业的学生。

表46　学生发展在父亲受教育水平（是否为家庭第一代大学生）维度上的显著性分析

检验变量	父亲为大学毕业	人　数	平均数	标准差	t 值	显著性
学生发展	否	483	4.24	0.66	−2.158	0.031
	是	1253	4.31	0.65		
通识教育	否	483	4.07	0.81	−1.691	0.091
	是	1253	4.14	0.82		
知识技能	否	483	4.28	0.68	−2.143	0.032
	是	1253	4.36	0.65		
个人社会性发展	否	483	4.23	0.69	−2.079	0.038
	是	1253	4.31	0.68		

2. 学生发展在母亲受教育程度维度上的显著性分析

学生发展、通识教育、知识技能以及个人社会性发展在母亲受教育程度不同的学生中的均值体现为：知识技能（4.23 ± 0.73）得分最高，之后依次为个人社会性发展（4.18 ± 0.73）、学生发展（4.05 ± 0.71），通识教育（4.05 ± 0.83）。且从学生发展总体得分情况看，由高到低分别为：大学（含大专或本科）、高中（含职高或中专）、研究生（含硕士或博士）、初中、小学及以下。反映出母亲受教育程度不同的学生在学生发展及其三个子维度上的发展性不同。

对母亲受教育程度不同的学生进行单因素方差分析，方差齐性检验结果显示：学生发展、通识教育、知识技能、个人社会性发展这四个方面中只有通识教育达到方差齐性要求。在显著性检验中，上述四个方面均达到统计学显著水平。因此，宜通过不同方法进行事后多重比较分析。

从表47可知，在学生发展、知识技能、个人社会性发展水平方面，母亲受教育程度为大学（含大专或本科）的学生的指标均显著高于母亲受教育程度为小学及以下的学生，均值差分别为1.15、0.46、0.47。

表47 学生发展在母亲受教育水平维度上的显著性分析

检验变量	学生发展 M±SD	通识教育 M±SD	知识技能 M±SD	个人社会性发展 M±SD	人数 / 人
小学及以下	3.19±0.82	3.91±0.82	3.93±0.87	3.87±0.88	45
初中	4.20±0.69	4.01±0.84	4.24±0.70	4.20±0.70	171
高中（含职高或中专）	4.27±0.64	4.11±0.79	4.32±0.66	4.24±0.67	395
大学（含大专或本科）	4.34±0.61	4.17±0.80	4.39±0.60	4.34±0.64	953
研究生（含硕或博士）	4.25±0.77	4.05±0.90	4.29±0.80	4.27±0.78	172
F 值 显著性	6.602 0.000	2.788 0.025	6.872 0.000	7.173 0.000	

另外，从"母亲是否为家庭第一代大学生"的角度，将母亲受教育程度进行二分变量划分，分为非大学毕业和大学毕业，非大学毕业设为1，大学毕业设为2。从表48可见，母亲受教育水平（是否为家庭第一代大学生）的不同使学生的学生发展、通识教育、知识技能、个人社会性发展这四个因变量检验的 t 统计量均达显著水平。换言之，母亲为大学毕业的学生在学生发展、通识教育、知识技能、个人社会性发展的指标中的水平均显著高于母亲为非大学毕业的学生。

表48 学生发展在母亲受教育水平（是否为家庭第一代大学生）维度上的显著性分析

检验变量	母亲为大学毕业	人数	平均数	标准差	t 值	显著性
学生发展	否 是	611 1125	4.22 4.33	0.68 0.64	−3.267	0.001
通识教育	否 是	611 1125	4.06 4.15	0.81 0.82	−2.118	0.034
知识技能	否 是	611 1125	4.27 4.37	0.69 0.64	−3.084	0.002
个人社会性发展	否 是	611 1125	4.20 4.33	0.70 0.66	−3.785	0.000

二、学生发展影响因素的相关分析

从表49可见，首先，家庭社会经济地位与学生发展及其三个子维度均没有显著相关。其次，生源质量与学生发展及其三个子维度的相关尽管具有显著性，但相关系数不高，均处于 0.059~0.069，为低相关。最后，物质层、行为层、制度层、精神层及其子维度与学生发展及其子维度均呈显著相关。尤其质量文化四个层与学生发展及其三个子维度呈现高度相关，相关系数均高于 0.603，且呈递增趋势。假设 2（H2）"中外合作大学质量文化四个层均与学生发展呈显著正相关"得到了证实。

表 49 学生发展及其子维度与影响因素的相关分析

检验变量	学生发展	通识教育	知识技能	个人社会性发展
生源质量	0.068**	0.059*	0.069**	0.068**
家庭社会经济地位	0.038	0.034	0.039	0.039
物质层质量文化	0.667***	0.603***	0.641***	0.629***
——校园设施设备	0.562***	0.515***	0.535***	0.538***
——师资队伍	0.680***	0.612***	0.660***	0.634***
行为层质量文化	0.766***	0.686***	0.745***	0.735***
——学生学业行为	0.613***	0.530***	0.607***	0.588***
——学生课外活动行为	0.471***	0.440***	0.437***	0.476***
——教师教学行为	0.805***	0.720***	0.792***	0.755***
制度层质量文化	0.829***	0.738***	0.807***	0.794***
——教学制度	0.800***	0.693***	0.794***	0.762***
——学生支持制度	0.781***	0.717***	0.746***	0.756***
精神层质量文化	0.907***	0.804***	0.889***	0.856***
——质量意识	0.890***	0.788***	0.873***	0.840***
——对学校的整体评价	0.869***	0.768***	0.855***	0.819***

注：* 表示 $p<0.05$，** 表示 $p<0.01$，*** 表示 $p<0.001$。

家庭社会经济地位（SES）是在学生发展统计中被广泛引用的背景变量。参考国际研究通行规则，一般都采用父母的受教育程度、收入以及职业这三个基本变量作为学生的家庭社会经济地位指标的构成。[1] 受教育程度的划分相对简单，从小学及以下到研究生共分为五档。收入这一变量，由于直接填写收入

---

[1] Buchmann C. Measuring Family Background in International Studies of Education:Conceptual Issues and M ethodological Challenges [M]// National Research Council, Board on International Comparative Studies in Education.Methodological Advances in Cross−National Surveys of Educational Achievement. Washington, DC:National Academy Press,2002:150−197.

数据涉及个人隐私而且数据容易失真，因此国际上通常以家庭物资为家庭收入的象征性指标，本研究参考南部与东部非洲教育质量监测联盟义务教育质量监测项目对学生的家庭社会经济地位的测量指标[①]，以家庭拥有电视机、洗衣机、电冰箱、电脑、汽车/货车/卡车的数据作为家庭物资的指标参考。

如表50所示，家庭社会经济地位（SES）的指标合成采用因子分析法，提取出三个成分：父母职业、父母受教育程度和家庭物资。指标方面KMO值为0.680，$p<0.01$，达到显著性水平，可进行因素分析。且因子载荷的值均在0.542~0.864，共解释了61.016%的方差变异量。本研究中，家庭社会经济地位（SES）采用因子分析的因子得分分值纳入计算，在后面影响机理一章的结构方程模型分析中也采用此分值。

表50　家庭社会经济地位旋转成分矩阵

题　项	成　分		
	家庭物资	父母受教育程度	父母职业
18. 洗衣机	0.762		
18. 电冰箱	0.754		
18. 电视机	0.729		
18. 家用汽车、货车或卡车	0.593		
18. 电脑	0.542		
14. 您父亲的受教育程度		0.864	
15. 您母亲的受教育程度		0.854	
16. 您父亲的职业			0.832
17. 您母亲的职业			0.828

三、学生发展影响因素的回归分析

根据相关分析结果，本部分将选取具有高度相关性的自变量，纳入回归方程，探讨其对学生发展的影响形式。

---

① 　任春荣. 学生家庭社会经济地位（SES）的测量技术 [J]. 教育学报, 2010(5):79.

（一）学生背景和质量文化四个层的回归分析

1. 变量选取。自变量的选取主要分为两大类。一类是作为控制变量的具有影响显著性的学生背景因素，包括5个：年级、中外合作学校类型、专业类别、生源地、母亲受教育程度。另一类是4个层面的质量文化因素。因变量为学生发展。

2. 相关检验结果。在共线性检验中，模型6的共线性统计量为$1.070 < VIF < 4.740$，可见不存在多重共线性问题；在F检验中，方差分析p值在0.05水平上统计显著，说明模型的变量和自变量间存在显著差异；在判定系数R^2检验中，经过逐步输入与移除，本研究采用第6个模型为分析模型，其判定系数最高，即$R^2 = 0.830$，联合解释变异量为0.830，表示预测变量一共可解释就读收获83.0%的变异量，回归方程拟合程度最高。

3. 回归模型。经过逐步输入与移除，9个自变量被排除3个，分别是：专业类别、生源地、母亲受教育程度。剩余6个自变量进入模型，分别为：年级、中外合作学校类型和4个层面的质量文化。得到回归分析如表51，得出回归模型为：学生发展＝0.739×精神层质量文化＋0.172×行为层质量文化＋0.045×所在年级＋0.090×制度层质量文化－0.051×物质层质量文化＋0.022×中外合作学校类型。

4. 回归系数分析。从标准化回归模型的载荷系数看，在控制变量不变的情况下，中外合作大学学生发展受上述6种因素的影响。从各变量对学生发展的解释量来看，由高到低依次为：精神层质量文化的解释量最高，占81.1%，行为层质量文化的解释量在精神层解释量基础上增加1.5%，制度层质量文化的解释量则增加0.2%，最后，物质层质量文化、学生所在年级和中外合作学校类型的解释量增加各0.1%。

精神层质量文化：影响系数最大，远远高于其他入选因素。这完全符合质量文化的相关理论。国外学者在探讨质量文化理论时，强调信任、价值观等精神观念的重要性。国内以金字塔/同心圆质量文化模型持有者为代表的学者均认为，精神层质量文化处于最重要的位置，起关键作用。

行为层质量文化：质量文化理论也注重强调行为与参与的重要性。如拉纳雷斯模型综合文献发现，质量文化的多数研究依赖人们对其价值观或行为的评价，同时提出价值观与行为之间的转换。欧洲大学协会模型在结构/管理要素中关注个人行动目标的协调。院校影响力理论也高度重视学生的投入与参与。研究结果符合前期理论探讨。

制度层质量文化：以金字塔/同心圆质量文化模型持有者为代表的学者均认为，制度层质量文化在质量文化理论中，处于中间地位，起中介作用。尽管回归系数横向比较相对不高，但其在一定程度上对学生发展起到了显著的正向影响。当然学生对不少制度的"不熟悉"印象，以及中外合作大学制度的本土化适应也是值得关注的。

物质层质量文化：回归系数呈现负向的显著影响，可能因为国外学生发展理论对学校投入（物质和资金支持、教师队伍）与学生发展之间的关系没有较为稳定的结论。同时，从中外合作大学及其学生群体的实际情况分析，学生缴纳了高昂学费而对物质层面的环境要素期待较高，而现实的物质层质量文化恰还未达到其期待水准，而出现了物质层质量文化直接效应为负的结果。

年级和中外合作学校类型：不同的年级会对学生发展产生正向显著影响，比较容易理解，因为随着学生就读体验的不断延长与深化，其发展程度会不同。另外，中外合作学校类型对学生发展产生正向显著影响，这一结果较有分析的价值，因为中外合作学校合作类型不同，会带来合作模式的不同、跨文化的合作理念不同，这些会在一定程度上影响学生发展。

表51　学生背景和质量文化四个层的多元回归分析

变　量	决定系数 R^2	增加解释量 ΔR^2	非标准化回归系数	标准化回归系数	t 值	显著性
（常量）			0.216		3.778	0.000
精神层质量文化	0.811	0.811	0.717	0.739	35.451	0.000
行为层质量文化	0.825	0.015	0.174	0.172	10.097	0.000
制度层质量文化	0.827	0.002	0.091	0.090	4.167	0.000
物质层质量文化	0.828	0.001	−0.046	−0.051	−3.395	0.001
年级	0.829	0.001	0.030	0.045	4.351	0.000
中外合作学校类型	0.830	0.001	0.016	0.022	2.099	0.036

（二）学生背景和质量文化四个层子维度的回归分析

1. 变量选取。自变量的选取主要分为两大类。一类是作为控制变量的具有影响显著性的学生背景因素，包括5个：年级、中外合作学校类型、专业类别、生源地、母亲受教育程度。另一类是4个层面的质量文化子维度因素，包括9个：校园设施设备、师资队伍、学生学业行为、学生课外活动行为、教师教学行为、教学制度、学生支持制度、质量意识、对学校的整体评价。因变量为学生发展。

2. 相关检验结果。在共线性检验中，模型8不存在多重共线性问题；在F检验中，方差分析p值在0.05水平上统计显著，说明模型的变量和自变量间存在显著差异；在判定系数R^2检验中，经过逐步输入与移除，本研究采用第8个模型为分析模型，其判定系数最高，即$R^2 = 0.835$，联合解释变异量为0.835，表示预测变量共可解释就读收获83.5%的变异量，回归方程拟合程度最高。

3. 回归模型。经过逐步输入与移除，在逐步进入后，14个自变量被排除6个，分别是：专业类别、生源地、母亲受教育程度、师资队伍、学生课外活动行为、教学制度。剩余8个自变量进入模型，分别为：年级、中外合作学校类型、校园设施设备、学生学业行为、教师教学行为、学生支持制度、质量意识、对学校的整体评价。得到回归分析如表52所示。将标准化回归系数代入回归方程中，得出回归模型为：学生发展＝0.384×质量意识＋0.360×对学校的整体评价＋0.175×教师教学行为＋0.064×学生学业行为＋0.044×所在年级－0.052×校园设施设备＋0.053×学生支持制度＋0.024×中外合作学校类型。

4. 回归系数分析。从标准化回归模型的载荷系数看，在控制变量不变的情况下，中外合作大学学生发展受上述14种因素的影响。其中精神层质量文化的两个子维度即质量意识和对学校的整体评价影响系数最大。从各变量对学生发展的解释量来看，由高到低依次为：质量意识的解释量最高，占78.0%，对学校的整体评价的增加解释量为3.2%，教师教学行为的增加解释量为1.6%，学生学业行为增加解释量为0.3%，最后校园设施设备、学生支持制度、学生所在年级和中外合作学校类型的增加解释量各占0.1%。

表52 学生发展与学生背景和质量文化子维度的多元回归分析

变量	决定系数 R^2	增加解释量 ΔR^2	非标准化回归系数	标准化回归系数	t 值	显著性
（常量）			0.224		3.806	0.000
质量意识	0.780	0.780	0.365	0.384	15.256	0.000
对学校的整体评价	0.812	0.032	0.337	0.360	16.180	0.000
教师教学行为	0.828	0.016	0.161	0.175	9.560	0.000
学生学业行为	0.831	0.003	0.061	0.064	4.788	0.000
校园设施设备	0.832	0.001	−0.042	−0.052	−4.109	0.000
学生支持制度	0.833	0.001	0.050	0.053	2.951	0.003
年级	0.834	0.001	0.025	0.044	4.316	0.000
中外合作学校类型	0.835	0.001	0.019	0.024	2.377	0.018

四、学生发展影响因素的验证性因子分析

（一）物质层质量文化维度

为验证因子结构的稳定性，本研究使用 AMOS 24.0 软件对因子结构进行验证性因子分析。建立的物质层质量文化维度模型由 2 个潜变量和 13 个观察变量构成。

由输出结果可见，各变量间路径系数均为正值，且都在 0.632～0.864，表示变量之间是正相关关系。每对变量间的临界比值（t 值）都大于 2（$p<0.001$），各变量间的路径相关显著，表明假设关系中的潜变量与观察变量间的因子关系是稳定存在的。

由前述表 29 可知，由于本研究的样本规模为 1736＞1000，宜通过 RMSEA、RMR、GFI、AGFI、IFI、NFI、CFI、TLI、PGFI、PNFI 等适配度指标来检验模型的拟合效果。从表 53 可见初始模型基本达到合理的指数要求，但从 AMOS 24.0 给出的各参数的修正指标值看，测量指标误差项之间存在继续修正的可能，如 e1、e2 描述课外场所，e7、e8 描述行政管理老师，e9、e10、e11 描述学术老师，其间具有一定的关联性。修正后，RMSEA 值为 0.087，RMR＜0.05，GFI、AGFI ＞0.8，IFI、NFI、CFI、TLI 值均＞0.9，PGFI、PNFI 值均＞0.5，修正模型的各项

指标拟合效果可以接受，如图 24 所示。

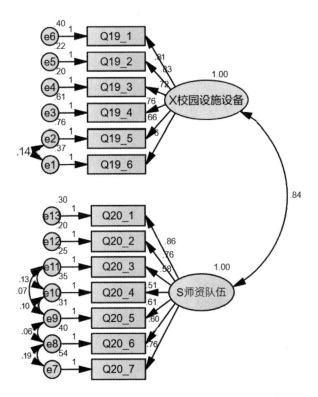

图 24　物质层质量文化维度验证性因子分析模型结构

表 53　物质层质量文化维度验证性因子分析拟合指标

指标	RMSEA	RMR	GFI	AGFI	IFI	NFI	CFI	TLI	PGFI	PNFI
初始	0.122	0.049	0.851	0.788	0.897	0.893	0.896	0.874	0.698	0.733
修正	0.087	0.038	0.931	0.892	0.952	0.948	0.952	0.935	0.593	0.705

（二）行为层质量文化维度

为验证因子结构的稳定性，本研究使用 AMOS 24.0 软件对因子结构进行验证性因子分析。建立的行为层质量文化维度模型由 3 个潜变量和 24 个观察变量构成。

由输出结果可见，各变量间的路径系数均为正值，且都在 0.526～0.890，表示变量之间是正相关关系。每对变量间的临界比值（t值）都大于2（p＜0.001），各变量间的路径相关显著，表明假设关系中的潜变量与观察变量间的因子关系是稳定存在的。

由前述表29可知，由于本研究的样本规模为1736，大于1000，宜通过RMSEA、RMR、GFI、AGFI、IFI、NFI、CFI、TLI、PGFI、PNFI等适配度指标来检验模型的拟合效果。从表54可见初始模型基本达到合理的指数要求，但从AMOS 24.0给出的各参数的修正指标值看，测量指标误差项之间存在继续修正的可能，如e11、e12描述文化活动，e21、e22描述师生互动的国际化，e17、e18描述引导式课堂教学，其间具有一定的关联性。修正后，RMSEA值＜0.08，RMR＜0.05，GFI、AGFI＞0.8，IFI、NFI、CFI、TLI值 均＞0.9，PGFI、PNFI值均＞0.5，维度具有良好的建构效度，如图25所示。

表54 行为层质量文化维度验证性因子分析拟合指标

指标	RMSEA	RMR	GFI	AGFI	IFI	NFI	CFI	TLI	PGFI	PNFI
初始	0.081	0.034	0.851	0.820	0.925	0.919	0.925	0.917	0.706	0.829
修正	0.071	0.034	0.879	0.852	0.942	0.936	0.942	0.935	0.720	0.834

（三）制度层质量文化维度

为验证因子结构的稳定性，本研究使用AMOS 24.0软件对因子结构进行验证性因子分析。建立的制度层质量文化维度模型由2个潜变量和24个观察变量构成。

由输出结果可见，初始模型中的潜变量和观察变量间，以及不同潜变量间的路径系数均为正值，且都在0.733～0.923。每对变量间的临界比值（t值）都大于2（p＜0.001），各变量间路径相关显著，表明假设关系中的潜变量与观察变量间的因子关系是稳定存在的。

由前述表29可知，由于本研究的样本规模为1736，大于1000，宜通过RMSEA、RMR、GFI、AGFI、IFI、NFI、CFI、TLI、PGFI、PNFI等适配度指标来检验模型的拟合效果。从表55可见初始模型基本达到合理的指数要求，但从AMOS 24.0给出的各参数的修正指标值看，测量指标误差项之间存在继续修正的可能，如e1、e2描述学术交流，e8、e9描述课程设计，e12、e13、e14描

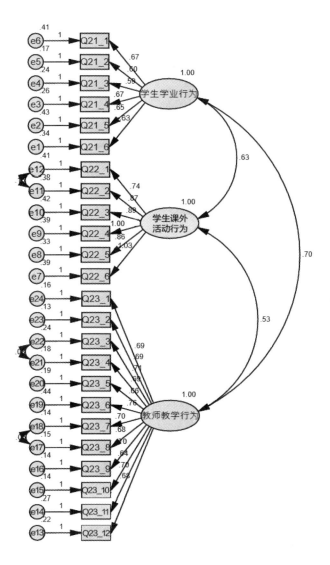

图 25　行为层质量文化维度验证性因子分析模型结构

述学生反馈，其间具有一定的关联性。修正后，RMSEA 值＜0.08，RMR＜0.05，GFI、AGFI＞0.8，IFI、NFI、CFI、TLI 值均＞0.9，PGFI、PNFI 值均＞0.5，维度具有良好的建构效度，如图 26 所示。

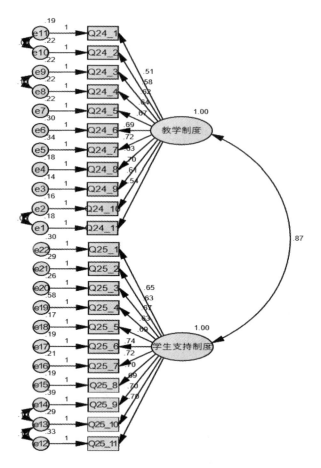

图 26 制度层质量文化维度验证性因子分析模型结构

表 55 制度层质量文化维度验证性因子分析拟合指标

指标	RMSEA	RMR	GFI	AGFI	IFI	NFI	CFI	TLI	PGFI	PNFI
初始	0.100	0.032	0.801	0.758	0.897	0.892	0.897	0.886	0.658	0.803
修正	0.078	0.026	0.877	0.846	0.939	0.933	0.939	0.930	0.703	0.820

（四）精神层质量文化维度

为验证因子结构的稳定性，本研究使用 AMOS 24.0 软件对因子结构进行验证性因子分析。建立的精神层质量文化维度模型由 2 个潜变量和 21 个观察变量构成。

　　由输出结果可见，初始模型中的潜变量和观察变量间，以及不同潜变量间的路径系数均为正值，且都在 0.733～0.923，表示变量之间呈正相关关系。每对变量间的临界比值（t 值）都大于 2（$p<0.001$），各变量间的路径相关显著，表明假设关系中的潜变量与观察变量间的因子关系是稳定存在的。

　　由前述表 29 可知，由于本研究的样本规模为 1736＞1000，宜通过 RMSEA、RMR、GFI、AGFI、IFI、NFI、CFI、TLI、PGFI、PNFI 等适配度指标来检验模型的拟合效果。从表 56 可见初始模型基本达到合理的指数要求，但从 AMOS 24.0 给出的各参数的修正指标值看，测量指标误差项之间存在继续修正的可能，如 e13、e14 描述品牌理念，e11、e12 描述共同追求学术，e1、e2 描述师生信任，其间具有一定的关联性。修正后，RMSEA 值＜0.08，RMR＜0.05，GFI、AGFI＞0.8，IFI、NFI、CFI、TLI 值　均＞0.9，PGFI、PNFI 值均＞0.5，维度具有良好的建构效度，如图 27 所示。

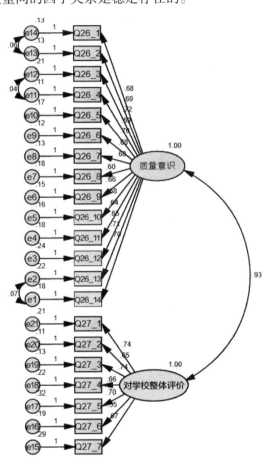

图 27　精神层质量文化维度验证性因子分析模型结构

表 56　精神层质量文化维度验证性因子分析拟合指标

指标	RMSEA	RMR	GFI	AGFI	IFI	NFI	CFI	TLI	PGFI	PNFI
初始	0.090	0.017	0.840	0.803	0.937	0.933	0.937	0.929	0.684	0.835
修正	0.079	0.016	0.876	0.845	0.952	0.948	0.952	0.945	0.702	0.835

第二节　基于质性访谈的学生发展影响因素研究

基于本研究的质量文化理论，本节结合质性访谈对中外合作大学学生发展影响因素的探讨，从质量文化的四个维度框架展开。

一、物质层质量文化的影响

物质层质量文化在大学组织中同样是以一种基础的、外在的形态体现该组织的质量文化特色。本部分研究主要从中外合作大学的设施设备和师资队伍两方面探寻。一所高校教育质量如何，取决于有没有杰出的师资。当然，师资重要，基础教学和生活的设施设备保障也很重要。"我比较认可张召忠教授的一句话——后勤保障战斗力。其实硬件条件也非常重要。当然起决定作用的还是人。"（D老师，男，N高校）

学生发展的院校影响理论中，佩斯的"努力质量"模型认为院校提供的资源设施是学生发展的依赖因素之一，乔治·库的"学习投入"概念中也提到"学校投入"是测量大学生学习产出的重要变量。

（一）设施设备

中外合作大学的学习环境和生活环境基本会模仿合作方大学的整体风格来设计，例如大学标志、教室、实验室、图书馆等基本设置，这样学生对学习空间和生活空间就有中西融合的直观感受。

1. 教学设施

中外合作大学在招生季通常都会开展校园开放日活动，不少高考学生通过这一活动可以对中外合作大学的硬件环境有直观的了解，H同学就是通过前期的参观，对学校图书馆的资源和整体环境有了全面的了解，并为之深深吸引。

> 我在报考这所学校之前就来参观过，觉得学校环境很好、资源很好。我记得我当时去的是图书馆，那里学习氛围浓厚，环境优美。图书馆有四层，其中三层都是全英文书籍，图书馆有不同用途的电脑，还有不同风格和内容的杂志，十分吸引我，因为里面的内容可以拓宽视野，增长知识。（H同学，女，U高校）

体现中外合作大学引入境外优质的教育资源的另一个方面就是学术资源的线上与线下共享。双方图书馆的电子资源都是联网互通的，包括电子书、电子期刊等，同时部分线下学术资源也会通过不同渠道进行纸质形式的交流。应该说跨境学术资源的共享，为学生的学习提供了有效支撑。

> 我们学校的图书资源是跟合作高校的图书馆直接联网的，电子资源都是互通共享的，还可以实现馆际互借。（S老师，女，N高校）

> 我们学校因为是中外合作大学，所以资源可能会相对多一点。比如说合作高校的网上资源我们都有共享权限，写论文的时候可以参考。我觉得挺方便。（X同学，男，K高校）

完善的实验设施和设备是学校教育事业投入的显性体现，在学生发展理论中，这也是重要的自变量。无论是中外合作大学的文科院系还是理科专业都对实验设施配备比较重视，例如建立了彭博金融终端、同声传译实验室、心理实验室等。

> 我们学校金融专业有非常出名的彭博终端。它是一个计算机系统，你可以在系统中及时查询金融市场的数据。这个设备很贵，一台每年的租金要200多万美元。我们学校有6台，所以专门开设了一个彭博实验室。你可以去彭博终端上学习，学完之后会获得一个电子证明，证明你是具有资格的人。应该说学校给你提供了一个非常好的学习机会。（R同学，女，K高校）

> 我是翻译系的，学校有一些同声传译的实验设备。学校理科类专业还有属于本学科的专门实验室。心理学专业有专门的心理实验室、心理咨询室、心理器材室等。我还去食品科学专业的实验室参观过，里面有比较专业的解剖类器材。我觉得多样的实验设施对学生的专业学习帮助比较大。（H同学，女，U高校）

教室和公共空间24小时开放，也是中外合作大学的硬件特色。这沿袭了境外高校学生的学习习惯，公共空间、公共教室、绿色草坪等都是学生们个体与集体课外学习的重要场所。

> 教学楼基本是 24 小时开放的，我们可以自己去找教室自习，开展小组学习，举办团体活动等。你自习到晚上寝室熄灯前再回去都可以，自习教室一般是不会关闭的。（G 同学，女，K 高校）

2. 生活环境

除了教学类设施，中外合作大学的生活环境规划比较合理，并且都较注重为学生提供运动健身类的设施和设备，如 N 高校有单独的攀岩馆，U 高校有专门的游泳池等。

> 我觉得我们学校的校园环境真的挺好。学校挺美的，各方面规划都非常合理。（L 同学，男，N 高校）

> 我们学校有一个不错的体育馆，里面还有一个设备齐全的健身房。学生们还可以攀岩。运动设施、设备比较完善。（W 同学，男，N 高校）

同时，中外合作大学会有意识地将中西文化融合的理念渗透到校园生活环境设计中，例如 K 高校的宿舍建筑风格偏欧化，但在命名上会融合中国传统文化元素，如梅、兰、竹、菊等。N 高校行政楼前的广场设计同样坚持中西融合的理念，一边是中式庭院，一边是西式小广场。这样的中西融合理念会潜移默化地渗透到学生的发展理念中。

> 学生寝室主要分布在梅、兰、竹、菊那四栋楼。大部分寝室是两个人一套间、四个人一套间。套间就是每个人各自有房间，然后还有个小客厅。另外普通四人间也有，一人一间也有。可选择的寝室类型是比较多样的，我们都非常喜欢，常常会跟高中同学聊起这些令人羡慕的宿舍。（J 同学，女，K 高校）

3. 资金支持

尽管中外合作大学学费不菲，但学校舍得在学生身上花钱。比如境外交换免后期的学费，比如各类专项、非专项奖学金的提供，比如境内外的各类志愿服务活动的经费支持，等等。

> 我觉得要培养出优秀的人才，学校一定要舍得在学生身上花钱。我们学校就提供了很多奖学金、出境交换的机会，这些都需要资金支持。比如学生按照"2+2"的学制去境外交换，后面两年我们学校就不收学费。你想，大三学年，学校有约50%的学生会选择去境外交换学习，这么高的交换生比例，而且是9万元一年的学费，学校仍然愿意免学生境外交换的后期学费。这说明学校肯在学生身上花钱。（D老师，男，N高校）

（二）师资队伍

中外合作大学的师资聘用主要有两种途径：一是直接从合作方高校引入，二是按照合作方高校的师资聘用标准进行全球招聘。多元化的师资队伍是中外合作大学引入合作方优质教育资源的集中体现，这也成为其全球化竞争的先天优势。作为学生最直接的教育互动对象，师资队伍在学生的成长发展过程中起着重要的作用。

1. 师资国际化

《2016年浙江省高等教育国际化年度报告》显示，在浙江省具有硕博学位授予权的高校和其他本科院校中，N高校和K高校聘用境外文教专家占专任教师总数的百分比均位列全省第一。正如以下访谈师生所言，中外合作大学的师资国际化比例非常高，师资结构呈现多元化特色。

> 我们学校有充裕的境外师资，外国老师跟中国港澳台老师都是比较多的，大概有六成多的占比，当然也有一些是境内师资，一般是本科读完去境外读的硕士或博士学位而后回来任教。（C同学，男，K高校）

> 我们专业课外教占师资总量的90%以上，我觉得这个比例在全国范围内算是比较高了，剩下的10%左右就是我们的国情文化课老师，涉及体育、艺术、文化等，是用中文来授课的。（H老师，男，K高校）

学生在上课时会面对来自不同国家和地区的学术教师，由此产生了别有趣味的就读体验，大大有别于在普通高校的就读体验。这也印证了中外合作大学学生家长选择中外合作大学的重要原因——不出国/境也能享受到国际化教育。

> 我们的外籍老师较多。平时我们所处的环境也比较多元化。比如这节课是一位印度老师教，下节课可能就是马来西亚或者美国的老师来授课，每天都能在课堂上遇到不同国家和地区的老师。（Q 同学，女，U 高校）

当然，学校并不排斥中国籍教师的加盟。中国籍教师只要满足该校全球师资招聘的标准，其各类待遇都是一视同仁的。

> 我们学校的师资队伍具有一定的特色，就是学术教师中 75% 以上都是外籍教师。当然有些刚成立的中外合作大学中可能外籍教师的比例更高，他们很多教师都是从合作方大学直接引进的，可能百分之百都是外教。当然随着学校的发展，慢慢地还是会加入一些中国籍教师。总之，中外合作大学学术教师中外籍教师的比例是非常高的。现在我们的做法是按照合作方大学的师资引入标准进行全球招聘。当然，应聘者也有可能是中国籍的，我们就一视同仁，引入后分散到各个学院，各种待遇跟外籍老师基本上是一样的。（S 老师，女，N 高校）

2. 学术教师专业能力

优秀的教师具有过硬的专业能力、广阔的国际视野、先进的教育理念、有效的教学方法以及丰富的管理经验，这些都能有效地促进学生的全面发展。G 同学对本校教师的满腹才华发出了由衷的赞叹，高度认可学校的师资力量，尤其是专业能力。

> 我们的老师太有才华了，太厉害了！我有一个老师好像是剑桥大学第一名毕业的。他们都是满腹诗书，上课的时候经常脱稿讲授很多知识，我对此深深地赞叹，敬佩他们的学术素养。我们外教的学术质量是真的很高。（G 同学，女，K 高校）

中外合作大学一般对学术教师的引进会有"必须具备国际知名大学的博士学位，且有在国外工作、生活的经历"等相关要求。从 L 老师和 Z 老师的访谈来看，两校对学术教师的引进都有高标准的专业能力要求，尤其是要具备在中、外双方学校教学的能力。

> 学术教师的背景简历，都是按照合作高校的质量保障体系来筛选的，就是说，他有能力在中、外两边的高校教学。（L老师，女，N高校）

> 我们学校的老师有很多外国人，有很多都是从国际知名大学毕业的博士，学术能力比较强。另外他们的工作态度很好，很有耐心。我们学校对教师要求有office hour（"办公时间"），就是每个星期规定的时间得在办公室，让学生过来答疑。（Z老师，女，U高校）

3. 通过质保机制稳控师资质量

中外合作大学教师队伍的国际化比例高，也就意味着外籍教师人数多。对外籍教师的聘用，在"入口"资质把关时一般不会有问题，但其队伍的稳定性会令管理者担忧，这也是中外合作办学研究者聚焦的问题。访谈中，Z老师认为U校的外籍教师流动性不强，多年的同事大多都在。L老师提到，学校基本上会与外教签订3～5年的聘用合同，虽然外籍人员的家庭、生活等是个实际问题，但在师资队伍的管理上，只要跟着质量保障体系或质量保障机制走，按照质量手册来管理，师资队伍的质量就不会出现大问题。

> 外籍教师队伍的稳定性，是中外合作办学需要共同面对的问题。因为外籍人员有家庭等各方面的原因，不可能长期在国内生活。但是尽管教师的稳定性不如国内普通高校，但教师的学术质量和授课质量仍然非常高，这就是中外合作大学质量保障体系在起作用。因为这个质量保障体系不仅规定了招聘人才的标准、层次等各种整体性、细节性的要求，还包括对招聘来校的教师的各种过程性和结果性的考核。我们一般与招聘的教师签3到5年的工作合同，当然也有一些外籍教师已经在这里工作了十多年了。（L老师，女，N高校）

> 我们学部的外籍老师流动性不大，因为我认识的一些老师这几年都还在继续教学。（Z老师，女，U高校）

4.行政管理教师质量

中外合作大学对行政管理教师也会有较高的质量要求，例如 N 高校要求其"英语熟练，有留学经历或国际承认的学位证书"。部分中外合作大学不设置辅导员、班主任，因此行政管理岗教师的工作压力和工作量并不小，而且学生对他们的要求也不低。但如 H 同学和 D 老师所言，该校的行政管理教师还是相对能干、务实的。

> 像我们学生发展事务处的老师都挺好的，感觉就像朋友，你跟他们交流都不用怕，他们很平易近人。（H 同学，女，U 高校）

> 比如就业办做的就是很实的事情。因为我们这个城市知名企业没有"北上广"多，所以就需要就业办去上海、北京、香港等地把一些好的企业的实习机会、工作机会对接过来，给我们的学生。我觉得我们学校的行政管理老师都比较能干、肯干，也比较务实。这些对学生都是有影响的。（D 老师，男，N 高校）

不过在访谈中也有不少学生表示，中外合作大学的行政管理教师的整体水平还需提升。

综上，通过对数据进行编码比较，将其逐渐概念化和范畴化，结合NVIVO12 软件建立了中外合作大学学生发展影响因素——物质层质量文化的质性研究模型，如图28所示。物质层质量文化为三级类属。物质层质量文化中的设施设备、师资队伍等为二级类属。

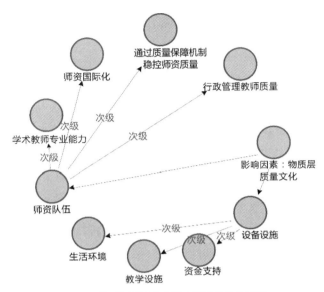

图 28　物质层质量文化影响因素的质性模型

二、行为层质量文化的影响

拉纳雷斯的质量文化观察框架提出，质量文化的发展，要求质量在实际行为中具体化，进而反映出价值体系的变化。埃勒斯高等教育质量文化模型也提出，沟通和参与在组织内变得很重要，以此协调不同的文化并建立集体信任。可见，行为层的质量文化对组织（高校）、参与者（高校的师生）的发展十分重要。高校良好的行为层质量文化能促进师生将教育观念转变为教育行动，并提升学校教育质量。

无论是美国学者齐克林提出的"良好本科教育的七原则"中的"鼓励师生交往""培养学生合作、互惠习惯""调动学生学习主动性""强调学习投入的时间和效率"等，抑或是在著名的"院校影响理论"中学者佩斯提出的学生参与概念等，都强调了学生的投入与参与等各种行为是学生发展的重要自变量。本部分即从行为层的质量文化维度，通过学生学业行为、学生课外活动行为、教师教学行为、师生互动、朋辈互动五个方面，结合质性访谈，来考量对学生发展的影响，同时进一步印证原有的理论是否适用于中外合作大学这一特殊类型高校。

（一）学生学业行为

学生的学业行为是学生投入或学生参与的重要环节，是影响学生学业质量的重要指标。学者们高度认同学生积极的学业行为对学习能力与水平的提升具有显著正向作用。学生的学业行为主要分为课程类学业参与和课余学业参与，其中课程类学业又可以分为专业课程、英语课程、特色课程、传统文化课程、国情课程、国外暑期课程等类型。

1. 专业课程学习

中外合作大学的学习氛围较为浓厚，学业压力相对较大。其中专业课程的学习奠定了学生的专业能力。正如 C 同学提到的通过统计课程、经济学课程的学习，其以后想继续在此专业领域深造或工作。

> 我的专业是应用经济学，我选修了计量经济学课程，另外还选修了数理课，就是数学与统计学的结合。通过课程学习，我对统计计量、数据分析、商业分析这些专业知识愈发感兴趣。以后读研的话，我会继续选这个方向。（C 同学，男，U 高校）

2. 英语课程强化

中外合作大学的全英文教学模式，以及课程内容和教学形式的国际化，促使学生有更强的英语学习意识。中外合作大学一般都设有语言教育或文化中心，并在第一年为学生提供基础性、预科性的课程，包括英语培训课程和相关的专业基础知识课程等，其目的是帮助学生适应大学的全英文教学环境和西方的课程体系，使其迅速融入学校的学习生活。[①]

> 我们在平时的课程学习中，有一门专门的英语课，由来自英语文化教育中心的老师来授课。他们来自不同国家和地区，会通过听、说、读、写四个部分帮我们强化英语学习。（H 同学，女，U 高校）
>
> 我以前没有接触过全英文教学，对此还是有些担忧的。不过刚入学时

---

① 孙珂.中外合作大学课程体系建设的国际化视野与本土化转向 [J].重庆高教研究,2016(5):101.

就发现有专门面向新生的英语强化训练营。训练营用一星期左右的时间帮我们适应英文教学。其实训练营的课比较简单，就是听教授的一些讲座，他们讲课很有趣，一点儿也不枯燥。他们会介绍自己在世界各地旅行的经历，有时候还会演唱一些中英文歌曲等。新生通过训练营一般都能很快地适应。（H同学，女，U高校）

3. 特色课程学习

在访谈中发现，博雅教育和全人教育分别是N高校和U高校倾力打造的特色课程体系。两大课程尽管名称不同，但内涵相似。后者的全人教育课程在本质上也可以看作是通识课程，着力培养学生的通识能力与社会化发展能力。虽然博雅教育和全人教育的课程体系模式是国际性的，但这两所中外合作大学都致力于其培养的人才能够为中国的发展做出贡献。访谈中，学生也津津乐道于此类课程的学习。

> 我们学校有全人教育（WPE）的课程，类似于博雅教育。全体新生在大一时会有三类课程选择：其一是basic基地课程，例如高空走独木桥、走钢丝等训练胆量的科目；其二是水上课程，例如划艇等；其三是野外生存课程，例如去爬山、露营，爬山有时候还会用上高空绳索。总而言之，都是一些具有挑战性的课程，而且都非常受欢迎。（H同学，女，U高校）

> 我选的是野外生存那个课程，是以小组合作的形式进行的。我们小组成员一起上山，一起看地图研究方向。途中有同学中暑了，我们要一起照顾她，还要一起研究怎么分配体力、怎么突围、怎么带路等，类似于逆境管理训练。（Q同学，女，U高校）

4. 传统文化课与国情课学习

中外合作大学的课程在体现国际化的同时，也根据中国国情的需要，补充了有关中国历史、文化、国情方面的内容。如N高校开设的"中国文化课"，分为教学和实践两部分，将学生对中国文化理论知识的学习同现实生活中的切身实践结合起来，对于培养学生的爱国精神和民族责任感、实现人才培养目标具有重要意义。① 另外如 H 同学提到的 U 校开设的诸如龙狮课、龙舟课、中华射道之类，都是为了让学生对传统文化有更为深入的了解。

> 还有一些传统文化课程，比如舞龙舞狮课。因为我对中国文化很感兴趣，所以就选择了这门课。学校还开设有赛龙舟、中华射道等各种各样的文化课程。你在这里可以学到平时不易学到的知识，感觉学校给我们提供了很多学习的机会。（H 同学，女，U 高校）

5. 国外暑期课程参与

国外的暑期课程是访谈中学生提及较多的，其在中外合作大学有较为广阔的参与平台和渠道，也是学生申请国 / 境外研究生会选择的过渡课程。

> 大二的时候我参加了一个项目，就是在美国康奈尔大学的暑期课程。三周的课程体验对我的影响很大。因为我们体验到了国际化，切切实实看到了真正的世界名校是怎么样的。（Y 同学，男，U 高校）

6. 课余学业参与

中外合作大学的学生自主学习时间多，因此课余学业参与得也较多。有师生共同参与形式、生生参与形式、个体学习形式等。学生的课余学业参与与中外合作大学采用的项目式教学方法是相辅相成的，学生会利用课上和课下的不同时间去完成教师布置的不同任务，涉及理论与实践的结合等。

> 有些授课老师会利用周末等课堂以外的时间，组织同学们开展 work shop（工作坊、研讨会）。好多同学都会去参加，因为课外研讨会的学习再结合课堂上的知识学习，会让我们理解得更深入一些。（G 同学，女，K 高校）

（二）学生课外活动行为

阿斯汀的《大学里什么最重要：再探关键的四年》中提到，学生在校期间任

---

① 孙珂. 中外合作大学课程体系建设的国际化视野与本土化转向 [J]. 重庆高教研究 ,2016(5):101.

何形式的投入对学生的发展都起着有利的影响。的确，大学生正处于朝气蓬勃的年纪，除了正常的学业行为之外，他们对课外活动应该具有较高的关注度。通过参与各种类型的课外活动，如社团活动、志愿服务活动、文艺体育类活动、社会实践活动等，能提升沟通交流、组织协调、职业准备等综合素养与能力。

1. 学生组织活动参与

中外合作大学的学生社团种类多样，涉及体育类、文艺类、阅读类、志愿服务类、学习类等等，比如 N 高校就有 100 多个学生社团。丰富的社团等学生组织为学生提供了踊跃参与的平台，成为学生开阔国际视野、提升综合素养的课堂延伸，促进了学生的全面发展。

> 我以前参加过很多"奇怪"的社团，如侦探社、配音社等，还有一些文学类的社团，比如书友会等。这些社团让我进一步开阔了眼界、培养了兴趣爱好。（Z 同学，男，N 高校）
>
> 我组织过规模比较大的摄影协会。有 4 个部门，每个部门 10 到 20 人。社员有两三百人。协会每年都会组织一些有意思的活动。这些活动的组织能有效提升自己各方面的能力。（L 同学，男，N 高校）

学生在学校组织的活动中积极参与，在一定程度上为是未来的职业做准备。学校会为学生创造各种校内外的对接平台，让学生在成长的过程中不与社会脱节。

> 因为在学校团委担任学生干部，所以需要亲自去策划活动，去安排分工，去收拾活动现场，也要学习工作中的待人接物技巧，等等。这些都能提高自己的工作能力，其实就是有点像在职场的感觉。（G 同学，女，K 高校）

2. 海内外志愿服务活动参与

中外合作大学的学生较倾向于参加志愿服务活动，而且学校也为他们提供了各种国内乃至海外的志愿服务通道，让其成为常态化的活动。这不仅使学生开阔了视野、增长了见识，更培养了学生的爱心和独立能力。

我们学校有非常多的海外志愿者项目，比如可以去巴厘岛或非洲支教什么的，参加的学生都非常多。这些志愿服务项目能增长自己的见识和培养自己独立生活的能力，还能在服务中感受这个世界的方方面面。（G 同学，女，K 高校）

我大一和大二的时候去支教过。大一时去的是陕西榆林，大二时去的是河南。学校每年都会组织学生进行暑期社会实践，每年有十几条线，每条线十几个人，合计一两百人。我觉得社会实践的经历特别好，可以了解国内不同地区义务教育的概貌。另外我喜欢玩音乐，这些丰富的支教经历会给予我创作的灵感，我给 IC（社团）写的那首歌就是大二支教的时候写的。我的实习经历还比较少，但也已经有不少收获了。（W 同学，男，N 高校）

（三）教师教学行为

教师的教学行为是提高教学质量、促进教育改革的关键因素。正如林金辉教授提到的："中外合作办学机构和项目采取多样性的教学方法、选用课下的评价方式等从全方位把握学生的学习和综合能力。"[①] 在教学模式引导下，教师教学行为直接影响着学生的成长。尤其是中外合作大学的教学具有显著独特性。

1. 课堂批判性思维的培养

批判性思维的培养是中外合作大学的育人导向之一。教师会将此理念渗透到课堂教学中，注重学生独立思考、批判质疑等思维能力的训练。正如应雄研究员提到："不要简单地否定学生对问题的思考，要鼓励学生'异想天开'。"[②]

人文社会学科跟理工学科不一样，理工学科客观性很强，人文社会学科相对主观一些。我们学校人文社会学科的老师在讲课的过程中，不会直接告诉学生这个观点的对错，也不会直接让学生认同自己的观点，而是会围绕这个问题把所有学者的观点都摆出来，然后让学生自己去批判地思考，自己去判断。同样，老师也不会向学生先提出自己认同的观点，更不会逼

---

① 林金辉 . 中外合作办学教育学 [M]. 厦门 : 厦门大学出版社 ,2011:123.
② 应雄 . 关于研究性学习的思考 [J]. 浙江万里学院学报 ,2012(2):3.

迫学生去认同。这就是培养学生批判性思维能力。（S 老师，女，N 高校）

2. 鼓励课堂讨论

中外合作大学所倡导的深层次教学方式中，鼓励学生积极参与课题讨论是实现形式之一。在课堂上教师将主角身份转移给学生，鼓励每个学生积极发言、踊跃提问，以问题为导向，来促使学生结合团队讨论分析思考。

> 有些老师在上课时很喜欢学生直接举手打断他，然后让学生自由地提出自己的不同想法。面对不一样的观点，有些老师会特别开心地提出来和大家讨论，所以同学们上课都比较投入。我们因为整个班人数比较少，老师会记住很多学生的名字，上课时就很容易和学生互动。师生双方对一起讨论的过程都比较投入，也很享受。（Q 同学，女，U 高校）

通过课堂讨论，学生不仅听取了教师的上课内容，更要对相关的知识点进行反复思考，以深化对知识的自我理解，进而提升教学质量。

3. 强调自主学习

中外合作大学的教师在讲授课堂知识点时，一般会提纲挈领地讲授较为基础的点，也就是在有限的教学时间内，教师注重引导性、启发性的讲解，更多的功课则留给学生在课堂前后去完成，例如课前的课件预习、课后的项目式团队任务完成等。

> 我感觉我们自学的时间要比老师上课教你知识的时间多。可能老师上课只是帮你提炼一下知识点，或者是以一种更幽默、更具有发散性思维的方式帮你拓展思维，但是真正的掌握还是要靠你自己在课后去算、去画、去感悟。（J 同学，女，K 高校）
>
> 学校教室都是开放的，因为我们经常要做各种各样的 presentation（展示、演示），就是通过自主学习做各种展示。而且还要根据课程的要求，自主地去深入学习，比如看不少论文等。（J 同学，女，K 高校）

4. 引入多元文化视角

课程内容和授课形式的国际化必然会让中外合作大学的课程与众不同。教师在课堂教学中引入多元文化视角也是自然而然发生的。

> 我们学校的教师来自世界各地，不仅有美国，还有波兰、德国、希腊等欧洲国家，也有中国台湾来的老师。不同的老师的教学方式又是不同的：有些老师擅长幽默教学，还会结合视频资料来授课；还有一些老师比较注重研究，会通过一些案例来教授，属于实践性的。感觉不同国家和地区的老师不仅授课风格不同，文化视角也会有不同。（J 同学，女，K 高校）

5. 营造轻松风趣的课堂氛围

不少外教的上课风格比较幽默风趣，这也是学生愿意与教师互动的一个重要原因。

> 我记得有一个商业类的课程，授课老师来自非洲，十分可爱，上课的时候还跟我们学中文。有时候他会在英文讲课的过程中突然蹦出一句中文，虽然说得很蹩脚，但是很可爱。他的课堂风格一直都很风趣。（H 同学，女，U 高校）

6. 耐心用心地教学

中外合作大学里大部分的学术教师是非常严谨、用心和耐心的。就像 R 同学提到的，教授们会耐心地聆听学生的观点，用心、细心、不厌其烦地去修改学生的文章。有些教写作的老师，认真到会修改每一个错误的标点符号。所以访谈中经常能听到学生用"nice"（友好的）来评价老师。

> 教授们都非常好，真的是非常"nice"。在教学过程中，有些同学可能因为英语水平不好而说不流畅，这时教授们就会非常耐心地听你讲，帮你纠正，慢慢引导你。我们大一有写论文的课程，刚开始谁都不会，然后教授都是一个个面批作业，每篇文章都一稿、二稿、三稿、四稿地帮你批改，真的是非常耐心、非常用心。（R 同学，女，K 高校）

（四）师生互动

师生互动对学生的发展发挥了显著作用。除了上述教师在课堂上的教学行为影响学生之外，师生的课下互动，包括学生与非学术教师之间的互动等，都与学生的学习成绩提升等智力与非智力发展显著相关。这也是阿斯汀在《大学里什么最重要：再探关键的四年》中提出的论点。乔治·库的"大学生学业成功要素"模型和帕斯卡雷拉的"变化评价综合"模型也印证了这一点。

1. 课下与学业相关的互动

中外合作大学教师与学生在课下进行与学业相关的互动，应该是比较具有特色的。

> 学生们的成长得益于教师指导学生的方式和学校人才培养的理念。在我们学校，导师可以做到一对一辅导。只要你跟他约好时间，他就能根据你的情况来提供个性化的指导。（L老师，女，N高校）

正如H同学和G同学提及的，教师会鼓励学生课下与教师互动，周末、非周末都可以。教师经常会以项目化或小组的形式帮学生团队进一步深化学习内容，强化知识实践。通过这种形式的体验，学生能将课堂知识与课下实践有效融合，从而提升学习质量。

> 老师会让我们主动找他，比如小组作业等等，有什么问题都可以去问。我们当时要做一份商业策划书，要将既有的资金分配好，才能开店。我们小组在过程中遇到了很多问题，老师就会根据实际情况，给我们很好的意见与建议，比如说如何定位市场、如何与客户谈判等，很多细节都会手把手地教你。（H同学，女，U高校）

在境外升学率较高的中外合作大学，请老师写推荐信应该是学生较为重要且频繁的需求，这样就能进一步倒逼学生在课堂上提升学习质量，也加强了师生之间的学业互动。

> 老师们是以学生为本在教书育人的。比如我们毕业申请研究生入学资格时需要老师写推荐信，在课上对你印象比较好的老师都会愿意帮你写推荐信。我们系主任就帮我写了一封推荐信。（C同学，男，U高校）

2. 课下非正式互动

在中外合作大学，师生之间有时候直呼其名，会显得较为亲切。此时，课下的约饭、谈人生、聊理想、谋发展，都会成为师生课下非正式互动的重要内容。

> 先说朋辈导师吧。我们基本上每个月都会组织出去吃一次饭，她会在那一天耐心地解答我们的问题。而且她也是本专业毕业的，会对你专业的未来规划、专业课程的疑惑等进行解答。（H 同学，女，U 高校）
>
> 比如我们学校的 professor（教授），他除了在院校当教授，也在其他公司兼职。我们经常跟他聊天，从他那获取一些工作经验，跟他谈谈个人的职业规划等。哪怕毕业之后，你回去联系他，他也仍然会给你提供很好的建议。（R 同学，女，K 高校）

3. 与管理岗老师互动

中外合作大学部分有辅导员建制，部分没有，行政工作主要通过邮件交流系统进行，或者依靠学校的行政职能部门老师来处理。从访谈来看，行政管理教师大多较为友好，且有国外学习或生活经历，与学生交流不成问题。如有辅导员建制的，辅导员通过师生互动，对学生发展的指导会更加精细。不过从总体看，学生们与行政管理老师互动不多。

> 我们也有学业导师，有辅导员这类导师体系。他们都可以为学生提供个性化的指导，包括就业升学指导、技能培训等，对学生的实际帮助是比较大的。（L 老师，女，N 高校）
>
> 我觉得自己从行政老师那里得到了很多帮助。比如我们的社团刚建立的时候，遇到过很多困难，他们会尽最大的努力来帮助我们。比如我需要一个场地，但是之前忘订了，他们也会根据实际情况帮我们，不会为难我们。（W 同学，男，N 高校）

（五）朋辈互动

帕斯卡雷拉的"变化评价综合"模型认为"同伴群体的互动"对学生发展产

生的影响是直接的，而非间接的。阿斯汀同样认为，同辈群体是学生本科在校期间成长"最强有力的影响源"。[①]

1. 学业互动

心理学和社会学都认为个体需要寻求他人或是群体的接受、认同和支持，因此学生的价值观、信仰、目标期望都会朝同辈群体主流的方向变化。[②] 例如 Z 同学提到的，没有谁会逼迫谁去申研、去考雅思、去阅读，但当身边的每个同学都在这么做时，这种主流方向就会带来影响和变化。

> 我觉得我还是受到了周边很多同学的影响，比如同学之间关于学业规划会有一些交流，涉及要不要出国、考雅思等。我们学校没有规定谁一定要去考研究生，但是我感觉很多人都会去考雅思、去 reading（阅读），因此你也会去考、会去读。也就是说朋辈的影响其实是非常大的。（Z 同学，男，N 高校）

同辈之间互动的形式与内容，所产生的效果也比较容易带来惊喜与收获。比如 T 同学提到的由于自主学习时间较多，大家会私下间建立学习小组，共同学习进步。这不但能相互提升学业成绩，更能通过团队合作提升解决问题的能力、领导能力、人际交往能力等。

> 我觉得同学之间的互动影响挺重要的。我们社会学院的专业，平时课特别少，自主学习时间比较多，因此有一些比较积极的同学会私下组建一些学习小组来带动大家自主学习。比如学法语，我们专业的同学会根据口语水平测试成绩，组建三人一组的小组，然后周一到周五每天抽出两三个小时一起学法语。当然其他的专业课的问题或者是论文撰写中碰到的难题也可以在小组内进行探讨。（T 同学，男，N 高校）

中外合作大学的国际生比例相对较高，Y 高校中外学生比例接近于 1 : 1。

---

① Astin A W. What Matters in College: Four Critical Years Revisited[M]. San Francisco: Jossey Bass, 1993:398.

② Astin A W. What Matters in College: Four Critical Years Revisited[M]. San Francisco: Jossey Bass, 1993:385.

中外学生共同学习、共同交流，这也是这一特殊类型高校促进学生发展的独特优势资源。

> 我们会和一些国际生组成小组去完成一项任务，在过程中其实你就已经锻炼了口头表达能力。国际生比较"nice"，他不会因为你口语不好就不想跟你讲话，他会慢慢听你讲，然后会用一些你能理解的点去提醒你。（H同学，女，U高校）

2. 生活互动

同辈间的互动会体现在学业、生活的方方面面，多元的人员结构、多元的交流环境，能够让学生在不经意间开拓思路、感悟世界、体悟人生。

> 我们学校的学费相对比较贵，学生有来自富裕家庭的，也有来自普通家庭的。在沟通的过程中，你会发现同学有很多能让自己大开眼界的想法，或者有你无法想象的、从未经历过的一些故事。和他们沟通，跟他们聊天，感觉延长了我的生命长度。这对我的影响还是蛮大的。（Y同学，男，U高校）

综上，通过对访谈资料进行仔细研读，对数据进行编码比较，逐渐概念化和范畴化，结合 NVIVO12 软件建立了中外合作大学学生发展影响因素——行为层质量文化的质性研究模型，如图 29 所示。行为层质量文化为三级类属。行为层质量文化中的学生学业行为、学生课外活动行为、教师教学行为等为二级类属。

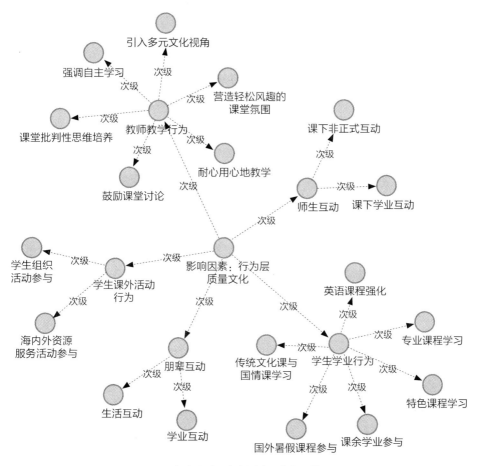

图29　行为层质量文化影响因素的质性模型

三、制度层质量文化的影响

中外合作大学的制度层质量文化对学生发展具有直接的质量导向或者利益调配作用，它是学校质量观念的显性体现。质量文化的苏格兰模式认为，可以从机构、制度的层面去不断寻求永久性的质量改进，这是高等教育机构的首要责任。这一质量改进，在高等教育领域自然包括学生发展质量的提升与改进，即"质量即提升"。

本研究主要从教学质量管理制度、学生学业质量支持制度、学生生活质量支持制度三个方面来探析中外合作大学的制度层质量文化对学生发展的影响。

（一）教学质量管理制度

教学质量管理制度对于中外合作大学的内部、外部质量保障而言，显得尤为重要。

1. 小班化教学制度

小班化教学制度是一种精细化的教学质量管理制度。清华大学的"姚班""智班"在 2019 年各招生 25 人，也是小班化教学的典范。不过中外合作大学的小班化面向全体学生，这也是此类高校的特色。30 人左右一个班，教师基本上能叫出每个学生的名字，能更有效地组织课堂教学，从而让师生互动、生生互动发挥更有效的作用。而且中外合作大学的课堂设施、设备等硬件，也是依据小班化教学的要求来设置的，比如活动的桌椅、三面电子设备屏等等。

> 我觉得中外合作大学的小班化教学是非常独特的，我们没有大班授课，我们的班级最多也就 30 多人。人少的话可能就十几个人，所以我们上课基本上不敢旷课，因为一旷课老师就知道了，而且老师上课时能准确地叫出每个人的名字，所以每个学生的情况老师其实都是非常了解的。（R 同学，女，K 高校）

2. 全英文教学制度

全英文教学是中外合作大学的招生宣传点，就是不管哪个专业，都用英文教学。同时学校也会为全英文教学提供制度或机制的支撑，比如在招生时会对高考生的英语单科成绩提出要求，如 115 分、120 分等，比如会开设英语学习训练营或通过语言教育中心来帮助学生提升英语水平，以适应全英文教学。

> 不管哪一个专业，都是全英文授课。特别是当数学课用全英文上时，你会有一种很神奇的感觉，非常有意思。当你用不同的语言去学一样新的东西，难度会加倍，会很有挑战性，但也很充实。（H 同学，女，U 高校）

3. 学生评教制度

中外合作大学贯彻以生为本的教育理念，将学生作为重要的教育教学质量反馈方，执行严格的学生评教制度，通过评教反馈来进一步优化教育教学质量。学生评教制度涉及对教师的评价、对教师辅导的评价、对课程设置的评价，同时还有对自身课程学习的评价。假如有很多学生投诉一个老师的话，学校也会展开调查。

> 我们学校对老师有一套完整的评价体系。其中一个评价就是在期末时学生对老师的民主测评。如果你觉得这位老师哪些方面还有待提升，可以在测评系统中填写自己的意见。我觉得这对提升老师的教学质量很有帮助。如果某个老师真的不负责，或者教学质量很差，那参加测评的学生也不可能睁一只眼闭一只眼，因为毕竟学费这么贵是吧！（L同学，男，N高校）

4. 校外考官制度

校外考官制度是极具中外合作大学特色的教育教学制度。正如S老师提到的，老师们出的每一张卷子都有一个合作高校的校外考试官要看。就是说要由校外考官抽查所出的试卷水平，然后卷子考完、批完后，还要再由校外考官看判卷的标准尺度等等。这是对学生成绩认定的最大尊重。

> 我觉得中外合作大学在教学质量管理制度方面跟国内普通大学有一定的差别，具体一点说就是落实到考试管理制度上。它在考试管理方面比较严格，比如说校外考官制度。这个制度可能不仅仅是中英合作的大学有，中美合作、中国内地跟中国香港合作的大学可能也有。这个制度换句话说就是，老师出考卷考学生并不只是这个老师一个人的事情，而是整个大学系统的事情。就是说老师出题的时候，你不能想怎么出就怎么出，你出的卷子，我们要寄到合作高校校区去，然后要让校外考官来评审，评审合格了，你出的这个卷子才能用来考学生。考完之后，也不是说老师批一批就完事了，也是要在全都批完之后寄到合作高校校区去，由合作高校校区聘请校外考官，通过抽样的方式，评估你的卷子批得合不合适，给分合不合理。所以如果某一个学生他没好好学习，想走走后门求老师就行不通。因为我们都是按程序来，用制度说话。（S老师，女，N高校）

5. 深层次学习机制

引导学生进行深层次的自主学习，这也是中外合作大学的特色教学质量管理制度。正如 J 同学提到的，过程性学习的压力不小，而且需要课后花大量的时间与精力去消化课程内容，去更深入地学习课程及其拓展性知识点。

> 对我来说考试之前压力很大。而且我们的考试不只有期末、期中，可能每门课每个学期就有四次，甚至是五次、六次、七次这样的小考试，然后老师会根据每次考试成绩的百分比，给你一个期末成绩。所以，学习的紧迫感是很强的。而且有些老师上课进度很快，当堂消化不了，肯定要在课后花时间去看，不然考试通不过。尤其是像金融这类专业课，更多的是要靠自己课后去消化、去做题，不然考试真通不过。比如上个学期我的金融课老师就基本上是一堂课讲一章的内容，然后他上课的 PPT 跟他演示的题目和考试的题目都不一样，考试的内容也要比上课的内容难很多，不进一步学习完全不行。（J 同学，女，K 高校）

6. 学生参与课程设计与调整

中外合作大学对课程设置非常重视，因为诸多课程属于优质教育资源引入的重要组成部分，而课程在国际化的同时更需要注重本土化，所以会结合学生的实际学习情况，通过征询学生意见，鼓励学生参与课程的设计与调整。

> 我们学校非常以学生为中心。比如说有些专业，像会计专业，学生提诉求说会计专业要有数学课，学校后来就加进去了。（C 同学，男，U 高校）

7. 外教管理制度

外教是优质教育资源引入的显性体现，而外教队伍不算太稳定也是学生和家长的顾虑之一。例如：中外合作大学没有教师的职称评审制度，那么怎么保证外教的教学质量？应该说中外合作大学会更加注重教师的教学质量而非科研质量，所以教授们也需要承担本科生的教学任务。因为只有作为教育产出的学生群体得到了高质量的发展，社会才能给予学校肯定的评价。

> 我们学校对外教的管理是非常严格的。比如有些老师的言行不符合我

们的规则，就会被直接开除。再比如有些老师上课比较"水"，被举报了，也会被马上处理。所以我们外教的好评度一直都是比较高的。（G 同学，女，K 高校）

（二）学生学业质量支持制度

1. 弹性的转专业制度

中外合作大学为提高学生学习积极性，扩大学生的专业学习自由，其转专业制度是相对比较灵活的，就是学校转专业的名额比例相对国内普通高校要高不少。N 高校的 2019 年本科新生转专业政策规定，每个专业允许转入的名额为其高考招生计划数的 10% 和该专业转出学生所产生的空余名额的总和。每个专业允许转出的名额不超过其高考招生计划数的 20%。[①]

> 转专业的话，凭大一第一学期的期末成绩可以申请，大一第二学期也是如此操作，机会是比较多的。（W 同学，男，N 高校）

2. 荣誉学位制度

中外合作大学的合作高校有学位划分制度，因此中英合作、中国内地与中国香港合作背景的中外合作大学也建立了荣誉学位制度。如 N 大学的荣誉学位制度分为四个等级。学位等级的区分主要依据学生平时的学习成绩。一般中外合作大学都会在学生入学时承诺颁发给学生合作高校的学士学位证书。本校的学位证书基本也有，而学历证书都是本校的。

> 荣誉学位证是按照绩点分的，有分一等、二等荣誉学位。我校每年应该是有两次毕业典礼，一次是每年 6 月份在本校举行的毕业典礼，还有一次是 7 月份去合作院校本部领自己的学位证书，那个是自愿参加的。毕业证是本校的。（Y 同学，男，U 高校）

---

① 宁波诺丁汉大学招生办公众号. 重磅发布 |2019 年本科新生入学转专业政策 [EB/OL].
(2019-06-05)[2019-12-02]. https://mp.weixin.qq.com/s/Nb1jS44VSTZo6jo8YTpSow.

3. 严格的考核评价制度

与学生对教师进行教学评价一样，教师对学生的考核评价在中外合作大学中也是教育教学质量保障体系的重要环节。其既能衡量学生的学习质量，也能通过不同形式的多元评价对学生的学习进行制度引导。中外合作大学通过校外考官制度把控学生的试卷质量，同时其重视对学生的过程性评价考核，例如平时课程作业成绩占总成绩的 25% 以上，等等。因此正如 R 同学所说的"比较'悲惨'""很辛苦"，就是由严格的考核评价制度导向的。

> 我们的学习是非常苦的。每周一个小测验、text（做题）、exam（考试），或者还有什么 presentation（演示、展示），这些都是算在成绩里的，而且每次测试的占比还不一样。大一还好，大二、大三就比较"悲惨"，可能一周下来，不同的课加起来有两三次，甚至三四次考试，这个压力还是比较大的。确实面对美方这种打分制度，"临时抱佛脚"是不能解决问题的，你得一直努力，而不是说期末准备一下就行。这对个人的影响特别大，会很辛苦。（R 同学，女，K 高校）

4. 学分制度

中外合作大学的升学率高，所以学生们普遍会重视 GPA（平均学分绩点）制度，因此会有较大的课程学习压力。

> 我们学校的 GPA 制度还蛮严格的，就是那个成绩会卡得很严。你要拿到好的平时分，平时就必须一直很努力。"（Q 同学，女，U 高校）

5. 奖学金制度

中外合作大学的学费比较贵，但奖学金的奖励力度非常大，尤其是一些新生奖学金和专项奖学金。这也是一种经济层面的学习激励导向。

> 我们的奖学金额度从 3000 元到 30000 不等。另外还有新生奖学金，以及一些专项奖学金制度。（L 同学，男，N 高校）

6. 新生适应周制度

由于全英文教学等机制的独特性，中外合作大学基本都会设置新生适应周，新生在学长带领下熟悉校园环境以及相关学习制度，并会强化语言的学习，以便以更好的状态正式进入学习生活。

我们学校一般是省内比较早开学的，你知道为什么吗？因为会有一周的夏令营。就是让新生提前来学校，适应这边的节奏和语言，当然会有学长学姐带他们。夏令营每天上午的安排就是语言课程，下午安排一些技能课或知识讲座，或者 workshop（研讨会）。我觉得这个特别有用，比如说会教你 office 软件的用法、vpn（虚拟专用网络）怎么连外网获取信息等，还会教你怎么用字典，怎么写 reference（参考书目），特别实用。（X 同学，男，K 高校）

7.（本科生／朋辈）导师制

部分中外合作大学设有辅导员制，部分没有，但是一般会有"（本科生／朋辈）导师制"，这是中外合作大学的一个制度特色。导师的称谓可能有所不同，有的称为朋辈导师，有的谓之本科生导师，有的直接叫个人导师。U 高校采用的是朋辈导师制，主要由学长学姐担任，他们被亲切地称为"组爸、组妈"，另外还有几位老师作为共同导师来指导本组学生。

我们学校有个"朋辈导师"计划，通俗讲就是由学长学姐带学弟学妹。就是两三个学长学姐带着十几个人一组的大一新生，帮他们尽快适应，也提供一些帮助和指导，同时还会配一位专业导师。我大一刚进来时，学长学姐会经常为我们提供学校生活方面的帮助，专业导师也经常一对一地帮助新生做大学规划，有时候也会带着新生尝试做一些科研项目。（Y 同学，男，U 高校）

8.office hour（办公时间）

office hour 是一种境外高校师生交流的特色制度，中外合作大学基本都会沿用这一制度。这种交流制度对学生的学业提升有较大的促进作用。

每个专业课教师都有 office hour。就是每一周的某一个时间段，学生可以到办公室找老师问问题，各种问题都可以交流。（S 老师，女，N 高校）

9. 邮件交流制度

因为大部分中外合作大学不设辅导员，也没有班级的概念，从组织架构来讲，相对会松散一些。学校的有关学业、生活的大大小小的通知都是通过电子邮件的形式告知给学生，而且是全英文内容。正如 T 同学所言，如果一周不看就会有 200 多封未读。如何从众多的纯英文邮件中甄别有用信息，也是对学生的学习能力、自我管理能力的一种考验。

一定要多多关注学校发送的邮件。大一的时候我因为这个吃过不少亏。其实刚来学校的时候，学长也说了，学校的邮箱很重要，很多重要的信息都会发到邮箱里，包括期中、期末考试成绩的通知，学生会社团的信息等等。一周不看可能就攒了 200 多封邮件了，就是这么多、这么快。因为学校的大事小事都是通过邮件通知你的，你最好按时看，按时整理。而且邮件都是全英文的，你有时候看得不是很仔细，可能就会错过什么。好在一些特别重要的信息，比如说涉及考试时间和考试地点的，学校都会给你标记好，这点还是比较好的。（T 同学，男，N 高校）

10. 学术促进制度

从访谈来看，中外合作大学比较注重对成绩一般的学生的学习支持。如 K 高校学生想提升学习成绩，就可以预约申请由成绩好的学长或专业老师进行一对一的辅导。U 高校也如此，如果某专业某门课有比较多的学生要求上的话，学校就会开一个或两个辅导班，由学长来教。这不但是学习支持，更是一种朋辈教育。

学校有个学术支持中心，专门为那些外教反馈过来的 GPA 很低的学生提供一对一的指导。学术支持中心还会招募一些成绩比较好的学生，给成绩差的学生做辅导，这个是有报酬的。另外还有个语言中心，比如说有学生对老师上的某节课内容没听懂，他就可以申请预约中心的老师做一对一

的辅导。(H老师,男,K高校)

11. 境外项目交流

境外项目交流也是中外合作大学的学业制度特色。由于中外合作和语言的优势,以及家庭背景的优势,大部分学生会选择参加各种境外学习项目交流,一来可以开阔国际视野,提升语言能力,二来学分可以互转,也不影响正常学习。

> "暑课",summer program(暑假项目)交流的课程,就是我们学校每年暑假都有安排去奥地利、加拿大、西班牙、中国香港等交流的项目。以一个大学暑课为例,学生是去7月一整个月,那边会有很多不同的课程,然后学分是可以互转的,你在那边的课可以当成自己的专业课修。或者你修了自己感兴趣但不属于自己专业的课——FE自由选修课,也可以把学分转回来,这样就可以在学校少上一门课,会轻松一点点。(Q同学,女,U高校)

(三)学生生活质量支持制度

中外合作大学重视学生在本校的就读体验,其中就包括生活质量的体验。宁波诺丁汉大学每年面向全球三个校区的学生进行的就读体验调查中就会设有宿舍生活、网络体验、入学接站等与学生生活质量相关的问题。

1. 宿舍管理制度

中外合作大学的宿舍管理会相对宽松些,从访谈得知,部分中外合作大学没有门禁制度,宿舍查寝频率也不会太高,另外部分学校还在寝室楼安装了开放式厨房、充电桩等,更显人性化特色,让学生生活更方便。

> 我们宿舍没有门禁,之前有,现在没了。因为我们学校的境外生一直没有门禁,而境内的学生有门禁,后来大家去争取了一下,门禁就取消了。(W同学,男,N高校)

2. 权益维护制度

当代大学生的自我意识、维权意识相对较强，这同样体现在中外合作大学的学生群体身上。学校在学生会设有权益部等机构，学生可以通过此平台与学校或学院领导对话，如 K 高校的"校长晚宴"、N 高校的"校长午餐会"等。另外正如 H 老师所说，中外合作大学对违纪的学生会有申诉、听证的安排，程序比较齐全和到位。

> 学生违纪的话，我们会在第一时间给他发邮件，告知他做错了什么，他有权利在一个星期内提起申诉，我们会给他开听证会。听证官由专门的中方指导老师来担任，我们还会随机从校内不同的部门中抽取 4 到 5 名老师作为听证官，听学生申诉。（H 老师，男，K 高校）

3. 学生反馈制度

学生反馈制度是尊重学生、以生为本的具体体现。学生反馈包括学业反馈、生活反馈等，可以通过线下反馈，也可以在线上反馈，渠道是非常畅通的，广开言路。

> 权益部可以接收所有学生各方面的反馈，包括学生的生活、学习方面等。学校还有网络反映渠道，如校长信箱。另外还有个非常重要的反馈渠道，就是我们的家委会。（H 老师，男，K 高校）

4. 心理健康制度

中外合作大学的心理健康工作开展得比较专业，一般都会单独设置一个相关的校内机构来负责。面对独特的学习与生活环境，学生的压力需要有专业的机构进行疏导。

> 我们学校有一个专门的机构，叫 PGCC（个人成长及辅导中心），里面有专门的心理老师，学生在情绪上或者心理状态上有什么问题都可以去找心理老师。（Q 同学，女，U 高校）

> 我们的心理中心学习了美国院校的模式，美国的心理中心专家来调研时都说我们做得非常好。（H 老师，男，K 高校）

5. 个人发展规划制度

中外合作大学重视培养学生的自我管理能力，其中个人发展规划就是具体表现之一。学校在部门机构的设置上，以及相关职业发展规划的课程设置上都有全面考虑。正如 R 同学所提及的，同学们基本会在入学后进行个人发展规划的咨询，由于高升学率的影响，申研的咨询会多一些，而且不但有老师答疑，还有学长学姐的干货分享与引导。

> 我们学校有好几个部门涉及与学生升学规划相关的工作内容。学校每周四都会有一个咨询会，你可以去预约咨询与升学相关的事情。我当时也去过，因为当时刚进来，对升学一无所知，所以跟老师聊得特别久。老师就跟我分析，如果你要去美国的话，要准备哪些东西，寒暑假应该如何安排，你要达到怎样的一个 level（水平）才能申请到相对应的学校，等等。跟他聊了这么多事情之后，我才开始慢慢对申研有个大致的设想。然后我们学校还会不定期地开展一些分享会，主讲人有来自外面机构的，也有毕业了的学长学姐等，分享会上干货还是非常多的。（R 同学，女，K 高校）

综上，通过对访谈资料进行仔细研读，对数据进行编码比较，并逐渐概念化和范畴化，结合 NVIVO12 软件建立了中外合作大学学生发展影响因素——制度层质量文化的质性研究模型，见图 30。制度层质量文化为三级类属。制度层质量文化中的教学质量管理制度、学生学业质量支持制度、学生生活质量支持制度等为二级类属。

图 30　制度层质量文化影响因素的质性模型

四、精神层质量文化的影响

欧洲大学协会的质量文化理论模型，选择将质量作为共同价值和集体责任传达给机构的所有成员，包括学生和行政人员。埃勒斯模型认为通过沟通和参与能协调不同的文化并建立集体信任，提出质量发展本质上基于共同的价值观的观点。拉纳雷斯模型认为要关注机构中的参与者是如何赞同并追随价值的，且"信奉"的价值可以很好地测量组织文化。持金字塔／同心圆理论的学者认为精神层是核心层，支配着其他层次。本部分研究从质量品牌、质量价值观、质量定位、质量标准、质量评价五个方面展开论述，探究精神层质量文化对学生发展的影响。

（一）质量品牌

自从 20 世纪 90 年代 WTO（世界贸易组织）将高等教育纳入教育服务贸易之后，各类大学要想更好地生存与壮大，必须提升各自的竞争优势。"质量品牌"就是竞争优势的代名词。中外合作大学作为民办高校的类型之一，在高等教育领域更面临着经费、质量等同行竞争的挑战，更需要把准竞争聚焦点，瞄准质量品牌。由分析可见，国际化、本土国际化无疑是中外合作大学脱颖而出的质量品牌要素。学生报考中外合作大学的主要原因多基于此，这也对学生大学四年的成长产生重要影响。

1. 国际化

《2016 年浙江省高等教育国际化年度报告》中，在浙江省具有硕博学位授予权的高校中，N 高校的总体国际化水平排名第二，仅次于浙江大学；在该省其他本科院校中，K 高校的总体国际化水平排名第一。可见浙江省内的两所中外合作大学在国际化水平上遥遥领先于省内大多数高校。[1] 这对提升学生的国际化素养、国际化能力有着显著的影响。

> 我觉得中外合作大学最独特之处就是国际化，这也是其品牌价值所在。国际化元素主要体现在：其一是我们有中、外两个办学主体；其二是学术教师中 75% 以上都是外教；其三是在人才培养模式方面引入了西方的教育教学元素，课程都是全英文授课，小班化教学，而且还特别注重发展学生的批判性思维；其四是学校实行民主管理、教授治校。这些都是国际化特色。对于学生的培养质量来说，引入合作方优质教育资源很重要。（S 老师，女，N 高校）

---

[1] 华长慧，孙珂. 高水平中外合作大学研究——理论建构与实践探索 [M]. 北京：高等教育出版社，2018:70.

在国内大环境下，中外合作大学最重要的一个特点还是国际化。包括师资和学生的国际化，我校国际生占比11%，Y高校接近49%，都是比较高的。（D老师，男，N高校）

我觉得我们几所中外合作大学都是国际化程度相对比较高的学校。因为我们的教师来自世界各地，让我们也了解到了很多不同的文化、不同的教育理念，挺好的。而且现在中国也在进一步对外开放，我觉得国际化是我们这类学校的一个很重要的品牌特色。（G同学，女，K高校）

2. 本土国际化

中外合作大学的中外双方必然存在文化差异，如何求同存异，在国际化的同时做好本土化的结合，是中外合作大学在推进学生全面发展中必须考虑并进行顶层设计的要点。N高校的L老师提到的"国际视野""本土实践"即是本土国际化的实践理念，这种精神理念必然会渗透到学校教育管理工作的方方面面，例如学校的领导体制、学生管理理念、课程设置等，在参照合作高校模式的同时又很好地结合了本土的特点。

很多人谈论大学的国际化，会首先考虑有多少外籍老师、多少外籍学生，或者引进了多少外方课程，当然这些也是国际化的一个面。但是我觉得像现在这个阶段，中国在崛起，中国有双一流大学和学科建设，有很多好大学在崛起，这种背景下的国际化或者说中外融合，就一定要融合到中国的发展当中，而不是说简单的英国化或者美国化什么的，就是一定跟中国的发展实际相结合。所以我们学校讲的国际化，更注重结合本土化，就是怎么来服务中国的发展。比如我们说的"globe vision""local delivery"，就是"国际视野"＋"本土实践"。这就体现了我们的价值观，就是说我们既要国际化又要接地气。（L老师，女，N高校）

K高校在引进合作方的教学模式的同时，也进行了本土化改革，例如在课程设置中增加了国情课，也有党团知识的引领。同样，X高校在学生管理方面，为增强学生与社会联系的紧密性，设置了校外导师。

我觉得主要是中外一体化，比如外国的教学模式和教学方式在我们学校的实施过程中也是结合了中国教育教学的发展方向的。比如说我们的课程，除了英文专业课之外，还有体育课、国情课、党课、团课等。授课模式和国内非中外合作大学是差不多的，也是要写论文，也有实践教学。应该说，我们大部分是引入了外国的教育教学模式，但是也符合中国大学的发展实际。（J同学，女，K高校）

（二）质量价值观

作为一种质量观念和价值取向，价值观是质量文化理论的精髓，也是精神层质量文化的核心要素。质量价值观具有导向、凝聚和约束功能，会对学生产生认知上的显著影响。根据访谈，本部分研究主要从校训认同、以生为本、博雅教育/全人教育、批判性思维、信任与契约、自由开放、公平平等等方面进行论述。

1. 校训认同

校训是一校之魂，体现了一所大学办学的核心价值观。中外合作大学的校训一般会沿用合作高校的历史悠久的办学理念或校训，例如K高校的"start here, go everywhere"（从此起航，走向世界），N高校的"a city is built on wisdom"（一座建立在智慧之上的城市）等。这些带有西方语言和逻辑思维的校训文字在一定程度上有别于国内普通高校的校训表述，从风格上说还是比较有特色的。从访谈看，大部分师生对本校校训都比较认同，能从毕业生数据导向、学校发展服务经济社会发展、学以致用等方面联合学生的学习与成长进行思考，认为对学生发展有明显的引导作用。

我们学校的校训是"start here, go everywhere"。我很认同。因为看毕业生数据就知道，百分之七八十的毕业生是去国外读研的，剩余的毕业生也都找到了很好的国内外公司的工作。所以我觉得我们能走向世界。而且我们学校还有很多跟国外学校交流的活动，学生可以去当志愿者，可以去体验。"从此起航，走向世界"，我觉得这句校训还是很贴切的。（X同学，男，K高校）

我校的校训是"a city is built on wisdom"，我是认同的。因为它一方面体现了学以致用，告诫学生要对城市、生活、未来有所贡献；另一方面也是对学校整体发展方向的一个明确，凸显了智慧的作用。不过，有时候我也会觉得这个校训涉及的面太广了，更像是一座城市的宣传标语，我更希望校训可以精练而具体一些，例如用来警示自我、"三省吾身"之类的。（Z同学，男，N高校）

2. 以生为本

从"学生顾客论""学术共同体论""利益相关者"等理论来看，以生为本就是上述理论映射于高等教育领域的最好体现。作为高校教育质量最显性的代表群体——学生，中外合作大学比较注重这一群体的就读体验，会定期或不定期地对学生进行满意度调查，而且还会将其与合作高校等进行横向比较，进而来改进或提升教育质量。

我觉得是以学生为本。因为我们学校在很多事情上都会首先考虑学生的感受，然后根据学生的反馈意见来改进。比如我们的课程，如果学生感觉到某种教学方式可能不是很合适，学校会根据学生的反馈意见来改进。我自己最大的感受是第一年的语言课程，模式在不断地改变，而且给予我们很多的支持和帮助，还专门成立了一个叫"coaching and support"（指导和支持）的部门，给我们提供了额外的语言上的辅助。（L同学，男，N高校）

就是以学生为中心。学校会不定期征集学生的意见，如果学生有诉求，学校就会根据学生的诉求去处理、去调整。比如某些专业，部分学生学不了，觉得太难了，学校就会加课程、优化课程，让他们学得更好。（C同学，男，U高校）

学校尊重学生，尽可能给予学生自由的学习与生活空间。基于此，学校构建了一个良好的促进学生发展的外围支援体系，例如 office hour、全人教育体系等软硬件配套机制，让学生在自我成长或自我调适中如遇困难可以寻求这种外围体系的帮助。

3. 博雅教育 / 全人教育

博雅教育或者全人教育就是中外合作大学质量文化建设中不可或缺的精神支持。英方、美方学校都比较注重博雅教育，中国香港的学校也一样。美国的2000多所高校大部分都提倡博雅教育，而且还设立了博雅教育的大学排行榜。博雅教育或全人教育鼓励学生的全面发展与创新发展。

> 我觉得我们学校比较大的特色就是全人教育，也就是博雅教育。我们大一、大二会有全人教育课程，其中有 EI 课程，就是情绪智能管理课，有逆境管理课，有基地（base）课，就是大家通过小组合作形式去完成基地上的任务，还有水上（water）课程，比如学习划皮划艇等，还有野外生存（wildness）课。（Q 同学，女，U 高校）

4. 批判性思维

批判性思维同样也是中外合作大学育人理念中的重要元素，强调批判、质疑与思考。

> 我举个例子，比如我们几个文学类社团在招新面试或者组织活动的时候，都会以"批判性思维"为主题去开展讨论。上课的时候，最明显的就是在论文中，你要写一下你的观点的对立面，然后再写你自己的观点。（Z 同学，男，N 高校）

5. 信任与契约

埃勒斯的高等教育质量文化模型提到：交流和参与在组织内很重要，以协调不同的文化并建立集体信任。信任是刺激个人和集体努力的必要条件，而这又是将质量潜力转化为文化根深蒂固的先决条件，以图式、艺术、价值、仪式和其他质量文化元素表达。中外合作大学的质量价值观中带有较为明显的契约特色，而信任作为人与人之间的一种基本尊重，与契约精神相辅相成、相得益彰。

> 我曾问过学校：万一学生对某个老师的评价结果不好，你们会怎

办？学校说会尽一切可能来帮助老师提高教学水平，使其能够达到学生的要求。比如说会安排他参加相关的培训，会安排资深的老教师去带他等等。惩戒是比较少的。学校认为既然对老师进行了简历的筛选和面试，就决定了他可以入职到我们学校，那学校就应该对他有信心，他是可以胜任该岗位的。这也是对员工的一种信任，是契约精神的体现。（L老师，女，N高校）

6. 自由开放

自由开放是在访谈中出现频率比较高的词。中外合作大学自由的学习与生活空间，是学生非常向往的，就像学生在N高校墙上写的——自由是我在这里学到的最重要的东西。但是D老师的概括非常到位——"要在合理范围内追求自由"，不然自由就会变成无序与混乱。

> 在合理的范围内去追求自由！我们学校有面墙上有一个学生写了一句话："Freedom is the most important thing, I learned in ×××!"意思是"自由是我在N大学学过的最重要的东西"。但是"自由"它一定是加了一个限定的，要在合理范围内追求"自由"。如果自由无序，那就是混乱了，对不对？我觉得慢慢地学生是能够理解和体会的。我觉得最根本的原因还是国家强大了。譬如我们中英合办学校，如果你一直觉得只有英国好，英国教育理念先进，那就会对自己国家产生疏离感，对吧？但事实是我们发展得非常好，我觉得我们的社会也比他们的安定，这是真心话。（D老师，男，N高校）

> 我觉得从学生角度讲的话，应该是学校给予学生足够的自由。比如说我们学校不断电、不断网，我们可以自由地选择想要上课的时间和上课的老师，也可以去自主参加一些讲座。都是自己去选择，而不是学校给我们安排好。（G同学，女，K高校）

开放的理念和环境氛围也会激励学生去探寻更多的未知，去尝试更大的挑战，甚至主动去试错，这都是成长中不可或缺的环节。可以说在博雅教育理念的支撑下，中外合作大学的整体氛围是比较包容的。

> 我们在课上会有很多讨论，但大家不会因为你的观点错了，就去批判你，而是等你说完之后才会跟你讨论，这就是开放。我们学校是中外合作大学，号称没有围墙的大学，我们都是很主动地去和外界建立联系的。这也是开放。我加入了商学院的一个团队，在学长的带领下，将温州的一个排位赛引进了学校。我觉得这件事情上学校的态度是开放的。（X同学，男，K高校）

7. 公平平等

公平和平等也是访谈中学生提及较多的价值理念。由于中外合作大学带有契约特色，因此公平也是学校师生较为认同的理念，这也体现制度、规则的重要性。

> 我来讲讲公平。比如申请奖学金的机会、出国/境交换的机会、暑期课的机会等，学校只提出一个基本条件，就是兜底条款。除了这个学生有违纪违规等情况不能参与评选之外，所有的选拔都是以学生的成绩为主。我知道每个学校的评选条件可能不一样，但在我们学校就是要把公平这个理念告诉学生，就是你只要认真学习、好好学习，那么你就有可能拿奖学金，你就有可能去交换，你就有可能去获得更多的荣誉。我觉得这是一个非常好的导向。我在这个学校这么多年，也主持过很多次学校奖学金的评比，相同的条件下，在评审的时候，我们更愿意把学习能力、成绩放在第一位，因为学习是学生的第一要务。（D老师，男，N高校）

师生之间没有等级观念，这是中外合作大学的学生谈及身边教师时提到较多的一点。"nice"是老师们的代名词，老师们大多像朋友一样，可以和学生共同吃饭、共同运动，平等地探讨学术问题等。

> 我们学校师生之间的等级观念很淡的，和老师像朋友一样，平时可以约老师吃饭、聊天或者出去玩。而且很多外教，人都挺好，很热情。我记得去年我们有一门课程的老师，讨论课跟我们讲话的时候，都是半蹲下

来的，因为她比较高。这种平等的态度让我们感觉到了。（L 同学，男，N 高校）

（三）质量定位

经济学中的市场定位理论可以帮助高等教育机构在激烈的市场竞争中根据外部环境与自身特点差异化定位，塑造本校与众不同的形象，从而使本校在高度竞争的高校市场上确定适当的位置，实现可持续发展。[①] 中外合作大学与国内普通高校相比，其差异化特色非常明显，简而言之就是国际化。这既是其质量品牌追求，也是其质量定位。本部分的研究中，将国际化细化为"联合办学与独立主体"来阐释。同时，"以本科为本""培养具有爱国主义情怀的国际化人才"从以"教学为主向教学科研兼顾型转变"也是中外合作大学从"如何培养人""培养什么样的人"等角度对质量定位的考量。

1. 联合办学与独立主体

就像 Z 老师和 Y 同学提及的，中外合作大学最明显的办学定位就是中、外两个主体（含境内和境外）联合办学，且自身又具有独立法人资格。这是国内普通高校完全没有的特色。这样的质量定位，必然带来合作方教育资源的引入，如何利用好、配置好优质教育资源，促进学生发展，提升教育质量，是中外合作大学的发展思考主线。

> 我们给自己的定位是"联合办学的学校"，我们学校是香港与内地合办的第一所大学。但它既不同于香港的学校，也不同于传统的内地学校。它是介乎这两者之间的一种状态，这也是它的优点与特色所在。（Y 同学，男，U 高校）

> 独特之处就是我们是联合办学的学校，同时又是一个独立主体。所以它的独特之处就在于双方的结合，国内的"985""211"学校或者说现在的"双一流"学校肯定没有这样的。（Z 老师，女，U 高校）

---

① 王秀丽 . 市场定位理论在高校经营中的应用 [J]. 黑龙江高教研究 ,2010(4):18.

2. 以本科为本

尽管不少中外合作大学设有硕士点、博士点，但是办好优质的本科教育依然是大部分中外合作大学的办学定位之一。例如 N 高校的"2.0 计划"，就是在原有基础上进一步提升优质本科教育质量，重点着眼于如何将本科人才培养好，把基础打实。

> 最开始的时候，我们校长对这个学校的定位，是希望把学校建成类似于美国的文理学院，包括像卫斯理学院这种比较优质的、只做本科生教育的学校。而且从这么多年的发展情况来看，这个也是比较成功的。我们培养出来的本科生确实在毕业生数据上，近两年跟浙江大学和复旦大学差不多，但在高考的时候，我们的生源质量跟浙大、复旦并不在同一个水平上。（D 老师，男，N 高校）

正如 D 老师谈及的，尽管入学时本校学生生源与浙大、复旦仍有一定差异，但通过四年的培养，学生在毕业质量上能与这些高校不相上下，这就是优质本科教育定位带来的直接成效。

3. 培养什么样的人：具有爱国情怀的国际化人才

培养具有爱国情怀的国际化人才，这是中外合作大学对于"培养什么样的人"的最掷地有声的回答。在国际化的就学环境中，需要扎根中国大地培养人，同时结合优质教育的引入，将一流学术成就一流人才的目标渗透其中。

> 比如说我们的人才培养目标，我们可能更注重在国际公民的视野下、在世界共同体的框架下去培养人。我们希望培养出来的学生能扎根中国，了解中国的情况，同时他也更懂得用国际话语体系去进行国际对话。其实这样的人才恰是我们现在非常需要的，而且对于中国的发展是特别有帮助的。另外在人才培养的过程当中，我们更注重培养学生的综合素质，尽管大家会觉得素质比较"虚"，但是最终起作用的就是素质。（L 老师，女，N 高校）
>
> 我们的人才培养目标就是培养具有爱国主义情怀的国际化人才。（H

老师,男,K 高校)

4. 教学为主向教学科研兼顾型转变

10 所中外合作大学的历史长短不一,早期成立的学校一般会以教学为主来定位,但随着学校扎根中国大地的不断发展,也随着合作高校的发展定位调整,不少中外合作大学会考虑由以教学为主向教学科研兼顾转变。例如 N 高校的合作学校作为一所百年高校,推出了"卓越灯塔计划",那么 N 高校在面临中国产业转型升级的当下,就结合科技创新,瞄准区域"246"万千亿级产业集群,将智能制造、绿色化学、生命健康这三个"灯塔计划"从合作方引入。这样的"灯塔计划"不会偏离以学生为中心的理念,反而会大力鼓励学生结合专业去参与社会服务,同时也能通过科研来促进教学,进而提升学校的区域影响力。U 高校也一样。

> 我们从 2005 年开始办学到现在十几年了,之前是教学为主型大学,所以我们特别注重教学质量,尤其对学生的专业教育非常重视,包括重视学生的评教情况等。之后我们开始慢慢往科研为主型大学转化,因为科研是解决社会问题的重要手段,对吧? 然后以科研去促进教学,这也可以提升我们学校的区域影响力。(Z 老师,女,U 高校)

(四) 质量标准

高等教育要想获得过硬的教育教学质量,必须构建成熟的标准化体系。中外合作大学将质量视为生存和发展的生命线,在引入合作方高校资源的同时如何构建质量保障体系,确保质量,这是中外合作大学成长与发展不可回避的问题。部分中外合作大学构建了完整的质量标准体系,例如 N 高校借鉴合作学校的做法推出了《质量手册》,涵盖了"课程、招生、注册、考勤、学习、教与学、校外学习、评估和奖励、学生支持、学生参与和投诉、研究学位、根据 QAA (Quality Assurance Agency for Higher Education,英国高等教育质量保障署)质量规范进行修改、委员会和联系人"等方面的内容,这些涉及内部和外部的质量节点构成了 N 高校的质量标准体系。

1. 内部质量保障体系

中外合作大学的质量保障体系主要从合作方高校引入，能在很大程度上保障学生发展的质量。比如说校外考官制度就是质量保障体系中的一部分，较好地保障了学生们的学习质量。同时在内部质量保障体系中，学校注重学生的就读体验，根据学生的反馈进行调适。

> 在质量保障体系这个框架中，你可以去尝试创新，但是对教学模块的设置，对教学目标的设计，包括对教师的评价，对教学效果的评价等等，这些都是非常严格的。其中对新课程的设置、修改、审核，学校都希望学生能参与，因为学生是第一体验人，如果不考虑学生的体验，不听取学生意见，又怎么能够说以生为本和保障学生发展质量呢？（L老师，女，N高校）

> 除了刚才讲的教学方法、教学内容、各种活动以外，每个学期学生都会对老师进行教学质量评估，包括学期中间也会有很多反馈的环节。这样的话，老师可以不时地去调整上课的内容，保证教学质量。（Z老师，女，U高校）

2. 外部质量保障体系

中外合作大学的外部质量保障体系更加突出国际性的质量标准，涉及国际权威机构的认证评估、合作方高校的积极监管、考核过程的严格把关等。例如N高校每年都要接受QAA的质量认证，评估过程非常严谨与严格，同时要求跨境分校根据自身的特色在保证质量的前提下有创新发展。

> 我觉得质量保障体系本身是非常严谨的。因为我们合作高校每年都要接受英国QAA的认证，就是评估学校教育质量保障体系的执行情况。同样，我们既然是一所大学，那么从QAA的角度来讲，我们也需要接受评估。他评估的依据就是你发的学位证书和合作高校是一模一样的，因此在质量上也需要体现一致性。2012年底，QAA来评估过一次，我觉得这个评估是"翻箱倒柜式"的，不但要看材料，还要跟教师谈话、跟学生谈话。评估结果非常好，QAA认为我们完全达到了这样的水平。同时，

> QAA 的评估不是简单要求我们跟合作高校做得完全一致，反而鼓励在中国的 compast(框架) 下应该要有自己的创新。这也是他们的特色体现，创新、包容，追求质量。(L 老师，女，N 高校)

Z 老师提到，如果新开一个专业，相关的专业申请材料、专业数据等都需要提交中、英文两个版本，分别交由双方合作高校进行评审。

> 质量保障体系主要体现在课程设定、实验、presentation（演示、展示）、作业项目等各个环节基本沿袭合作方学校的教育体制和要求。每年他们的考察团会来我们学校做整个学校范围内的质量考察，来评审我们能不能通过，通过了才可以颁发学位证书给学生。因为我们的学历证书是本校的，而学位证是合作方学校的。(Z 老师，女，U 高校)

> 这个学期我准备开一个新的专业，叫数据科学，是授课型硕士专业。我们提交的 proposal（建议），中外两方合作高校都要进行评审。我们需要提交两个版本，一个中文版，一个英文版。中外双方都会提关于专业、课程的一些意见，最终形成一致的版本，再提请教育部通过。(Z 老师，女，U 高校)

（五）质量评价

美国斯坦福大学前校长唐纳德·肯尼迪（Donald Kennedy）谈到大学如何重新定位时表示："必须永远把学生摆在学校决策的第一位"，这是大学教育改革的简单秘诀，却能发挥极大的功效。[①] 本部分主要从"向他人推荐"和"如果重新选择，你还会选择现在的学校吗"这两个切入口来着眼学生对学校的整体质量评价。

1. 向他人推荐

在访谈中，大部分学生愿意向他人推荐自己所在的中外合作大学，而且能如数家珍地列举出母校的软件、硬件以及教育教学理念等各方面的办学优势。正如 R 同学所罗列的内容，对母校的教育质量非常有信心，而且饱含感情。

---

① 王秀丽. 市场定位理论在高校经营中的应用 [J]. 黑龙江高教研究,2010(4):20.

如果能有机会回到高中母校，我还是非常愿意跟学弟学妹们推荐我们学校的。虽然这所学校还很年轻，还在成长，但是我在这所学校获得的经历是无比难得的。第一个肯定就是全英文的教学。第二个是我们学校完善的硬件设施，在这点上，满足了我对学校环境所有的幻想。包括实验室还配备了彭博终端，这对于商科学生来讲，是非常难得的资源。第三个就是学校的教学风格，学校的课程设置采用了美方的标准，除了日常上课之外，还非常注重学生探索能力等的培养。另外，老师们还有 office hour，学生如果对上课内容有疑问，或者想跟老师进一步深入探讨的话，都可以利用某段时间去找老师讨论。（R 同学，女，K 高校）

2. 还会再选择该校吗

经历了几年的大学生活后，当被问及"如果重新选择，你还会选择现在的学校吗"，大部分受访者表示仍然会选择本校，主要是基于中外合作大学的显著特色。

重新选的话我还是会选我们这所学校。虽然成本最高，但是相对来说仍然是最好的选择。因为我的高考分数只能去读比较一般的"211"大学，而来这里的话，我可以接触到一个完全不同的大学，我觉得这是一种非常值得的、有趣的经历。对，我应该还会再次选择。（C 同学，男，U 高校）

当然，也有一部分学生表示有 80% 的概率会考虑再选择，也有部分学生认为不会考虑再选择，有意思的是，这些学生动摇的主要原因也正是因为中外合作大学的特色，例如全英文教学的进度跟不上，自我学习管理的节奏跟不上，等等。

这几年我跟得挺吃力的。不管是全英文授课还是自由学习方面，很难跟上教学进度，光是保证自己的学分能修满就很吃力了。由于我在大一时比较空闲，没有统筹安排好，结果大二、大三时就很累、很紧张。我也在慢慢改变，但还是挺吃力的。我承认这是一所好大学，但是可能我不太适合。（T 同学，男，N 高校）

　　综上，通过对访谈资料的仔细研读，对数据进行编码比较，并逐渐概念化和范畴化，结合 NVIVO12 软件建立了中外合作大学学生发展影响因素——精神层质量文化的质性研究模型，如图 31 所示。精神层质量文化为三级类属。精神层质量文化中的质量品牌、质量价值观、质量定位、质量标准、质量评价等为二级类属。

图 31　精神层质量文化影响因素的质性模型

五、学生发展影响因素的质性模型

通过对数据进行编码比较，并逐渐概念化和范畴化，结合 NVIVO12 软件建立了中外合作大学学生发展影响因素的质性理论框架，如图 32 所示。该理论模型共包含 15 个二级类属，如"设施设备、师资队伍、学生学业行为、学生课外活动行为、教师教学行为、师生互动、朋辈互动、教学质量管理制度、学生学业质量支持制度、学生生活质量支持制度、质量品牌、质量价值观、质量定位、质量标准、质量评价"等。而后进一步类属化，得到 4 个三级类属，即物质层、行为层、制度层、精神层，进而构成学生发展影响因素这一核心类属。

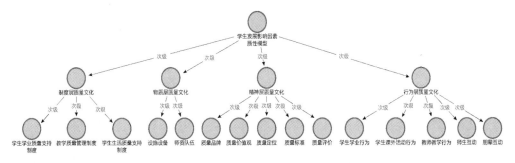

图 32　中外合作大学学生发展影响因素的质性模型

由于图示空间所限，图 32 的质性模型只集中显示了 4 个三级类属和 15 个二级类属的理论整合框架。具体的 66 个一级类属可根据 4 个层影响因素的质性模型来解析。可以说，通过质性访谈，本研究分析出了一个较为庞大的影响因素的类属概念群体，相对而言，更为完整。尤其体现在以下两个方面：一是在行为层质量文化中，增加了师生互动和朋辈互动这两个与师生交往互动有关的二级类属，这符合现有学生发展相关理论的阐述，一般认为师生互动是学生发展中较为显著的影响因素；二是在精神层质量文化中，类属分化更加细化，根据编码整合，共由 5 个二级类属来呈现。

第三节 对研究结果的混合探讨——"影响因素"分析结果的异同性呼唤"影响机理"的探讨

国内外学者关于学生发展理论的影响因素的探讨已相对成熟,主要从个人和院校两个层面展开,涉及人口统计学特征、家庭背景、学生参与、同辈影响、学校投入等影响因素。这在本研究的理论基础一章中已有相关论述。本章则创新性地在质量文化理论的四层框架下,通过量化研究(6 所)以及质性的访谈分析(3 所)等混合方法研究,分别以中英合作、中美合作、中国内地与中国香港合作的不同合作类型的中外合作大学为研究对象,系统探讨了质量文化视角下中外合作大学学生发展的影响因素。

在这一节的混合研究结果探讨中,本研究发现,上述的研究结果之间呈现出错综复杂的关系。当然部分方法论的学者曾提出,在一致性/并行三角互证性混合方法研究中,在合并定性和定量数据时,有可能两者的样本量具有差异,而且有可能两者的数据分析结果出现较大差异,这将使研究者面临抉择,差异如何处理,分析结果如何有效合并、合理解释,这也是研究者使用一致性/并行三角互证性研究设计的考验。由于本研究使用该种方法,因此有必要对不同的研究方法带来的不同结果进行识别、比较与整合,并通过分析与解释,形成更为全面的理解。本章数据合并的混合结果总体如表 57 所示。

表 57 数据合并的混合结果呈现

主要话题	量化结果	质性结果	并行比较
质量文化子维度的比较	①4 个潜变量(物质、行为、制度、精神) ②9 个观察变量	①4 个三级类属(物质、行为、制度、精神) ②15 个二级类属 ③66 个一级类属	①量化的潜变量与质性的三级类属相互验证 ②质性中的子类属是对量化结果的额外解释
显著性分析结果是对质性分析的补位	①3 项结果不产生显著影响 ②6 项结果产生显著影响	无法准确获取	量化是对质性的补位
相关分析与质性分析结果相互验证	①质量文化四个层呈现正相关 ②SES 和生源质量呈现不相关和低相关	①质量文化四个层产生正向影响 ②SES 和生源质量鲜有提及	量化与质性相互验证

主要话题	量化结果	质性结果	并行比较
回归分析与质性分析结果关系复杂，需要影响机理进一步解释	①物质层及其子维度呈现负向影响 ②行为层的学生课外活动行为未进入方程 ③不同合作类型高校进入回归方程	①质量文化四个层均产生正向影响 ②"稳控师资质量""师生互动""朋辈互动"做补充性陈述 ③不同合作类型高校在质性中不易获取	①质量文化四个层的量化与质性结果呈现差异 ②部分质性类属是对量化的补充与解释 ③不同合作类型指标是对质性的补位 ④错综复杂的结果，需要与理论、现实对话，需要影响机理的进一步分析
影响权重结果与理论契合，但需影响机理进一步验证	①精神层质量文化影响系数最大 ②物质层质量文化影响系数最小	无法准确获取	①量化是对质性的补位 ②量化与理论对话，相互印证 ③需要影响机理的验证

那么以下部分是混合研究探讨，即总结并解释量化、质性、理论各自的研究和呈现结果，并尝试分析这些不同数据通过何种异同的比较与融合，生成更加全面的解释。

另外，从本章分析亦可见，量化研究结果和质性分析结果在一定程度上存在相同性、关联性和差异性。同时，我们知道，量化分析结果只能说明变量间存在可能的因果关系，或者说，这类研究结果中的统计显著性是因果推断的必要条件，但不足以构成全部的证据。[①] 其他的精细统计方法，如多层线性模型、结构方程模型的测算都为进一步明确和拓展人们对院校影响因素的理解助益匪浅。[②] 根据混合方法研究，面对这些结果差异，需要进一步通过更为精细化的，如结构方程模型等分析方法来拓展更深层次的认知，因此有必要引出下一章，来探讨这些影响因素到底是通过什么路径来影响学生发展。

一、质量文化四个层的子维度在量化指标与质性类属中存在异同

在量化研究中，对预测问卷的 4 个学生发展影响维度分别进行探索性因素

① Light R J, Singer J D, Willett J B. By Design: Planning Research on Higher Education[M]. Cambridge, M. A.: Harvard University Press,1990:10.
② Pascarella E T, Terenzini P T. How College Affects Students, Volume2, A Third Decade of Research[M]. San Francisco, C. A.: Jossey-Bass, 2005:5.

分析：物质层质量文化抽取出设施设备、师资队伍2个因素；行为层抽取出学生学业行为、学生课外活动行为、教师教学行为3个因素；制度层抽取出教学制度、学生支持制度2个因素；精神层抽取出质量意识和对学校的整体评价2个因素。这4个层面的各自影响因素在正式问卷的信效度分析和验证性因素分析中，也得到了较好的质量效果，证明了潜变量与观察变量间的因子关系稳定存在。

质性研究中，通过对访谈资料的逐级编码，发展出66个一级类属，如"资金支持、师资国际化、通过质量保障机制稳控师资质量、传统文化课与国情课学习、强调自主学习、引入多元文化视角、小班化教学制度、校外考官制度、新生适应周制度、权益维护制度、本土国际化、信任与契约、以本科为本、内部质量保障体系、向他人推荐"等等。进一步类属化后得到15个二级类属，如"设施设备、师资队伍、学生学业行为、学生课外活动行为、教师教学行为、师生互动、朋辈互动、教学质量管理制度、学生学业质量支持制度、学生生活质量支持制度、质量品牌、质量价值观、质量定位、质量标准、质量评价"等。而后进一步类属化，得到4个三级类属，即物质层、行为层、制度层、精神层。进而构成学生发展影响因素这一核心类属。

具体可见下面的质量文化视角下中外合作大学学生发展影响因素的思维导图，如图33所示，左边为量化研究结果，右边为质性研究结果。

由本章分析可见，量化分析中的质量文化4个层面的影响因素结构方程模型拟合效果均较为良好，在相关分析中4个层面也表现出了显著相关。在质性分析中，4个三级类属和15个二级类属对中外合作大学学生发展的影响也都较为直观。从分析看，物质层质量文化的量化研究指标和质性类属分析结果较为相近；行为层质量文化的质性类属分析结果比量化指标多了"师生互动"和"朋辈互动"，这一人际互动原先在量化的预测卷中也有体现，但由于在探索性因子分析时质量不佳，故而删除或者移动；制度层质量文化的量化研究指标和质性类属分析结果较为相近，因为可以将"学生学业质量支持制度、学生生活质量支持制度"合并为量化中的指标"学生支持制度"；精神层质量文化的量化指标和质性类属分析结果在子维度分层和命名上有一定的差异性，但从具体指标和

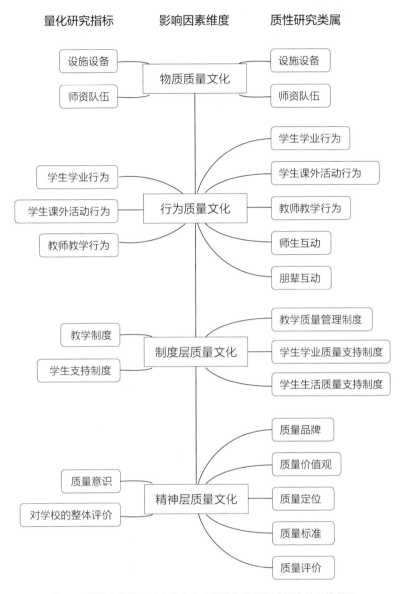

图 33　质量文化视角下中外合作大学学生发展影响因素的思维导图

类属来看，基本还是能相互或交叉对应的。总体而言，物质层、制度层质量文化的维度构成在量化和质性研究中相差无几，行为层和精神层质量文化尽管在二级类属中呈现师生交往互动的差异和类属分化细化与否的差异，但具体的一级类属和问卷题项覆盖面相似，只是概括的角度不尽相同。

因此，质量文化视角下影响因素的量化研究指标基本能支撑起中外合作大学学生发展影响因素的研究框架，质性研究类属则是进一步丰富了影响因素。

二、显著性分析结果是对质性分析的补位

关于人口统计学特征等对学生发展是否能产生影响，质性访谈几乎无法对此进行精准的分析，受访的师生基本也未过多提及，而量化研究则可以通过显著性分析得出有效的分析结果，结果如下。

第一，学生的性别、学生的生源质量以及父母的职业差异均不对中外合作大学学生发展及其三个子维度"通识教育、知识技能、个人社会性发展"产生显著影响。

第二，专业类别的不同对学生发展和知识技能子维度产生显著影响，且人文社科类学生的学生发展和知识技能水平显著高于理工类学生。

第三，学生干部经历对个人社会性发展产生显著影响，且担任过学生干部的学生的发展和知识技能水平要显著高于未担任过学生干部的学生。

第四，父亲受教育程度仅对知识技能和个人社会性发展子维度产生显著影响，均为父亲学历高的学生的发展和知识技能水平显著高于父亲学历低的。母亲受教育程度对学生发展、知识技能、个人社会性发展产生显著影响，均为母亲学历高的学生的发展和知识技能水平显著高于母亲学历低的。当本研究将父母受教育程度划分为大学毕业生与非大学毕业生时，父母受过高等教育的学生在学生发展水平上均高于父母未受过高等教育的学生。

第五，不同年级学生在学生发展、通识教育、知识技能以及个人社会性发展四方面存在显著差异。且低年级高于高年级的学生发展体验。正如部分学者的研究分析"大四学生在校期间收获体验最低，说明高校在培养学生方面离学生的期望还有很大差距"[①]。这值得进一步深入探讨背后的成因。

第六，不同生源地域的学生发展及其三个子维度这四个方面均存在显著差异。且省会城市或直辖市、地级市学生在上述四方面的水平显著高于乡镇或农

---

① 郑惠杰，张松青. 大学生就读经验收获研究 [J]. 东莞理工学院学报，2013(2):93.

村学生。

第七，不同合作类型学校学生在学生发展、通识教育、知识技能以及个人社会性发展四方面存在显著差异。且中英合作高校学生在学生发展、知识技能以及个人社会性发展等维度上的水平显著高于中国内地与中国香港合作高校，而在通识教育维度，中国内地与中国香港合作高校学生的发展和知识技能水平则显著高于中英合作高校学生。

本研究认为，上述显著性分析结果是对质性研究的有效补位。

三、相关分析与质性分析结果相互验证

在本章第二节"基于质性访谈的学生发展影响因素研究"中，通过对数据进行编码比较，并逐渐概念化和范畴化，建立了质量文化视角下中外合作大学学生发展影响因素的质性理论模型，模型中的 4 个三级类属、15 个二级类属、66个一级类属都呈现了质量文化理论对中外合作大学学生发展的正向影响关系。这与量化相关分析中的研究结果一致，是相互验证的关系，即物质层、行为层、制度层、精神层及其子维度与学生发展及其子维度均呈显著相关。尤其质量文化四个层与学生发展及其三个子维度呈现高度相关，相关系数均高于 0.603。

此外，家庭社会经济地位（SES）和生源质量作为影响因素在相关分析中呈现不相关与低相关，这也与质性结果类似。下面本研究将结合量化与质性的分析，对此结果进行可能性的解释，当然，还需要下一章影响机理的深入剖析。

（一）家庭社会经济地位（SES）呈现不相关，质性结果类似

家庭社会经济地位是教育生产函数普遍关注的投入变量，也是代表家庭背景的常用指标。探索性因子分析抽取出职业、受教育程度和家庭物资三个主成分。α 系数显示指标的一致性信度良好，也显示了足够的差异程度。但 SES 变量呈现影响因素不相关。可见其对中外合作大学学生发展的影响解释力很弱或没有解释力。

国外学者卡尔·R. 怀特（Karl R. White）的研究显示，随着学生年龄的增长，家庭社会经济地位与学生学业成就之间的相关性会消失。怀特提供了两种可能性的解释：一是学校提供的是相对同等的经历，所以学生的就学过程越长，家

庭社会经济地位发生的影响相对就越小；二是越来越多的低家庭社会经济地位的学生辍学，使两者的相关度降低。[①]

本研究结合分析结果，认同怀特等学者的可能性阐释，认为 SES 在影响因素的相关分析中呈现不相关的原因主要在于：一是本研究的对象是就学过程较长的大学生，因此家庭的影响相对小；二是本研究选取的是中外合作大学的学生，其高昂的学费和高考招生的分数线，已经将一些由于父母职业、父母受教育程度以及家庭物资等原因而发展质量不同的学生在大学选拔"入口"中筛掉了。

在质性访谈中，受访师生对家庭背景提及不多，有个别学生提到就读中外合作大学的学生的家庭经济条件或者父母亲的职业应该都不错。"来中外合作大学就读的学生的家庭经济条件应该都不错，因为学费比较贵，家庭需要有一定的经济承受能力，关于父母的职业，听到较多的集中在会计、金融、建筑行业、公务员、教师、医生等领域。"（W 同学，男，N 高校）。的确，就读高收费的高校，学生的家庭条件会相对优越且同质性强，再加上大学已经是一个人求学过程的后期部分，因此 SES 的影响较小甚至不产生影响。那么，SES 对中外合作大学学生发展影响到底如何，有必要在下一章的影响机理中进一步探寻。

（二）生源质量呈现低相关，质性结果类似

在教师和学生的质性访谈中，未有一人提及生源质量对学生发展产生了影响。在师生的认知中，通过高考来到同一所或同一类高校的学生，其质量水平应该相差不大，因此认为生源质量不会对中外合作大学学生发展产生太大影响。这与量化分析中生源质量与学生发展呈现低相关的结果基本一致。对于这一结果，或许有如下可能性的解释。

首先，"院校影响力"理论会将学生进入大学前的学业基础作为影响学生发展的变量因素进行考量，而且国外部分学者认为高中的学习质量或学习经历会影响学生进入大学后的各个方面的发展，决定其成败。当然前期的样本是来自不同类型高校的学生对象，覆盖研究型大学、普通本科高校、专科院校等。但

① White K R. The Relationship Between Socioeconomic Status and Academic Achievement[J]. Psychological Bulletin, 1982,91(3):461−481.

在本研究的量化研究中，面向的是中外合作大学这一高校类型，尽管在调查问卷"当年高考成绩的位次号处于全省多少"选项中设计了 5 万名的排名跨度，但约三分之二的学生排名都选择在 2 万名之前。粗略估计，2 万名的位次跨度，在高考分数上的呈现约 30 分，可以说学生层次基本相差不多。

其次，高考成绩及位次作为大学入学的唯一或极重要指标，其公平性历来受到争论。且高考成绩能否反映一个学生的能力水平也存在一定的争议。

因此，质性访谈中的反映和量化中生源质量在影响因素的相关分析中呈现低相关，有一定的合理性，当然还需要通过下一章影响机理的分析看其内在联系。

四、回归分析与质性分析结果关系复杂，需要影响机理进一步解释

从质性访谈结果可见，质量文化的四个层对中外合作大学学生发展均具有正向影响关系。然而在量化研究中，当将具有高度相关性的变量纳入回归分析，分析自变量对因变量学生发展的影响大小关系时，则出现了不同的结果，例如部分自变量出现负向影响，部分自变量未进入回归方程等。接下来，本部分从以下五个方面来探讨回归分析与质性分析错综复杂的结果关系。

（一）物质层及其子维度对学生发展呈现负影响与质性结果不同

在质性分析中，本研究从设施设备（含教学设施、生活环境、资金支持）和师资队伍（含学术教师专业能力，师资国际化，通过质量保障机制稳控师资质量、行政管理教师的质量）两大方面分析了物质层质量文化对中外合作大学学生发展的正向影响。但是在作为影响因素的质量文化四个层的回归方程中，物质层的非标准化系数为 -0.051。在同样作为影响因素的质量文化四个层的子维度的回归方程中，物质层中的设施设备非标准化系数为 -0.052，另一子维度师资队伍未进入方程。可见，质性分析与回归分析结果不一致。本研究认为这一分析结果相左的可能性解释有以下几个方面。

第一，国外学生发展理论中关于院校物质层面的因素影响通常解释为间接的正向影响。例如帕斯卡雷拉的变化评价综合模型认为院校的组织或结构特征

（生师比、在校生数、选择性、住校生比例）只是间接影响了学生的成长。[①] 学校类型（规模大小之别、公私立之分、四年制学院或大学）对学生的影响是间接的。[②] 尽管这里的"院校的组织或结构特征"和"学校类型"与本研究提到的物质层质量文化所包含的"设施设备和师资队伍"内容不完全一致，但其相互间也有关联。这一结论更多倾向于量化产生间接影响和质性正向影响的分析结果。

第二，国外学生发展理论中关于学校投入（教师队伍）与学生发展之间的关系没有得到较为稳定或一致的结论。例如，哈努谢克（Hanushek）对考查学生学业表现的决定因素的 147 项研究进行了回顾，"却没有发现哪一项教师特征在解释学生学业表现时是一致显著并且作用单向的"[③]。同样，科恩（Cohen）也提出，通过学历、教龄、教师学历合格率、高层次学历教师比例、中高级教师职称比例等指标只能获得教师队伍质量的模糊信息。[④] 同样，本研究在量化中对师资队伍进行了数量和质量的指标设定，但师资队伍这一子维度在回归方程中也未能进入，的确，对高校的教师队伍的特征与质量难以界定。

第三，国外学生发展理论中关于学校投入（物质和资金支持）与学生发展之间的关系也没有得到较为稳定或一致的结论。哈努谢克同样认为，学校的相关投入对学生发展不一定没有作用，很有可能是因为那种以投入为定向的教育政策，如简单地提高资金投入是没有效率的。[⑤] 尽管本研究关于物质层质量文化的影响因素结论也呈现不稳定状态，但还需进一步探讨。

第四，面对回归中的负向影响，本研究认为，中外合作大学一般作为在办学质量上已有一定声望的学校的二次创业产物，其物质层质量文化建设得相对

① Pascarella E. College Environmental Influences on Learning and Cognitive Development: A Critical Review and Synthesis[M]//Smart J. Higher Education: Handbook of Theory and Research(Vol.1), New York: Agathon,1985:1−62.

② Astin A W. What Matters in College: Four Critical Years Revisited[M]. San Francisco: Jossey Bass, 1993:413.

③ Hanushek E A, Kain J, Rivkin S. Teachers, Schools, and Academic Achievement[EB/OL]. (2013−02−02)[2018−12−20]. http://www.nber.org/papers/w6691.

④ 科恩. 美国高等教育通史 [M]. 李子江, 译. 北京: 北京大学出版社, 2010:307−311.

⑤ Hanushek E A. The Impact of Differential Expenditures on School Performance[J]. Educational Researcher,1989,18(4):45−62.

较好，能给予学生足够的帮助，但可能由于学生结合自身的实际状况（如付出高昂的学费等等）进而给予自我更高的定位，会认为学校在物质层方面的建设对自己有帮助但还未达到自己的预期。这一解释在质性访谈中有个别提及：如学校的地理位置稍显偏僻、图书馆自习空间在复习季供不应求、管理岗教师的质量有待提升、外籍教师没有预期的多等。同时，有学者认为中外合作办学的外籍教师队伍的不稳定性会带来一定的质量影响。

第五，在质量文化金字塔理论中，物质层的质量文化是起最基础作用的，但同时也是具有较易觉察、易变革等特性的，与精神层的质量文化作用不可同日而语。

综上，本研究认为，通过回归分析能说明物质层质量文化与学生发展的影响方向和影响大小关系，但到底是负向影响还是倾向质性访谈或现有学生理论的间接正向影响，需要通过更为精细化的如结构方程模型等分析方法来进一步明确，因此有必要引出下一章关于这些影响因素到底通过什么路径，以及如何影响学生发展的探讨。

（二）物质层的"通过质量保障机制稳控师资质量"类属是对量化结果的补充与解释

如上文所述，部分学者认为中外合作办学的外籍教师队伍的不稳定性会带来一定的质量影响，这一现状在量化结果中表现不明显，不过质性访谈的内容对此进行了补充与解释。

访谈中，L老师提到，学校基本上会与外教签订3～5年的聘用合同，虽然外籍人员的家庭、生活等是个实际问题，但在师资队伍的管理上，只要跟着质量保障体系或质量保障机制走，按照《质量手册》来管理，师资队伍的质量就不会出现大问题，谓之"定海神针"。

> "定海神针"就是无论你怎么变，都在这个框架内，哪怕校长也不那么稳定，他做了3到5年也可能要走的，但是学校不会乱。因为这个质量保障体系就规定了你招聘什么层次的人，在过程中怎么按照《质量手册》来管理，怎么评价等等。一般来说我们招聘的时候签3到5年合同的比较多。

当然我们也尽可能地让一些师资稳定，我们这里10年以上的外教也有。（L 老师，女，N 高校）

如果下一章的影响机理结论能证明物质层质量文化通过间接关系正向影响中外合作大学学生发展，那么这一质性访谈的内容可以作为一种客观性的解释。

（三）行为层的学生课外活动未进入回归方程与质性结果不同

在质性访谈中，师生们认为学生参加学生组织的活动、海内外志愿实践活动等对学生的个人发展有积极的正向影响，尤其中外合作大学的各类国际化特色明显的社团活动、海外志愿服务活动等能拓展学生的国际视野，且提升其国际参与能力。正如阿斯汀在《大学里什么最重要：再探关键的四年》中提到的，学生在校期间任何形式的投入对学生的发展都起着有利的影响。

在相关分析中，行为层质量文化包含的三个子维度分别为学生学业行为、学生课外活动行为、教师教学行为，三者与学生发展的相关系数分别为 0.613、0.471、0.805，也各自呈现了显著的影响。不过当其与其他不同层面的质量文化的子维度共同进入回归分析后，学生课外活动参与的影响力相对弱些，因此未进入回归方程。尽管阿斯汀曾提及学生参加校外兼职、走读、全职工作等对学生的认知和情感发展有显著负向作用[1]，但我们认为，学生参与适量的课外活动，对其发展是有正向影响的。这也与大部分学者的研究结论相似。且看下一章影响机理的进一步探讨的结果。

（四）行为层的"师生互动"和"朋辈互动"是对量化结果的补充

在行为层质量文化的质性分析中发现，"师生互动"和"朋辈互动"是两个单独的二级类属，并由师生间的课内外互动以及生生间的生活与学业活动等细化的一级类属来呈现。在量化的最初预测问卷设计中，有一项包含以上内容的"学生人际交往"行为层质量文化子维度，不过在探索性因素分析中，因质量不佳分散性地移动到了教师的教学行为和学生的课外活动行为中，题项有所保留但子维度未保留。

---

[1] Astin A W. What Matters in College: Four Critical Years Revisited[M]. San Francisco: Jossey Bass, 1993:395.

不过通过与现有理论对话，本研究认为，"师生互动"和"朋辈互动"仍是影响学生发展的重要因素。例如阿斯汀的《大学里什么最重要：再探关键的四年》、乔治·库的"大学生学业成功要素"模型和帕斯卡雷拉的"变化评价综合"模型都印证了这一点，即"师生的互动对学生的发展发挥了显著作用"。可以认为师生的课下学业互动、非正式互动，包括与非学术教师之间的互动等，都对学生的学习成绩、学位、升学等智力与非智力发展有显著影响。同样，关于"朋辈互动"，帕斯卡雷拉的"变化评价综合"模型认为"同伴群体的互动"对学生的发展产生的影响是直接的，而非间接的。阿斯汀认为，同辈群体是学生本科在校期间成长"最强有力的影响源"。[1]

（五）不同合作类型高校进入两个回归方程是对质性分析的补位

本研究的不同合作类型有三种。在量化显著性分析中，中英合作高校学生的学生发展、知识技能以及个人社会性发展等维度显著高于中国内地与中国香港合作高校，平均差异值分别为0.09286、0.14501、0.10505。而在通识教育维度，中国内地与中国香港合作高校学生则显著高于中英合作高校学生，平均差异值分别为0.12407。另外，在学生背景因素和四个层质量文化（子维度）因素的回归分析中，不同合作类型高校的标准化回归系数分别为0.024和0.022，尽管系数载荷不高，但是其进入了回归方程，对中外合作大学学生发展呈现出了显著的正向影响。

在质性访谈中，受访学生群体囿于就读经历的客观原因，难以对不同合作类型高校对学生发展的不同影响做出评论，不过有个别受访教师有提及如下内容："可以说，中国内地跟中国香港合作的这种高等教育模式是浸润式的，像'扬州炒饭'，就是已经是你中有我、我中有你了。其中一个原因在于，像我们（中国内地与中国香港合作类型高校）的这些校长，他虽然是香港背景的，但他对传统文化是理解的。比如说香港中文大学的副校长徐扬生，也担任过C高校校长，他本身就是一个书法爱好者，对中华文化会有更深刻的了解和理解，所以在一个国际化的校园里，还是能够建立一个很完善的中华传统文化的从形式

---

① Astin A W. What Matters in College: Four Critical Years Revisited[M]. San Francisco: Jossey Bass, 1993:398.

到内容的浸润式教育体系。但如果校长是一个外国人，他该是遥望的，对吧？"
（N老师，女，U高校）这也从侧面印证了中国内地与中国香港合作高校的学生
在通识教育方面可能会发展得更好些。

当然，这三种合作类型的中外合作大学相互之间有哪些更深入而广泛的
异同，还需要做进一步的有价值的研究，例如通过多群组结构方程模型进行分
析等。

五、影响权重结果与理论契合，仍需影响机理进一步验证

影响权重在质性分析中无法精准呈现，但量化研究中的相关分析和回归分
析则可以计算。

由表58可见，从相关分析看，中外合作大学学生发展的影响系数由低到高
为：物质层、行为层、制度层、精神层。从回归分析看，影响的权重系数由低
到高为：物质层、制度层、行为层、精神层。尽管行为层和制度层的顺序有互
换，但对于中外合作大学的学生发展，物质层作为质量文化的基础影响层，精
神层作为质量文化的核心影响层的作用位置始终没有变。这也在一定程度上佐
证了在理论基础一章中提到的质量文化的物质、行为、制度、精神四级金字塔
和本研究提出的质量文化理论。

表58 质量文化四个维度的影响相关系数和标准化回归系数

系　　数	物质层质量文化	行为层质量文化	制度层质量文化	精神层质量文化
相关系数	0.667	0.766	0.829	0.907
标准化回归系数	−0.050	0.172	0.090	0.739

但正如前文所述，量化研究的相关分析和回归分析结果只能说明变量间
存在可能的因果关系，或者说，这类研究结果中的统计显著性是因果推断的必
要条件，但不足以构成全部的证据。因为如回归分析是无法对各因素之间的影
响关系进行建构的，也是无法对存在的残差进行估计的。因此有必要引出下一
章，通过结构方程模型，挖掘这些影响因素到底通过什么路径，并如何影响学
生发展。

第六章

质量文化视角下中外合作大学学生发展影响机理研究

基于上一章的影响因素分析，本章将借助结构方程模型，研究基于质量文化理论四层面的中外合作大学学生发展的影响机理，即中外合作大学质量文化建设四层面的影响因素是通过何种路径来影响学生发展的。

第一节　学生发展影响机理结构方程模型分析

一、结构方程模型

结构方程模型是一种多重变量统计方法，通过挖掘观察变量、潜变量、误差变量间的假设关系来分析自变量对因变量的影响效果。结构方程模型又是一种验证性的统计方法，一般在理论引导的前提下建构假设模型图。[①] 其中路径分析、中介效应检验是常见的统计方法。

（一）路径分析

SPSS 中的回归分析主要揭示影响路径显著与否这一结果，无法进行完整模型的拟合度检验，也无法有效估计测量残差。而结构方程模型则可进行观察变量以及潜在变量的路径分析，还可以进行验证性因子分析。路径分析可以探究各变量间的直接和间接关系。间接关系是指一个变量对另一个变量的影响是通过其他变量而形成的。

本章主要基于质量文化理论，通过结构方程模型的路径分析，分别从物质

---

① 吴明隆 . 结构方程模型——AMOS 的操作与应用 [M]. 重庆 : 重庆大学出版社 ,2019:2.

层、行为层、制度层、精神层来检验该理论的影响路径。

（二）中介效应

传统的回归模型多分析一果多因的关系，而结构方程模型则能分析多因多果的关系，其中还能分析既是因又是果的中介变量，即如果自变量 X 通过一个中间变量 M 对因变量 Y 产生了影响，那么 M 则被称为中介变量。[①] 如图 34 所示，其中总效应 $c = ab + c'$：

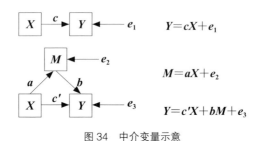

$$Y = cX + e_1$$

$$M = aX + e_2$$

$$Y = c'X + bM + e_3$$

图 34　中介变量示意

检验中介效应最常用的方法是逐步检验回归系数：第一步检验 X 对 Y 的总效应系数 c；第二步依次检验系数 a 和系数 b，即检验系数乘积的显著性；第三步检验自变量对因变量的直接效应 c'。上述步骤中，如果第一步的效应 c 显著，且第二步的效应 a 和 b 都显著，则中介效应显著，反之中介效应不显著。进一步，如果第三步中的直接效应 c' 显著，则称为部分中介；如果直接效应 c' 不显著，则称为完全中介。[②] 其实第三步是用来区分部分中介还是完全中介的。如图 35 所示。

---

① 温忠麟 . 调节效应和中介效应分析 [M]. 北京 : 教育科学出版社 ,2012:71.

② 温忠麟 . 调节效应和中介效应分析 [M]. 北京 : 教育科学出版社 ,2012:75.

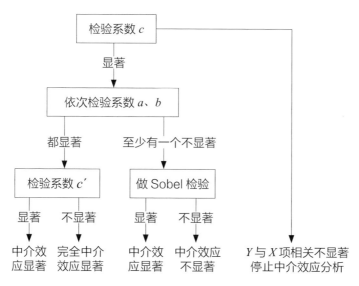

图 35　中介效应检验程序 [1]

　　简单的中介模型，即中介变量只有一个。而在实际的实证研究中，通常会出现多个中介变量，如按照本研究的质量文化理论框架，中介变量即有 3 个，分别为行为层质量文化、制度层质量文化、精神层质量文化。当有多个中介变量时，模型即称为多重中介模型。多重中介模型又分为单步多重中介模型和多步多重中介模型。[2] 单步多重中介模型又被称为并行多重中介模型，即中介变量之间不存在相互影响。多步多重中介模型，也称为链式多重中介模型，指中介变量之间存在影响关系，中介变量表现出顺序性特征，形成中介链。[3] 多重中介效应分析可以从 3 个角度进行：总的中介效应、特定路径的中介效应、对比中介效应。[4] 多重中介模型因为涉及的变量较多、路径比较复杂，即使只涉及潜变量，一般也要使用结构方程模型进行分析 [5]，来检验各种路径的显著性，并对感兴趣的路径进行间接效应分析和总效应分析。检验多重中介效应比较好

①　温忠麟.调节效应和中介效应分析 [M].北京：教育科学出版社,2012:76.

②　Hayes A F. Beyond Baron and Kenny: Statistical Mediation Analysis in the New Millennium[J]. Communication Monographs,2009,76(4):408−420.

③　柳士顺,凌文辁.多重中介模型及其应用 [J].心理科学,2009(2):433.

④　叶宝娟,胡竹菁.中介效应分析技术及应用 [M].北京：中国社会科学出版社,2018:24.

⑤　叶宝娟,胡竹菁.中介效应分析技术及应用 [M].北京：中国社会科学出版社,2018:24.

的方法是 Bootstrap 法。[①]

二、模型与数据准备

关于结构方程模型的分析程序，Bollen 与 Long[②]、Hair[③]、Diamantopoulos 与 Siguaw[④] 等不同学者提出了详略不一的步骤，吴明隆综合上述学者的研究，提出了自己的判断，如图 36 所示：

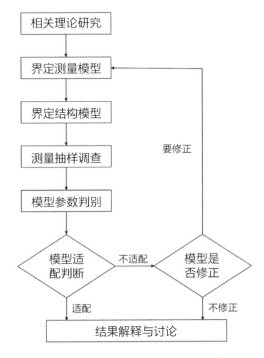

图 36　结构方程模型分析的基本程序[⑤]

---

①　叶宝娟, 胡竹菁. 中介效应分析技术及应用 [M]. 北京 : 中国社会科学出版社 ,2018:24.

②　Bollen K A,Long S L. Testing Structural Equation Modeling[M].Newbury,UK:Sage Publication,1993.

③　Hair J F Jr,Anderson R E,Tatham R L,et al. Multivariate Data Analysis(5th ed.) [M].Upper Saddle River,NJ:Prentice Hall,1998.

④　Diamantopoulos A,Siguaw J A. Introducing LISREL:A Guide for the Uninitiated[M].Thousand Oaks,CA:Sage,2000:7

⑤　吴明隆 . 结构方程模型——AMOS 的操作与应用 [M]. 重庆 : 重庆大学出版社 ,2019:30.

（一）模型准备

基于上述分析程序，本研究先简要回顾国内外专家学者关于质量文化理论和学生发展理论的研究。在质量文化理论中，拉纳雷斯认为，质量文化的发展是一个长期过程，是各种元素互动的结果，也是自上而下和自下而上过程的综合效应。高等教育中发展质量文化的主要挑战之一，是"需要表现出（行动）与价值观的一致性"。沙因提出了质量文化的 3 个观察层次：可见的行为和人造物、管理行为的价值观、基本假设（潜在的或多或少无意识的关于事物真实的信念）。埃勒斯的高等教育质量文化模型提出，通过参与、信任和交流将不同组成部分相互联系起来的要素是质量文化重要的组成部分，而信任这种共同精神理念是刺激个人和集体努力的必要条件，而这又是将质量潜力转化为文化根深蒂固的先决条件。欧洲大学协会的质量文化模型提出，质量保证是通过有形的东西和管理制度决定的。可见一个组织的物质、行为、制度和价值观念是质量文化建设中的重要组成部分，映射到高等教育组织也不例外。

在学生发展理论中，齐克林和甘森在对大学有效教学研究的基础上，提出了"良好本科教育的七原则"。帕斯卡雷拉的变化评价综合模型提出学生的学习和认知发展主要受到五方面变量的综合影响。乔治·库的学习产出影响因素模型提出，测量大学生学习产出主要有学生投入、学习投入、努力、学习成果四个变量。佩斯的"努力质量"模型提出，学生努力的质量是学生发展的影响因素。

根据质量文化理论和学生发展理论的要素，本研究再结合第五章学生发展影响因素的量化和质性访谈分析，认为学生的生源质量（即入学前特征）、家庭社会经济地位、高校的硬件环境、师资队伍、学生的投入、教师的投入、与师生密切相关的制度机制，以及组织环境中的期望、信任等价值观念，有可能对中外合作大学的学生发展产生影响。其影响的路径从入学前特征到物质环境、师生投入、价值期待等，应该是一种如拉纳雷斯所言的长期的、互动的过程。

基于此，本研究提出了设想路径模型分析，如图 37 所示。

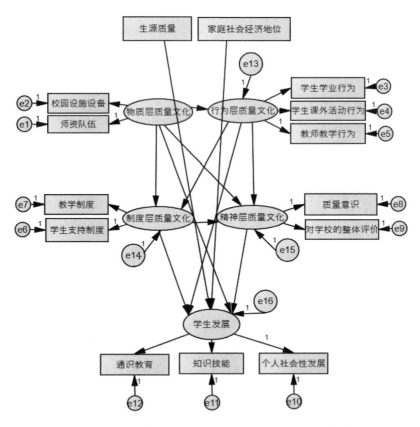

图 37　质量文化视角下中外合作大学学生发展的综合结构设想模型

　　上述模型已经包含了模型概念化的过程，即已经明确了不同的潜在变量、内衍和外衍变量、中介变量。中介变量兼具既能影响其他变量又能被其他变量影响的双重身份。从图 37 可知，生源质量、家庭社会经济地位、物质层质量文化属于外衍变量，它们没有受到其他因素的影响。学生发展是纯粹的内衍变量，它不再影响其他因素。而行为层质量文化、制度层质量文化以及精神层质量文化属于具有双重身份的中介变量。根据前文所述，质量文化的 4 个维度加上学生发展这 5 个变量均属于潜在变量，它们分别由师资队伍、校园设施设备、学生学业行为、学生课外活动行为、教师教学行为、学生支持制度、教学制度、质量意识、对学校的整体评价、通识教育、知识技能、个人社会性发展等观察变量来组成或估计。同时根据结构方程模型的要求，增列好残差项，如 e1～e16。

（二）数据准备

本章节的研究，采用的数据为正式问卷采集到的 1736 份有效问卷，题项 /
指标构成如表 59 所示。各题项均采用李克特 5 点量表法。

表 59 正式问卷指标测量维度

维 度	子维度	指标数	
物质层质量文化	校园设施设备	6	13
	师资队伍	7	
行为层质量文化	学生学业行为	6	24
	学生课外活动行为	6	
	教师教学行为	12	
制度层质量文化	教学制度	11	22
	学生支持制度	11	
精神层质量文化	质量意识	14	21
	对学校的整体评价	7	
学生发展	通识教育	4	26
	知识技能	15	
	个人社会性发展	7	

正式问卷的总体信效度已经在第三章的正式问卷质量分析以及第四章、第
五章的各维度的验证性因素分析中体现，均有可靠的信度和良好的效度。同时，
根据结构方程统计要求，第五章的相关分析和回归分析中，已经呈现了需要放
入模型中的变量的相关系数分析和共线性结果分析，均符合要求，这里不再
赘述。

另外，在 SEM（结构方程）分析前，有必要对数据变量进行正态性检验，
偏度和峰度即检验途径。偏度用于衡量数据分布的不对称程度，峰度用来衡量
数据分布的集中程度，两者理想的值接近于 0，表示符合正态分布。根据 Kline
的分析，在 SEM 分析中若是样本数据观察变量的偏度系数大于 3、峰度系数大
于 8，可能偏离正态分布。[1] 在大样本容量的情况下，本研究的数据符合结构方
程模型统计要求，如表 60 所示。

---

[1] 吴明隆 . 结构方程模型——AMOS 的操作与应用 [M]. 重庆 : 重庆大学出版社 ,2019:273.

表 60 数据的偏度、峰度分布

变 量	均值	标准差	偏 度		峰 度	
	统计量	统计量	统计量	标准误	统计量	统计量
生源质量	4.22	0.976	−1.683	0.059	4.22	0.976
校园设施设备	4.0005	0.80684	−0.843	0.059	4.0005	0.80684
师资队伍	4.1286	0.72015	−0.887	0.059	4.1286	0.72015
物质层	4.0695	0.71011	−0.822	0.059	4.0695	0.71011
学生学业行为	4.1350	0.67254	−0.544	0.059	4.1350	0.67254
学生课外活动行为	3.6725	0.93538	−0.319	0.059	3.6725	0.93538
教师教学行为	4.1552	0.70468	−0.601	0.059	4.1552	0.70468
行为层	4.0295	0.64366	−0.363	0.059	4.0295	0.64366
教学制度	4.3328	0.64742	−0.864	0.059	4.3328	0.64742
学生支持制度	4.1174	0.70769	−0.471	0.059	4.1174	0.70769
制度层	4.2251	0.64304	−0.607	0.059	4.2251	0.64304
质量意识	4.2820	0.68630	−0.822	0.059	4.2820	0.68630
对学校的整体评价	4.2721	0.69562	−0.897	0.059	4.2721	0.69562
精神层	4.2787	0.67253	−0.837	0.059	4.2787	0.67253
通识教育	4.1201	0.81656	−0.754	0.059	4.1201	0.81656
知识技能	4.3386	0.65902	−0.939	0.059	4.3386	0.65902
个人社会性发展	4.2861	0.67922	−0.766	0.059	4.2861	0.67922
学生发展层	4.2909	0.65223	−0.768	0.059	4.2909	0.65223
父母受教育程度	3.6688	0.80221	−0.964	0.059	3.6688	0.80221
父母职业	2.6109	1.21278	0.418	0.059	2.6109	1.21278
家庭物资	2.6414	0.47748	0.443	0.059	2.6414	0.47748
家庭社会经济地位	2.9737	0.58069	0.073	0.059	2.9737	0.58069

三、结果分析

（一）模型拟合及路径分析

本部分研究使用 AMOS 24.0 软件对整体模型进行路径分析。将准备好的设想模型与现实数据输入，得到设想模型的分析数据。

表61　标准化影响路径系数显著性

变　量	影响方向	变　量	standardized estimate（标准化回归系数）	S.E.	C.R.	p
行为层质量文化	←	物质层质量文化	0.812	0.021	36.792	***
制度层质量文化	←	行为层质量文化	0.876	0.038	22.166	***
制度层质量文化	←	物质层质量文化	0.076	0.032	2.177	0.030*
精神层质量文化	←	制度层质量文化	0.925	0.080	12.171	***
精神层质量文化	←	物质层质量文化	0.116	0.026	4.339	***
精神层质量文化	←	行为层质量文化	−0.084	0.078	−1.090	0.276
学生发展	←	精神层质量文化	0.993	0.060	16.215	***
学生发展	←	行为层质量文化	0.444	0.075	5.764	***
学生发展	←	物质层质量文化	−0.168	0.025	−6.216	***
学生发展	←	制度层质量文化	−0.331	0.107	−3.175	0.001**
学生发展	←	生源质量	0.014	0.007	1.381	0.167
学生发展	←	家庭经济社会地位	0.001	0.007	0.126	0.900

注：* 表示 $p<0.05$，** 表示 $p<0.01$，*** 表示 $p<0.001$。

输出结果显示，行为层质量文化到精神层质量文化，以及生源质量和家庭社会经济地位到学生发展，这几条路径系数 p 值都 >0.05，影响不显著，可以删除。假设3（H3）"家庭社会经济地位（SES）和生源质量对中外合作大学学生发展有显著正向影响"未得到证实。因此得出以下建构模型，如图38所示。

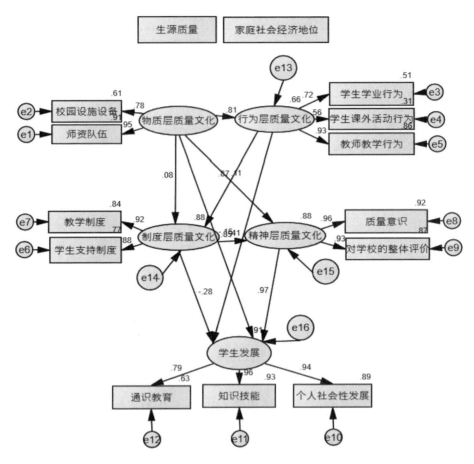

图 38　质量文化视角下中外合作大学学生发展的综合结构模型

为了更清晰地分辨各变量间的影响程度，现将标准化影响路径系数显著性整理如表 62 所示。

表 62　标准化回归系数与显著性水平

变　量	影响方向	变　量	standardized estimate（标准化回归系数）	p
行为层质量文化	←	物质层质量文化	0.811	***
制度层质量文化	←	行为层质量文化	0.868	***
制度层质量文化	←	物质层质量文化	0.081	0.018*
精神层质量文化	←	制度层质量文化	0.850	***

续表

变　量	影响方向	变　量	standardized estimate（标准化回归系数）	p
精神层质量文化	←	物质层质量文化	0.107	***
学生发展	←	精神层质量文化	0.966	***
学生发展	←	行为层质量文化	0.408	***
学生发展	←	制度层质量文化	−0.276	***
学生发展	←	物质层质量文化	−0.162	***

从表 62 可见，除了物质层质量文化对制度层质量文化在 0.05 的水平（双侧）上显著外，其余各条影响路径都达到了 0.001 的显著性水平。其中物质层质量文化和制度层质量文化对学生发展呈现出负向影响。

同时按照前述结构方程模型适配度指数表可知，由于本研究的样本规模为 1736，大于 1000，不采用卡方值、卡方（p 值）、卡方自由度比值作为评定模型拟合程度的判断标准，因此通过 RMSEA、RMR、GFI、AGFI、IFI、NFI、CFI、TLI、PGFI、PNFI 等适配度指标来检验模型的拟合效果。从表 63 可见模型基本达到合理的指数要求，RMSEA 值为 0.079＜0.08，RMR 值为 0.022＜0.05，GFI、AGFI、IFI、NFI、CFI、TLI 值均＞0.9，PGFI、PNFI 值均＞0.5。每对变量间的临界比值（t 值）都大于 2（p＜0.001），各变量间的路径相关显著，表明假设关系中的变量间的因子关系是稳定存在的。模型不需要进行修正。

表 63　模型路径分析拟合指标

指标	RMSEA	RMR	GFI	AGFI	IFI	NFI	CFI	TLI	PGFI	PNFI
标准	<0.08	<0.05	>0.9	>0.9	>0.9	>0.9	>0.9	>0.9	>0.5	>0.5
结果	0.079	0.022	0.936	0.905	0.965	0.962	0.965	0.955	0.624	0.740
	符合	符合	符合	符合	符合	符合	符合	符合	符合	符合

此外，R^2 表示线性回归模型中，所有自变量作为一个总体，对因变量方差的解释程度，也就是所谓的模型拟合度，越接近 1 拟合越好。从结构方程模型数据运行结果分析，R^2 显示为 0.91，即因变量学生发展旁显示的多元相关系数平方值，表示该模型中所有变量可以解释学生发展变异量的 91%，换句话说，中外合作大学质量文化对学生发展的贡献度高达 91%，呈现出非常高的解释水平。

（二）中介效应

根据上文的概念解读，本研究的中介变量之间存在影响关系，因此属于链式多重中介模型。根据温忠麟推荐的中介效应的分析方法，采用 Bootstrap 法，抽取 5000 个样本，设置 95% 的置信区间。若 95% 的置信区间不包括 0，则证明系数乘积显著，中介效应存在。

对于多重中介效应，由于 AMOS 不能直接检验每个具体中介的单独效应，只能得到总的效应，那么就需要运用结构方程模型的另一类运行软件 Mplus 来实现。本部分中介效应研究将使用 Mplus Version 7 软件进行。

从上述链式多重中介模型的具体路径来解析，共有 7 条路径。

1. "物质层质量文化→学生发展"

从表 62 的标准化路径系数及其显著性分析可以看出，标准化路径系数为 -0.162，置信区间 bias corrected 95% CI＝[-0.242, -0.101]，不包含 0，影响路径达到了显著性水平。路径系数为负，需要考虑该条影响路径的总效应。

2. "物质层质量文化→行为层质量文化→学生发展"

从表 62 的标准化路径系数及其显著性分析可以看出，物质层→行为层（B＝0.811，$p<0.001$），行为层→学生发展（B＝0.408，$p<0.001$），物质层→学生发展（B＝-0.162，$p<0.001$）。

Mplus 分析结果显示，该路径中介效应量的置信区间 bias corrected 95% CI＝[0.221, 0.483]，不包含 0。可见以行为层质量文化构成的链式中介在物质层质量文化对学生发展的间接影响中达到了显著性水平，中介效应量为 $0.811 \times 0.408 = 0.331$。

3. "物质层质量文化→行为层质量文化→制度层质量文化→学生发展"

从表 62 的标准化路径系数及其显著性分析可以看出，物质层→行为层（B＝0.811，$p<0.001$），行为层→制度层（B＝0.868，$p<0.001$），制度层→学生发展（B＝-0.276，$p<0.001$），物质层→学生发展（B＝-0.162，$p<0.001$）。

Mplus 分析结果显示，该路径中介效应量的置信区间 bias corrected 95% CI＝[-0.368, -0.055]，不包含 0。可见以行为层质量文化、制度层质量文化构成的链式多重中介在物质层质量文化对学生发展的间接影响路径中达到了显著性水平，中介效应量为 $0.811×0.868×（-0.276）=-0.194$。

4. "物质层质量文化→行为层质量文化→制度层质量文化→精神层质量文化→学生发展"

从表 62 标准化路径系数及其显著性分析可以看出，物质层→行为层（B= $0.811, p<0.001$），行为层→制度层（B=$0.868, p<0.001$），制度层→精神层（B= $0.850，p<0.001$），精神层→学生发展（B=$0.966，p<0.001$），物质层→学生发展（B=$-0.162，p<0.001$）。

Mplus 分析结果显示，该路径中介效应量的置信区间 bias corrected 95% CI = [$0.482, 0.737$]，不包含 0。可见以行为层质量文化、制度层质量文化、精神层质量文化构成的链式多重中介在物质层质量文化对学生发展的间接影响路径中达到了显著性水平，中介效应量为 $0.811×0.868×0.850×0.966=0.578$。

5. "物质层质量文化→制度层质量文化→学生发展"

从表 62 标准化路径系数及其显著性分析可以看出，物质层→制度层（B= $0.081，p<0.05$），制度层→学生发展（B=$-0.276，p<0.001$），物质层→学生发展（B=$-0.162，p<0.001$）。

Mplus 分析结果显示，该路径中介效应量的置信区间 bias corrected 95% CI = [$-0.066, -0.001$]，不包含 0。可见以制度层质量文化构成的链式中介在物质层质量文化对学生发展的间接影响路径中达到了显著性水平，中介效应量为 $0.081×（-0.276）=-0.022$。

6. "物质层质量文化→制度层质量文化→精神层质量文化→学生发展"

从表 62 标准化路径系数及其显著性分析可以看出，物质层→制度层（B= $0.081, p<0.05$），制度层→精神层（B=$0.850, p<0.001$），精神层→学生发展（B= $0.966，p<0.001$），物质层→学生发展（B=$-0.162，p<0.001$）。

Mplus 分析结果显示，该路径中介效应量的置信区间 bias corrected 95% CI= [$-0.001, 0.151$]，包含 0，中介效应不显著。主要是由物质层→制度层的效应不显著导致，该路径中介效应量的置信区间 bias corrected 95% CI= [$-0.003，0.161$]，包含 0。

7."物质层质量文化→精神层质量文化→学生发展"

从表62的标准化路径系数及其显著性分析可以看出，物质层→精神层（B=0.107，$p<0.001$），精神层→学生发展（B=0.966，$p<0.001$），物质层→学生发展（B=−0.162，$p<0.001$）。

Mplus分析结果显示，该路径中介效应量的置信区间bias corrected 95% CI=［0.042,0.187］，不包含0。可见以精神层质量文化构成的链式中介在物质层质量文化对学生发展的间接影响路径中达到了显著性水平，中介效应量为$0.107 \times 0.966 = 0.103$。

以上7条路径，除了第6条的中介效应不显著外，其余6条均显著。具体影响路径、中介效应、置信区间数据整理如表64所示，可知总效应为0.634、总间接效应为0.796，尤其第4条路径"物质层质量文化→行为层质量文化→制度层质量文化→精神层质量文化→学生发展"全链条的中介效应值达到0.578，成为最重要的路径。假设4（H4）"中外合作大学质量文化四个层通过链式多重中介作用正向影响学生发展"得到了证实。

表64 综合结构模型中介效应检验

路　径		中介效应	95% 置信区间	
			下 限	上 限
物质层质量文化→	行为层质量文化→学生发展	0.331	0.221	0.483
	行为层质量文化→制度层质量文化→学生发展	−0.194	−0.368	−0.055
	行为层质量文化→制度层质量文化→精神层质量文化→学生发展	0.578	0.482	0.737
	制度层质量文化→学生发展	−0.022	−0.066	−0.001
	制度层质量文化→精神层质量文化→学生发展	/	−0.001	0.151
	精神层质量文化→学生发展	0.103	0.042	0.187
	直接效应:学生发展	−0.162	0.642	0.790
	总间接效应	0.796	−0.242	−0.101
	总效应	0.634		

（三）对学生发展的整体影响分析

从上述模型和具体影响路径可见，该模型的影响路径较为复杂。因此，可以通过对其内部的各种间接影响效果、直接影响效果，以及总影响效果的计算，得出过程变量与结果变量的影响百分比，如表 65 所示。

表 65　四个维度变量对学生发展的影响比例

维　度	直接影响	间接影响	总影响效果	各维度总影响效果占比 / %
物质层质量文化	−0.162	0.796	0.634	20.95
行为层质量文化	0.408	0.473	0.881	29.11
制度层质量文化	−0.276	0.821	0.545	18.01
精神层质量文化	0.966	/	0.966	31.92

从表 65 可见，物质层质量文化对学生发展的直接影响效果为 −0.162，间接效果为 0.796，总影响效果为 0.634，占比 20.95%；行为层质量文化对学生发展的直接影响效果为 0.408，间接效果为 0.473，总影响效果为 0.881，占比 29.11%；制度层质量文化对学生发展的直接影响效果为 −0.276，间接效果为 0.821，总影响效果为 0.545，占比 18.01%；精神层质量文化对学生发展的直接影响效果为 0.966，占比 31.92%。可见对学生发展的总影响由高到低排序为：精神、行为、物质、制度层质量文化。具体如图 39 所示。

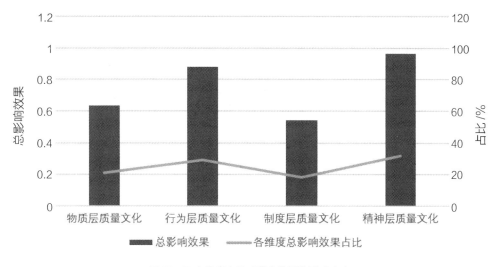

图 39　四个维度变量对学生发展的影响占比

第二节　学生发展子维度影响机理结构方程模型分析

第一节的内容主要对学生发展总维度进行了详细分析，考虑到中外合作大学学生发展的不同方面，即通识教育、知识技能、个人社会性发展，本研究拟深入分析行为、精神、制度、物质四个层面的质量文化对学生发展三个子维度的各自影响机理及影响效果。

研究方法与研究步骤与第一节的学生发展影响机理结构方程模型分析一样，即在不改变自变量与中介变量的基础上，将原先的"学生发展"结果变量分别换成通识教育、知识技能、个人社会性发展的数据，分别构成三个结构方程模型。而后对模型的适配度、路径系数、显著性以及直接影响效果、间接影响效果进行分析。

一、通识教育模型分析

（一）模型拟合

从通识教育子维度模型的拟合效果看，模型良好，具有合理适配。RMSEA 值 0.075＜0.08，RMR＜0.05，GFI、AGFI、IFI、NFI、CFI、TLI 值均 ＞ 0.9，PGFI、PNFI 值均＞ 0.5，如表 66 所示。

表 66　通识教育子维度模型的路径分析拟合指数

指标	RMSEA	RMR	GFI	AGFI	IFI	NFI	CFI	TLI	PGFI	PNFI
标准	＜0.08	＜0.05	＞0.9	＞0.9	＞0.9	＞0.9	＞0.9	＞0.9	＞0.5	＞0.5
通识教育	0.075	0.023	0.954	0.926	0.970	0.967	0.970	0.959	0.587	0.703
	符合	符合	符合	符合	符合	符合	符合	符合	符合	符合

（二）路径分析

从结构方程模型数据运行结果分析，R^2 显示为 0.66，即因变量通识教育旁的多元相关系数平方值，表示该模型中所有变量可以解释通识教育变异量的 66%，换句话说，中外合作大学质量文化对学生发展之通识教育的贡献度高达 66%，呈现出较高的解释水平，如表 40 所示。

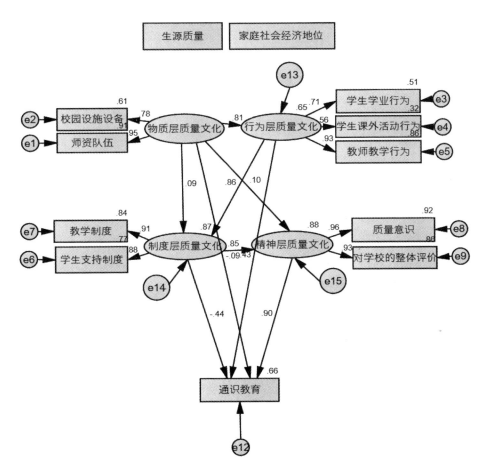

图 40　质量文化视角下中外合作大学学生发展的通识教育综合结构模型

从表 67 可见，除了物质层质量文化对制度层质量文化在 0.05 的水平（双侧）上显著，对通识教育在 0.01 的水平（双侧）上显著外，其余各条影响路径都达到了 0.001 的显著性水平。其中物质层质量文化和制度层质量文化对通识教育呈现出负向的直接影响，但间接影响和总体影响如何，需要进行如下的影响分析。

表 67　各变量之间的标准化回归系数与显著性水平（通识教育）

维　度	影响方向	维　度	standardized estimate（标准化回归系数）	p
行为层质量文化	⟵	物质层质量文化	0.809	***
制度层质量文化	⟵	行为层质量文化	0.864	***

续表

维　度	影响方向	维　度	standardized estimate（标准化回归系数）	*p*
制度层质量文化	←	物质层质量文化	0.086	0.012*
精神层质量文化	←	制度层质量文化	0.853	***
精神层质量文化	←	物质层质量文化	0.103	***
通识教育	←	精神层质量文化	0.901	***
通识教育	←	行为层质量文化	0.430	***
通识教育	←	制度层质量文化	−0.441	***
通识教育	←	物质层质量文化	−0.088	0.008**

注：* 表示 $p<0.05$，** 表示 $p<0.01$，*** 表示 $p<0.001$。

（三）影响分析

根据结构方程模型分析，影响效果从表 68 可见：物质层质量文化对学生发展之通识教育的间接影响效果为 0.697，直接影响效果为 −0.088，总影响效果为 0.610，占比 23.91%；行为层质量文化对学生发展之通识教育的间接影响效果为 0.282，直接影响效果为 0.430，总影响效果为 0.713，占比 27.95%；制度层质量文化对学生发展之通识教育的间接影响效果为 0.768，直接影响效果为 −0.441，总影响效果为 0.327，占比 12.82%；精神层质量文化对学生发展之通识教育的直接影响效果为 0.901，占比 35.32%。可见对学生发展之通识教育的总影响由高到低排序为：精神、行为、物质、制度层质量文化。

表 68　四个维度变量对学生发展之通识教育的影响比例

维　度	直接影响	间接影响	总影响效果	百分比 /%
物质层质量文化	−0.088	0.697	0.609	23.91
行为层质量文化	0.430	0.282	0.712	27.95
制度层质量文化	−0.441	0.768	0.327	12.82
精神层质量文化	0.901	/	0.901	35.32
合　计			2.551	100

二、知识技能模型分析

（一）模型拟合

从知识技能子维度模型的拟合效果看，模型良好，具有合理适配。RMSEA

值 0.075＜0.08，RMR＜0.05，GFI、AGFI、IFI、NFI、CFI、TLI 值均＞0.9，PGFI、PNFI 值均＞0.5，如表 69 所示。

表 69　知识技能子维度模型的路径分析拟合指数

指标	RMSEA	RMR	GFI	AGFI	IFI	NFI	CFI	TLI	PGFI	PNFI
标准	＜0.08	＜0.05	＞0.9	＞0.9	＞0.9	＞0.9	＞0.9	＞0.9	＞0.5	＞0.5
知识技能	0.075	0.023	0.954	0.925	0.972	0.969	0.972	0.961	0.587	0.705
	符合	符合	符合	符合	符合	符合	符合	符合	符合	符合

（二）路径分析

从结构方程模型数据运行结果分析，R^2 显示为 0.84，即因变量知识技能旁的多元相关系数平方值，表示该模型中所有变量可以解释知识技能变异量的84%，换句话说，中外合作大学质量文化对学生发展之知识技能的贡献度高达84%，呈现出较高的解释水平，如图 41 所示。

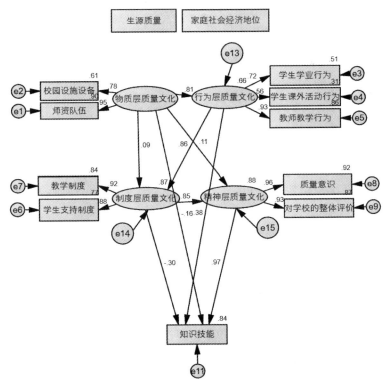

图 41　质量文化视角下中外合作大学学生发展的知识技能综合结构模型

从表 70 可见，除了物质层质量文化对制度层质量文化在 0.05 的水平（双侧）上显著外，其余各条影响路径都达到了 0.001 的显著性水平。其中物质层和制度层质量文化对知识技能呈现出负向的直接影响，但间接影响和总体影响如何，需要进行如下的影响分析。

表70　各变量之间的标准化回归系数与显著性水平（知识技能）

维　度	影响方向	维　度	standardized estimate（标准化回归系数）	p
行为层质量文化	←	物质层质量文化	0.811	★★★
制度层质量文化	←	行为层质量文化	0.864	★★★
制度层质量文化	←	物质层质量文化	0.085	0.013★
精神层质量文化	←	制度层质量文化	0.849	★★★
精神层质量文化	←	物质层质量文化	0.108	★★★
知识技能	←	精神层质量文化	0.968	★★★
知识技能	←	行为层质量文化	0.384	★★★
知识技能	←	制度层质量文化	−0.296	★★★
知识技能	←	物质层质量文化	−0.161	★★★

注：★ 表示 $p<0.05$，★★ 表示 $p<0.01$，★★★ 表示 $p<0.001$。

（三）影响分析

根据结构方程模型分析，影响效果从表 71 可见：物质层质量文化对学生发展之知识技能的间接影响效果为 0.829，直接影响效果为 −0.161，总影响效果为 0.668，占比 22.27%；行为层质量文化对学生发展之知识技能的间接影响效果为 0.454，直接影响效果为 0.384，总影响效果为 0.838，占比 27.93%；制度层质量文化对学生发展之知识技能的间接影响效果为 0.822，直接影响效果为 −0.296，总影响效果为 0.526，占比 17.53%；精神层质量文化对学生发展之知识技能的直接影响效果为 0.968，占比 32.27%。可见对学生发展之知识技能的总影响由高到低排序为：精神、行为、物质、制度层质量文化。

表71　四个维度变量对学生发展之知识技能的影响比例

各维度	直接影响	间接影响	总影响效果	百分比 /%
物质层质量文化	−0.161	0.829	0.668	22.27
行为层质量文化	0.384	0.454	0.838	27.93

续表

各维度	直接影响	间接影响	总影响效果	百分比/%
制度层质量文化	−0.296	0.822	0.526	17.53
精神层质量文化	0.968	/	0.968	32.27
合计			3.000	100

三、个人社会性发展模型分析

（一）模型拟合

从个人社会性发展子维度模型的拟合效果看，模型良好，具有合理适配。RMSEA 值 0.073＜0.08，RMR＜0.05，GFI、AGFI、IFI、NFI、CFI、TLI 值均＞0.9，PGFI、PNFI 值均＞0.5，如表 72 所示。

表 72　个人社会性发展子维度模型的路径分析拟合指数

指标	RMSEA	RMR	GFI	AGFI	IFI	NFI	CFI	TLI	PGFI	PNFI
标准	＜0.08	＜0.05	＞0.9	＞0.9	＞0.9	＞0.9	＞0.9	＞0.9	＞0.5	＞0.5
个人社会性发展	0.073	0.022	0.955	0.929	0.973	0.970	0.973	0.963	0.600	0.720
	符合	符合	符合	符合	符合	符合	符合	符合	符合	符合

（二）路径分析

从结构方程模型数据运行结果分析，R^2 显示为 0.78，即因变量个人社会性发展旁的多元相关系数平方值，表示该模型中所有变量可以解释个人社会性发展变异量的 78%，换句话说，中外合作大学质量文化对学生发展之个人社会性发展的贡献度高达 78%，呈现出较高的解释水平，如图 42 所示。

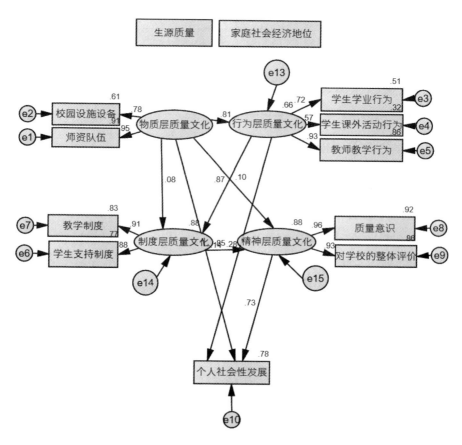

图 42　质量文化视角下中外合作大学学生发展的个人社会性发展综合结构模型

由于制度层质量文化到学生发展的 $p=0.180>0.5$，不显著，因此删除该路径。修正后的模型如图 42 所示，除了物质层质量文化对制度层质量文化在 0.05 的水平（双侧）上显著外，其余各条影响路径都达到了 0.001 的显著性水平，如表 73 所示。其中物质层质量文化对个人社会性发展呈现出负向的直接影响，但间接影响和总体影响如何，需要进行如下的影响分析。

表 73　各变量之间的标准化回归系数与显著性水平（个人社会性发展）

维　度	影响方向	维　度	standardized estimate（标准化回归系数）	p
行为层质量文化	←	物质层质量文化	0.810	***
制度层质量文化	←	行为层质量文化	0.866	***

维　度	影响方向	维　度	standardized estimate（标准化回归系数）	p
制度层质量文化	←	物质层质量文化	0.084	0.013*
精神层质量文化	←	制度层质量文化	0.853	***
精神层质量文化	←	物质层质量文化	0.103	***
个人社会性发展	←	精神层质量文化	0.732	***
个人社会性发展	←	行为层质量文化	0.285	***
个人社会性发展	←	物质层质量文化	−0.141	***

注：* 表示 $p<0.05$，** 表示 $p<0.01$，*** 表示 $p<0.001$。

（三）影响分析

根据结构方程模型分析，影响效果从表74可见：物质层质量文化对学生发展之个人社会性发展的间接影响效果为0.797，直接影响效果为−0.141，总影响效果为0.656，占比23.11%；行为层质量文化对学生发展之个人社会性发展的间接影响效果为0.541，直接影响效果为0.285，总影响效果为0.826，占比29.09%；制度层质量文化对学生发展之个人社会性发展的间接影响效果为0.625，总影响效果为0.625，占比22.02%；精神层质量文化对学生发展之个人社会性发展的直接影响效果为0.732，占比25.78%。可见对学生发展之个人社会性发展的总影响由高到低排序为：行为、精神、物质、制度层质量文化。

表74　四个维度变量对学生发展之个人社会性发展的影响比例

维　度	直接影响	间接影响	总影响效果	百分比／%
物质层质量文化	−0.141	0.797	0.656	23.11
行为层质量文化	0.285	0.541	0.826	29.09
制度层质量文化	/	0.625	0.625	22.02
精神层质量文化	0.732	/	0.732	25.78
合计			2.839	100

综上，从三个子维度的合计总影响可见，中外合作大学的质量文化建设对学生发展的最大影响，是影响了学生的知识技能发展（3.000），其次是个人社会性发展（2.839），再次是通识教育（2.551）。

其影响效果百分比可见图43。从横向而言，精神层的影响合计最大，其次分别是行为层、物质层、制度层质量文化。从纵向而言，由高到低的顺序分别是知识技能发展、个人社会性发展、通识教育。

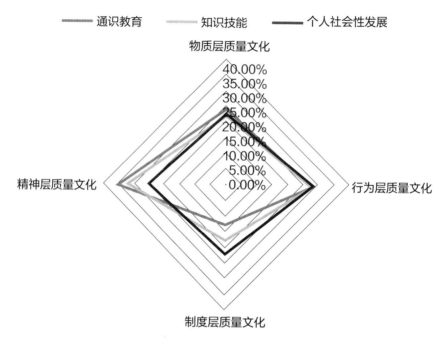

图 43　学生发展三个子维度受影响的变化比例

第三节　对研究结果的混合探讨

上一章主要通过 SPSS 的量化研究揭示了影响因素变量间存在可能的因果关系，但部分量化研究结果与质性分析结果无法达成一致，甚至相左。因此，根据混合方法研究的精髓，本章通过 AMOS 和 Mplus 两类结构方程模型软件，进一步明确和拓展了更深层次的认知，运用路径分析、中介效应检验等方法，探讨了中外合作大学质量文化到底通过什么路径，通过何种机理影响学生发展。由于本章内容是对内部机理的深挖，因此数据分析主要通过量化研究方法获取，因为质性研究方法很难呈现出这一结果，但质性在解释中可以发挥作用。当然，本章的量化内容也是对上一章关于影响因素的质性研究内容的回应。

借以混合方法研究在质性和量化中穿行，以期通过两种方法的取长补短，在混合讨论中进行整合，这既可以深化原有的认知，也可以修正既有认知。换句话说，收集量化和质性数据是为了整合、对比、验证两种数据的结果，来获得对研究问题更深刻的洞见。本章数据合并的混合结果总体如表75所示。

表75　数据合并的混合结果呈现

主要话题	量化结果	质性结果	并行比较
影响机理模型构建	①模型中所有自变量对因变量学生发展的解释力达到了91% ②从四个方面比较了本研究的影响机理模型与原有质量文化、学生发展相关理论模型的异同	无法准确获取	量化是对质性的补位
驱动型理论体系呈现	①物质层质量文化→学生发展 ②物质层质量文化→一重中介→学生发展 ③物质层质量文化→链式多重中介→学生发展	无法准确获取	量化是对质性的补位
多重影响机理挖掘	① SES 和生源质量影响路径不显著 ②直接效应为负的讨论 ③一重中介效应讨论 ④链式多重中介效应讨论	无法准确获取	①量化是对质性的补位 ②质性为量化提供解释
质量文化影响效应和学生发展子维度影响排序	①质量文化对中外合作大学学生发展的总影响由高到低排序：精神层、行为层、物质层、制度层 ②对学生发展三个子维度的影响由高到低排序：知识技能、个人社会性发展、通识教育	无法准确获取	①量化是对质性的补位 ②量化结果与理论对话

那么以下部分的混合研究探讨，即总结并解释量化、质性部分各自的研究结果，并尝试分析这两类数据可以通过何种异同的比较与融合，生成更加全面的解释。

一、构建了质量文化对学生发展的影响机理模型

本研究在国内外学者提出的质量文化理论、学生发展理论等相关理论基础上，结合前期构建的高等教育质量文化理论模型，根据研究实践，创新性地将物质层、行为层、制度层、精神层质量文化和学生发展整合到一个研究框架内，通过描述性统计、显著性分析、相关分析与回归分析、结构方程模型分析等量

化研究方法和质性研究方法，构建了中外合作大学质量文化对学生发展的影响机理模型。假设4（H4）"中外合作大学质量文化四个层通过链式多重中介作用正向影响学生发展"得到了证实。

这是一个链式多重中介模型。模型中所有变量对因变量学生发展的解释力达到了91%，对因变量学生发展之通识教育、知识技能、个人社会性发展等子维度的解释力也分别达到了66%、84%、78%。可以认为，中外合作大学质量文化对学生发展及其三个子维度的贡献度非常大，呈现出较高的解释水平。这与质性分析中，教师和学生普遍认为中外合作大学的质量文化会较为明显地影响学生发展的整体感知或判断相符合。

本研究的影响机理模型与原有质量文化和学生发展相关理论模型相比，异同之处在于：首先，学生发展的结果呈现维度不同。例如齐克林、甘森等学者提出了"学生发展七个变量""良好本科教育的七原则"等，本研究将学生发展的结果主要概括为三个维度，即通识教育、知识技能、个人社会性发展。当然，这三个维度跟国际上关于大学生核心素养的剖析维度类似。其次，学生发展的影响过程剖析视角不同。本研究创新性地构建了一个质量文化理论框架来剖析其对学生发展的影响。而原有的院校影响力理论主要通过不设理论视角的形式来分析，一般从学生背景因素、院校环境、学生参与和投入等层面着手。再次，研究结果获取不同。本研究获得了一个质量文化四层面的链式多重中介理论模型，并得到了中介效应值达0.578的一条完整的"物质层质量文化→行为层质量文化→制度层质量文化→精神层质量文化→学生发展"链式影响路径，可以说呈现了一种链式驱动理论。最后，精神观念层作为质量文化的核心概念认同一致。原有质量文化理论将精神层作为质量文化的核心层，本研究的结果呈现也高度支持了这一观点。

二、呈现了质量文化对学生发展的驱动型理论体系

为检验质量文化理论模型的基础层——物质层质量文化对学生发展的各种影响机理，本研究认为经过拟合参数分析、路径分析、中介效应分析等途径，发现物质层质量文化除了会直接影响学生发展外，还遵循以下两类驱动型理论

体系链式影响学生发展。

一是物质层质量文化→一重中介→学生发展。具体影响驱动路径有 3 条，分别为：物质层质量文化→行为层质量文化→学生发展、物质层质量文化→精神层质量文化→学生发展、物质层质量文化→制度层质量文化→学生发展。前两条中介效应为正，后一条为负。

二是物质层质量文化→链式多重中介→学生发展。具体影响驱动路径有 2 条，分别为：物质层质量文化→行为层质量文化→制度层质量文化→精神层质量文化→学生发展、物质层质量文化→行为层质量文化→制度层质量文化→学生发展。前一条中介效应为正，后一条为负。

以上两类驱动型理论体系中的变量都是以层层递进、环环相扣的链式形式影响学生发展及其三个子维度。这为质量文化影响学生发展的各种可能性路径或机理提供了思路。这种驱动型理论体系符合文献综述中关于质量文化的金字塔 / 同心圆理论基础，也符合本研究构建的质量文化理论框架。

三、挖掘了多重影响机理

本研究构建了一个链式多重中介模型，发现了质量文化对学生发展的多重影响机理：物质层质量文化既可以直接影响学生发展，又可以通过行为层质量文化、制度层质量文化、精神层质量文化而间接影响学生发展。

（一）家庭社会经济地位和生源质量对学生发展影响路径不显著

根据本研究的质量文化影响学生发展的综合结构模型可见，模型分析结果与上一章这两个因素未能进入回归方程的结果保持一致。假设 3（H3）"家庭社会经济地位（SES）和生源质量对中外合作大学学生发展有显著正向影响"未得到证实。的确，对于大学生而言，这一群体已经处于就学经历的后半程。而就学时间越长，家庭对其的影响就越小。另外，正如上一章的分析，本研究选取的是中外合作大学的学生，其高昂的学费和高考招生的分数线，已经将一些由于父母职业、父母受教育程度以及家庭物资等而发展质量不同的学生在大学选拔"入口"中筛掉了。因此，家庭社会经济地位对学生发展的影响路径不显著可以理解。

同时，生源质量对学生发展的影响路径不显著，可能性的解释也与上一章无异，即：首先，中外合作大学的招生分数线基本决定了此类高校学生的水平、层次相差不大；其次，将高考位次作为大学入学的唯一或极重要指标，其公平性历来受到争论，且高考成绩能否真实而全面地反映一个学生的能力水平也存在一定的争议，因此入学前的生源质量也未能进入模型。

（二）直接效应为负的讨论

根据本研究的质量文化影响学生发展的综合结构模型可见，物质层质量文化对学生发展的影响路径系数是 -0.162，即直接效应为负，物质层质量文化对学生发展有直接的负向影响。这一结果与上一章的回归分析结果保持一致，本研究已在上一章第三节的混合探讨中对为提供了五种可能性的解释，尤其，中外合作大学一般作为在办学质量上已有一定声望的学校的二次创业产物，其物质层质量文化建设得相对较好，但可能由于学生结合自身的实际状况（如付出的高昂的学费等等）进而给予自己更高的定位，会认为学校在物质层方面的建设对自己有帮助但还未达到预期。这一解释在质性访谈中有一定的印证：不少学生提到学校的地理位置较为偏僻、图书馆自习空间在复习季供不应求、食堂质量不高、网络一般、抢条件相对好的宿舍太难、管理岗教师的质量有待提升、外籍教师没有预期的多，国际学生也没有预期的多，等等。同时，部分学者认为中外合作办学的外籍教师队伍的不稳定性也会带来一定的质量影响。

但经由综合结构模型建构可见，尽管物质层质量文化对学生发展的直接效应为负，但其主要通过行为层质量文化、制度层质量文化、精神层质量文化等中介变量的间接效应来对学生发展产生总体的正向影响，总间接效应为 0.796，总效应为 0.634。对学生发展三个子维度的总影响效应分别为 0.610、0.668、0.656，均达到了较高的影响水平。

正如本研究在文献综述中提及，"学校投入"这一在学生发展中的常见影响因素，主要包含软件和硬件的投入，硬件投入比较容易测算，但软件投入如师资队伍质量、师生比等对学生发展的影响就比较复杂。北京师范大学周作宇教授的研究结论中对学校层面的变量解释率不高，学校层面的变量往往通过学生行为方面的变量对学生发展产生影响。

（三）一重中介效应讨论

根据本研究的质量文化影响学生发展的综合结构模型可见，行为层质量文化、制度层质量文化和精神层质量文化分别在模型中起到了中介作用。三条一重中介路径如下。

1.行为层质量文化的中介作用：物质层质量文化→行为层质量文化→学生发展。研究结果显示，通过行为层质量文化的中介效应值是 0.331，在置信区间为 95% 的水平上是显著的。换句话说，包含着校园设施设备和师资队伍的物质层质量文化每增加一个单位，就可以通过行为层质量文化使学生发展增加 0.331 个单位。

物质层质量文化指数的提升会显著影响行为层质量文化，进而促进学生发展。的确，相对完善的图书馆、实验室、教室、信息技术资源等建设能进一步提升学生的学业活动参与度，如更多地利用图书馆资源进行课程内、外内容的学习，利用信息技术进行写作、阅读等；相对完善的运动场所、国际化事务咨询点的建设能进一步提升学生参与课外活动，如参与社团组织、文艺活动、国内外志愿服务实践活动等的积极性；相对完善的学术教师、行政管理教师的队伍建设能进一步提升教师在课堂内外与学生的学术与日常交流的育人效果。这一系列行为层质量文化的提升都能在不同方面促进中外合作大学学生的发展。

2.制度层质量文化的中介作用：物质层质量文化→制度层质量文化→学生发展。研究结果显示，通过制度层质量文化的中介效应值是 −0.022，在置信区间为 95% 的水平上是显著的。换句话说，包含着校园设施设备和师资队伍的物质层质量文化每增加一个单位，会通过制度层质量文化使学生发展减少 0.022 个单位。

制度层质量文化与学生发展之间的回归系数为负，这个数据值得我们探讨。可能的解释有以下几点。

其一，制度对中外合作大学学生而言，"存在感"不强。在质性访谈中，当问及学生对本校的一些制度看法如何时，学生们表现得比较淡然，部分学生认为"制度离我很远""制度与我无关""制度对我影响不大"。

像这些制度的话，我没什么接触。（L同学，男，N高校）

很难说自己了不了解。我一时间想不出来什么制度。就是你如果正常学习的话，这些制度对你是没有影响的。但如果你遇到什么事，比如说你要休学，那你就得去了解一下休学制度。像我室友想休学一年，他就会去了解。其他基本上也没有什么了。（Z同学，男，N高校）

的确，每所学校都会有各种各样的教学管理制度、学生发展支持制度，但教师和管理人员对制度相对熟悉，而学生不会主动去关注各类制度，除非需要特别用到时，才会去了解。而且中外合作大学的学习和生活氛围相对而言更加强调自由、自律和自主，学生不爱受制度的约束。

中外合作大学可以更多地让学生参与制度的设立、修订等。因为学校的制度最终是落实到每一位学生、每一位教师的，制度不仅仅是要求遵守，更多的是让每个个体形成关于组织的认同感。

其二，学生熟悉的制度更多的是制约类的制度。

其实我觉得很多时候是感觉不到制度的存在的，因为当你自己的行为是在那个制度允许范围内的时候，你是感觉不到的。所以我觉得制度这个问题不太好说。（W同学，男，N高校）

制度简单分，可以分为制约类和激励类。在制度执行的过程中，有时会因为过于强调学生要自律，强调制度的规范与约束，而忽视了制度的激励功能。而大部分学生群体又恰恰认为激励类的制度似乎更与己无关。

其三，中外合作大学的成立时间不长，制度在发展过程中有待进一步完善。

学校的制度怎么说呢，可能也是因为学校比较"年轻"，会感觉学校仍在完善很多制度。很多的制度会根据学生的一些需求而有所更改。比如说最近一年闹得最"凶"的就是学校的成绩绩点制度这个东西。（Y同学，男，U高校）

中外合作大学普遍较为年轻，在寻找自身的发展定位和促进学生成长成才过程中，仍在不断摸索、不断前进，而制度建设又是发展过程中重要的一环，尤其涉及变更合作方的管理制度时，制度的完善又需要一个过程。

其四，中外合作大学的相关制度本土化问题需要进一步考量。本研究的量化调查问卷中关于制度层质量文化的设计，主要涉及教学支持制度和学生支持制度。但这些制度大部分是源于合作方高校，比如邮件交流制度、office hour 制度、校外考官制度、听证申诉制度等等，但制度落地在中国本土，其本土化也是一个需要考量的关键问题。

> 毕竟英国的那一套制度，并不一定完全适合中国国情，为了更好地适应国情，还是要做一些调整，或者做一些补充的。（S 老师，女，N 高校）

其五，现有的学生发展理论中，制度类的影响因素较为少见。综观学生发展理论，在影响因素中，更多的学者认为是学生的学术参与、活动参与、人际交往行为、同伴影响、态度与价值观念、大学环境、大学类型、大学规模、大学质量、人口统计学特征等影响了学生发展，而几乎未有明确的制度因素。同理，在印第安纳大学研发的美国大学生就读经历问卷调查（CSEQ）、加利福尼亚大学本科生校园经历调查以及国内周作宇、鲍威、史静寰等学者研发的学生发展或就读体验问卷中，也较少明确提到制度类的影响因素。

以上五点解释可能可以解释制度层质量文化对学生发展呈现负向路径系数的原因。这也值得本研究在后续研究中提出相应的问题和对策。不过从后续的链式多重中介效应可见，制度层质量文化能通过精神层质量文化等中介变量对学生发展产生正向影响。

3. 精神层质量文化的中介作用：物质层质量文化→精神层质量文化→学生发展。研究结果显示，通过精神层质量文化的中介效应值是 0.103，在置信区间为 95% 的水平上是显著的。换句话说，包含着校园设施设备和师资队伍的物质层质量文化每增加一个单位，就可以通过精神层质量文化使学生发展增加 0.103 个单位。

物质层质量文化的提升会显著提升精神层质量文化，进而促进学生发展。的确，对图书馆、实验室、教室、信息技术资源、运动场所、国际化事务咨询点等设施、场所的提升性建设，以及加大对学术教师和行政管理师资队伍的重视程度，会进一步提升学生对学校的整体评价度和对学校质量意识的认同感，进而促进学生发展。当然，这与中外合作大学学生对学校物质层质量文化的现实预期存有一定差距并不矛盾。

（四）链式多重中介效应讨论

根据本研究的质量文化影响学生发展的综合结构模型可见，行为层质量文化、制度层质量文化和精神层质量文化在模型中又起到了链式中介作用。2条链式多重中介路径如下。

1. 物质层质量文化→行为层质量文化→制度层质量文化→精神层质量文化→学生发展。研究结果显示，通过行为层质量文化、制度层质量文化和精神层质量文化的中介效应值是 0.578，在置信区间为 95% 的水平上是显著的。换句话说，包含着校园设施设备和师资队伍的物质层质量文化每增加一个单位，就可以通过行为层质量文化、制度层质量文化和精神层质量文化使学生发展增加0.578 个单位。

这 4 条回归系数的值都在 0.8 以上，总间接效应值也达到 0.578，在综合模型中，是最重要的一条影响路径。这条完整的链式影响路径，呈现了一种链式驱动理论。

J. R. 哈里斯（J. R. Harris）认为，青少年具有两套行为系统——家庭环境内的行为和家庭外的行为，青少年将独立在家庭内、外习得两套行为系统。高等学府提供的是重要的家庭外行为系统的重要练习场。学校制度关系的复杂性，使得作为行为系统练习场的学校环境利于学生个体社会化的完成和发展。[①] 本研究认为，中外合作大学学生在中外合作大学这一环境场域中习得各种行为系统后，又通过行为系统将个体性集聚，而后糅合形成集体性的表现，并在集体性表现中上升为制度关系的呈现，进而凝聚成价值认知与文化认同，最终促进学生发展。

在以往研究中，学者们分别认为学生的行为参与、大学的环境，以及价值观念等是影响学生在大学的发展因素之一，也将这些影响因素作为变量整合到

---

① 徐轶丽，桑标. 青少年成长环境的新认识——哈里斯（J. R. Harris）的群体社会化理论及其评价 [J]. 当代青年研究,2003(3):15.

一个研究框架的理论模型中，但并没有将这些因素进行递进式的、驱动式的考察，而本研究受质量文化的金字塔 / 同心圆理论的启发，拓宽了前人的研究范围和研究视角，通过设计本研究的质量文化理论框架，创新性地将质量文化的物质、行为、制度和精神四个层进行链式驱动考察，通过链式多重中介效应检验程序，从另一角度丰富了学生发展理论和质量文化理论，为其相关研究做出了新的贡献。

2. 物质层质量文化→行为层质量文化→制度层质量文化→学生发展。研究结果显示，通过制度层质量文化的中介效应值是－0.194，在置信区间为95%的水平上是显著的。换句话说，包含着校园设施设备和师资队伍的物质层质量文化每增加一个单位，会通过行为层质量文化、制度层质量文化使学生发展减少0.194个单位。

这条链式二重中介的中介效应值为负，源于制度层质量文化与学生发展之间的回归系数为负，为负的可能性解释已在上文进行阐述。

（五）学生发展三个子维度的多重影响机理讨论

本章的第二节对学生发展的三个子维度，即通识教育、知识技能和个人社会性发展的影响机理进行了分析，除了个人社会性发展的影响机理模型中的制度层质量文化对个人社会性发展的回归路径不显著外，其余模型路径均与第一节的质量文化影响学生发展的综合结构模型相似，即：家庭社会经济地位和生源质量对这三个子维度的影响都不显著，物质层质量文化对三个子维度的直接效应为负，且存在一重中介和链式多重中介效应。

四、展示了质量文化四个层的影响效应

由本章第一节的分析结果可见，质量文化对中外合作大学学生发展的总影响由高到低排序分别为：精神层质量文化（占比31.92%）、行为层质量文化（占比29.11%）、物质层质量文化（占比20.95%）、制度层质量文化（占比18.01%）。另外，发现精神层质量文化和行为层质量文化的影响模式相近，且占比相近，约30%；物质层质量文化和制度层质量文化的影响模式相近，且占比相近，约20%。本研究得出以下结论。

（一）精神层质量文化对学生发展影响最为重要，符合质量文化理论

国外学者在探讨质量文化理论时，强调信任、价值观等精神观念的重要性：欧洲大学协会的质量文化模型以一致的方式提出了质量文化概念，并且选择将质量作为共同价值和集体责任传达给机构的所有成员，包括学生和行政人员。埃勒斯高等教育质量文化模型认为通过沟通和参与能协调不同的文化并建立集体信任。质量发展本质上基于共同的价值观。拉纳雷斯的高等教育质量文化模型认为要关注机构中的参与者是如何赞同并追随价值的，且"信奉"的价值可以很好地测量组织文化。国内以金字塔/同心圆质量文化模型持有者为代表的学者均认为，精神层质量文化处于最重要的位置，起关键作用。如唐大光、王章豹、王朝兵认为精神道德层是质量文化的核心层。

本研究的精神层质量文化主要从质量意识和对学校的整体评价入手设计问卷题项，如：所在学校已形成了具有自身特色的办学理念，所在学校注重树立质量意识、品牌意识，所在学校有师生共同追求的价值观，所在学校强调学生国际化教育的同时也重视中华传统文化教育，学校、老师、学生间的"信任"文化氛围浓厚，"我"会向他人推荐就读所在大学等等，这些题项都是精神文化与价值认同层面的一种共识测试，一旦一个组织能有共同的价值追求，那么这一组织就能积极地、正向地促进学生群体的发展。

（二）行为层质量文化对学生发展的总影响占比列第二，符合质量文化和学生发展理论

行为层质量文化尽管对中外合作大学学生发展的影响占比列第二，但与精神层质量文化的占比相近，这一研究结果与质量文化、学生发展理论都相契合。

在质量文化理论中，哈维提出高等教育通过学习经验为学生增加价值。教育不是为客户提供的服务，而是持续的学生参与者转型的过程。苏格兰模式在质量即变革中强调参与与学习经验能为学生带来增值，并认为学生应该参加学校内外部的质量管理流程，且质量文化为学生创造了新角色。埃勒斯模型强调质量文化将交流和参与视为组织文化的关键要素。拉纳雷斯模型综合文献发现，质量文化的多数研究依赖人们对其价值观或行为的评价，同时提出价值观与

行为之间的转换。欧洲大学协会模型在结构/管理要素中关注个人行动目标的协调。

在学生发展理论中，阿斯汀在 I-E-O（投入—环境—产出）模型基础上又提出了学生卷入模型，认为学生与教师、同伴的交往，参加学术活动和工作等形式的行为参与或投入，对学生的学习成绩、学术表现和人际交往发展都具有正向影响作用。弗雷德里克斯（Fredricks）认为学生的行为参与、情感参与和认知参与能促进学生发展。纽曼（Newmann）等人提出了学生投入理论，强调了学生的认知、情感和行为投入是影响学生发展的重要因素。佩斯的"努力质量"模型、乔治·库的学习产出影响因素模型、帕斯卡雷拉的变化评价综合模型等，均强调了学生参与、学生行为对学生发展的影响的重要性。

本研究的行为层质量文化主要从学生学业行为、学生课外活动行为和教师教学行为三方面入手设计问卷题项，如：利用图书馆资源进行学习，投入专业课程学习，使用电脑和信息技术学习，参加各类课内外考试，参加社团或学生组织，参加志愿服务，社会实践等活动，引导学生深层次学习，师生互动突显跨文化性，课堂教学引入多元文化视角，教师在课堂上引导学生批判性思考，教师在课余时间指导学生或与学生交流等等。这些题项体现行为层质量文化对中外合作大学学生发展起到正向影响作用。换句话说，学生们参与的活动、师生的行为是学生认识和熟悉学校质量文化或者说价值观念的重要路径。同时这些价值观念对每一个参与其中的个体都提出了相应的要求，师生也在行为实践和价值认同中进一步促进了自身的发展。

（三）物质层质量文化和制度层质量文化的影响模式相近

物质层质量文化和制度层质量文化对中外合作大学学生发展的直接效应均为负，且都能通过其他中介变量对学生发展产生总的正向影响，且两者对学生发展的影响占比均为 20% 左右。

在前文的混合探讨中，本研究发现国外学生发展理论对院校物质层面的因素影响通常解释为间接的正向影响，且国外学生发展理论中关于学校投入（物质和资金支持、教师队伍）与学生发展之间的关系没有得到较为稳定或一致的结论。同时，在现有的学生发展理论中，制度类的影响因素较为少见。本研究的结果也在一定程度上解释或验证了原有的理论。

当然，从中外合作大学及其学生群体的实际情况分析，学生缴纳了高昂学费势必对物质层面的环境要素期待较高，而现实的物质层质量文化恰还未达到其期待，因此出现了物质层质量文化直接效应为负的结果。制度层直接效应为负的解释上文也已提到，中外合作大学相关制度的本土化问题需要进一步考量，制度对学生而言存在感不强也是原因之一。

在质性访谈中，师生们认为物质层质量文化和制度层质量文化对学生发展均有正向影响，这应该是处于某一环境中的人们的正常或表象认知。但对其内在机制可能并不一定了解，而结构方程模型的链式影响则深入而细致地解释了其中的影响机理。

（四）质量文化四个层共同作用于学生发展

无论是质性访谈的结果分析，还是量化研究的结果分析，本研究搭建的质量文化理论模型中的物质层、行为层、制度层、精神层四个层通过直接和间接的方式共同作用于学生发展。这也较好地回应了本研究提出的研究问题：基于质量文化理论，影响中外合作大学学生发展的因素有哪些？这些因素如何影响中外合作大学学生发展？对于这四个影响因素的共同作用，本研究还提出了其中变量都是以层层递进、环环相扣的链式形式影响学生发展及其三个子维度的驱动型理论体系。

（五）对学生发展三个子维度的影响

从学生发展三个子维度的合计总影响可见，中外合作大学的质量文化建设对学生发展的最大影响，是影响了学生的知识技能（总影响效果值为3.000），其次是个人社会性发展（总影响效果值为2.839），再次是通识教育（总影响效果值为2.551）。本研究对学生发展上述三个子维度的题项设计数分别为14项、7项和5项，且知识技能体现了个体发展中的较为全面的发展元素，可见中外合作大学的质量文化建设对学生的知识技能等产生了更为重要的影响。

　　从影响百分比看，对知识技能和通识教育的影响占比排序与学生发展总体一样，均为精神、行为、物质和制度层质量文化，不过个人社会性发展的影响占比排序为行为、精神、物质和制度层质量文化，但是占比之间相差不大。可见，精神层和行为层质量文化对学生发展三个子维度产生了更为重要的影响。

第七章

质量文化视角下中外合作大学学生发展支持系统构建

第四章的中外合作大学学生发展群像展示了相对全面的学生发展现状，也凸显了作为特殊类型高校的学生发展的核心能力。第五章和第六章的研究内容，则聚焦于质量文化视角下的中外合作大学学生发展的影响因素和影响机理，深入剖析了到底由哪些因素、通过什么路径对学生发展产生了影响。在上述研究基础上，本章将在探讨质量问责核心"谁的质量"和高校及学生发展的"质量风险"后，拟从政策建议角度，提出构建基于质量文化的中外合作大学学生发展的支持系统。

第一节　谁的质量与质量风险

一、谁的质量：质量问责的核心

受 WTO 影响，跨境教育已经成为一种经济手段，以经济因素为诱导的利益追求也成为跨境教育的主要动力。在跨境高等教育中，利益相关者的组成更为复杂，不仅涉及政府、学生、企业、校友、捐赠者等，还包括由境内高等教育举办者代表和境外高等教育举办者代表组成的董（理）事会等群体。跨境高等教育作为"教育服务贸易"的一种形式，应从哪类利益相关者群体的利益最大化出发来为他们提供高质量的教育服务？

哈维和格林（Green）认为，不同的高等教育利益相关者，如学生、教学人员和非教学人员、政府及其资助机构、质量认证者、质量审核者和质量评估者

（包括专业机构）等对高等教育的质量观不同。① 如果将利益相关者分成内、外问责两个群体，例如以学生、教学人员等组成的内部问责群体和以政府，质量认证、评估者等组成的外部问责群体，那么，高等教育质量，或者说跨境高等教育质量，应该是谁的质量？

美国学者伯顿·R. 克拉克（Burton R.Clark）等提出了高等教育的质量问责三角模型②，经过对比发现，在各种三角模型中，无论是政府、高校还是市场，这三者体系的平衡点无疑都是学生发展质量，如图 44 所示。换句话说，人才培养质量是根本落脚点。因为随着大学不断地要求政府放权，大学获得了更多的办学自主权。而市场处于大学自治和政府之间，市场通过竞争反映高等教育质量，尤其是在国际高等教育市场竞争中。但高等教育的根本任务是培养高素质的创新人才，这已成为社会各界的共识。虽然高等教育的职能在不断扩大，但无论是教学、科研，还是社会服务、文化传承等，都需要通过人才培养来实现。就像美国学者迈尔肯·弗雷泽认为的，高等教育的质量首先是指学生发展的质量。学生在认知、技能、态度等方面的收益是衡量高等教育的核心指标。③ 显然，学生群体作为消费者，愈发关注教育效果，尤其是在中外合作大学中，高额的学费、生活费等将使不同的质量评估者重新审视学生这一利益群体。

图 44 学生发展：高等教育质量问责三角的平衡点

① Harvey L, Green D. Defining Quality[J].Assessment & Evaluation in Higher Education,1993(1):9−34.

② Clark B R. The Higher Education System:Academic Organization in Cross−National Perspective［M］. Berkeley,CA:University of California Press,1983: 144−145.

③ 陈玉琨 . 高等教育质量保障体系概论 [M]. 北京：北京师范大学出版社 ,2004:59.

二、质量风险：质量文化视角下的高校和学生

跨境高等教育的开放性、独特性、复杂性与多主体性，使其质量风险和质量保障体系成为学界和社会各界的关注点。不过当前学术界探讨更多的是外部质量保障体系中的质量风险，例如车伟民等学者认为跨境教育质量评价体系缺失等风险会对中国跨境教育质量产生如下影响：西方文明范式对中国传统文化的颠覆，市场开放造成西方教育品牌对我国知名民族教育品牌的冲击，学位互认（协议）对我国学历学位制度的冲击，教育发达国家的质量标准和评定方式的影响，政府监管的行政成本和执法风险增加[①]等。的确，需要从国家、社会、学校等各个层面加强跨境高等教育的质量风险控制，引导并确保其健康有序发展。

紧扣跨境高等教育学生群体这一利益相关者，本部分主要从内部质量风险探讨入手，来审视质量文化视角下的中外合作大学办学主体及其学生。

（一）中外合作大学的内部质量风险

从办学主体的自我监控内容或者说中外合作大学所面临的质量风险而言，涉及的重点是投资规模、财务结构与财务管理、培养方案、教学目标、教学计划、教学内容、课程结构、课时保障、教学资源、设施设备、生源和师资力量等。自我控制的对象是课程设置与结构、学分学时、实践、实训能力和素质培养、合作内容实施和目标实现、全程质量管理等。[②]

根据质性访谈，本研究认为，从中外合作大学的学生和教师的视角出发，其内部质量风险体现在如下几个方面。

1. 设施设备

尽管中外合作大学的设施设备模仿合作方高校而建，学校新且设计风格和设施设备风格也较为时尚，但在量化研究中，物质层质量文化对学生发展的影响路径为负，可知中外合作大学的设施设备可能并未达到高消费者——学生群

---

① 车伟民, 孔令凯. 我国跨境教育的质量风险分析 [J]. 中国高等教育, 2010(5):27.
② 刘尔思, 车伟民, 黄镇海. 论我国高校多层次跨境教育质量控制体系的构建 [J]. 高等教育研究, 2010(4):45.

体的预期。如有受访者提到："学校面积太小了，而且有点偏。"（J同学，女，K高校）另外，也有受访学生吐槽食堂价格高、不够亲民，以及论文季和考试季时，图书馆或自习室位置满足不了需求。

对于网络设施设备，由于是中外合作，因此在跨校区选课系统方面，需要有更强大的网络技术来支撑。"我们学校的选课系统年年出'bug（程序错误）'，年年说要改，然后还是出'bug'。问题主要出在选美国那边的课程。好像是因为时差的关系，美国那边的操作有问题，所以经常出现问题，我选了两次课，两次都出'bug'了。"（R同学，女，K高校）心仪的课程选不上，有可能会直接影响学生后续的专业学习或通识教育的学习。

2. 师资队伍

首先，中外合作大学独特的师资构成，是跨境教育的一大特色。其直接从合作方高校引入师资或进行全球招聘，外籍教师占比达75%～95%，可以说，师资的国际化程度较高。但由此也带来了师资的高流动性问题，毕竟大部分外籍教师的生活、家庭是个实际问题。这也是部分学者对中外合作大学的师资及教学质量保障提出的疑问点，因为师资队伍的稳定性直接影响学生发展的质量。其次，在访谈中，也有受访教师提到，教师的经济待遇或职业发展也应是学校需要更多考虑的方面。一是关于中方教师，尤其是行政管理教师的管理水平，也有部分受访学生提到仍有质量提升的空间。二是关于辅导员设置的必要性探讨。"我看过一篇文章，讲北大、清华和港大有什么区别，是港大的一个毕业学生写的，但他是北京人。他大概第一年是在北大上课的。他从一个港大毕业生的视角，将在港大、北大和浙大读过书的同学进行了对比，发现从学术上来讲，这几个学校都是非常优秀的，但最本质的区别在于北大、浙大有辅导员，北大、浙大有班级，而港大是相对松散的，它比较强调和依赖学生的自觉，比较注重学生个人的能力，以及个人解决问题的一些手段。但是内地的高校有班级、有辅导员，很多情况下凝聚力不一样，归属感不一样，认同感也会不一样。"（D老师，男，N高校）在当前的政治大背景下，中外合作大学的思想政治教育或者说党建工作不可或缺，那么思政辅导员或班主任的设置是否有必要，也值得深度思考。

3. 教学体系

教学质量对于学生发展十分重要，中外合作大学的质量保障体系主要涵盖的内容体现在教学质量上。在质性访谈中，受访学生提到，中外合作大学的专业设置可以再丰富些。例如大部分学生来自经济条件相对良好的家庭，自小受过艺术训练，而中外合作大学艺术类专业设置非常少，恰恰其合作学校的艺术类专业相对完善。也有受访学生提到有必要加强与国内普通高校的专业与课程设置的交流，可以相互借鉴。

还有人文社科类课程的教学质量问题。个别受访学生认为，中国文化课要更注重课程质量的建设，因为中国文化课以讲座的形式呈现，系统性不够强，学习的内容没有连贯性，也较为基础。同时，在具体的教学过程中发现，"人文社科类外籍教师对中国传统文化等理解不深。由于我们这个课程体系是从国外引进的，教师也是外教居多，就会发现在人文社会科学类的课程中，外教的理论观点中引用中国传统的理论或观点不多、不深，但人家是外籍教师，他的确不知道，也没办法。就是说可能老师的国际化视野还有待加强"。（S 老师，女，N 高校）

4. 学生结构

在学生群体结构方面，不少受访学生认为，作为中外合作大学，国际学生和研究生偏少。而部分学生报考中外合作大学的一个原因可能就是希望更多地接触国际学生、掌握跨文化知识。同样，硕士、博士等研究生的占比也较低。

5. 学生服务支持

由于中外合作大学一般没有班级，没有辅导员或班主任，因此学生服务部门的服务支持显得尤为重要。部分受访学生认为，"希望学校能给学生更多的发展规划指导，因为有些学生并不清楚自己未来发展的方向"。（G 同学，女，K 高校）

同时学生服务部门的办事流程需要进一步优化。例如："请假程序有点烦琐。如果要请假，就需要去打印请假单，要找不同的专业老师签名，然后要交到教务处，这样一套下来的话，会占用很多时间"。（H 同学，女，U 高校）"行政部门的办事效率有点低，可能学校有自己的难处和程序。他们可能叫你先申请，然后再提交上级组织审批，多几个步骤，所以就会慢一点，有的时候同学们希望学校的回复能及时一点，给大家更多的便利。"（Q同学，女，U高校）

6. 制度环境

中外合作大学鉴于其独特性、复杂性，应该说在制度建设上是有较为深入的探索的，尤其是在教学制度和学生支持制度方面。但在量化研究结果中发现，制度层质量文化对学生发展的影响路径为负，这可能与学生对制度的关注度不强有关，认为"制度与己无关，与管理者才有关"。同时由合作方引入的制度，在本土化过程中的适用性也值得考量。例如有受访教师认为对学生的管理太民主、太自由了。尽管西方文化强调民主和自由，但中国学生居多，这一制度应该有本土化的过程。另外，有学生提出："学校能不能把上课时间延长一点，把假期时间缩短一点？因为上课时间短的话，可能到期末同一天要交很多作业。像我一周可能有五个presentation（演示），加上两个report（汇报），忙不过来。而假期有点长，因为它是按照香港那边的假期设置的，跟国内的时间段合不上。"（C同学，男，U高校）

另外，受访学生提到，学校还在发展中，有些制度不够完善。"例如社团有重复设立的，所以审批应该再严格点。"（Z同学，男，N高校）也有部分受访学生对学分绩点制度有争议，因为其设置的科学与否直接关系到日后申研的成功与否。

7. 办学理念

办学理念是一所学校发展质量价值观的体现，中外合作大学的全人教育、博雅教育、以生为本的办学理念特色较为鲜明，但在受访过程中，也有个别学生提到："尽管学校已经很开放，但是也希望能进一步听取学生的意见。"（C同学，男，U高校）"希望学校做决策之前，可以更多地征求一下学生的意见。"（X同学，男，K高校）

可见，消费者（学生群体）对中外合作大学"以生为本"的服务理念的期待值是比较高的。

8. 办学定位

中外合作大学的办学定位一般而言较为清晰且独具风格，具体如联合办学与独立主体的融合、以本科为主、培养具有爱国主义情怀的国际化人才、教学为主型向教学科研为主型转变等，其中国际化是显著特色。

但在实际发展过程中，国际化的办学定位也遇到了不可抗力的挑战。例如2020年笼罩全球的疫情，使得出国不便、归国受阻、国际关系与国际形势错综复杂，中外合作大学当年的招生出现抱团下滑，严重的下滑了5万名次，甚至在部分省市出现投不满、撤回指标的现象。就读中外合作大学作为出境申研的捷径之一，在本次疫情的影响下严重受阻，进而延伸出一系列的问题。这或许就是中外合作大学面临的最主要的风险——可持续办学的风险。由于中西方政治体制不同、文化传统不同、教育理念不同、管理制度不同，在某些主客观因素的影响下，会出现多方利益的交锋。但国际化的办学定位又是中外合作大学不能放弃的，希望这类影响是暂时的。

另外，也有受访教师提到，随着学校的发展、领导者的更替、周边环境的变化，需要有更为明确的发展目标与发展思路。以本科为主也好，转向产学研服务地方经济也好，做强做大研究生教育也好，都需要有一个更明确的引领。

（二）中外合作大学学生发展质量风险

随着高等教育评价方式的转向，学生的发展质量成为高等教育的核心指标。大学生的学习性过程指标可以让学校了解到其所提供的学习动机和活动是否充分，以及学生是否有效使用了学校的教育资源。本研究主要从如下几个方面剖析学生的内部发展质量风险。

1. 参与度

学生参与度已经上升为一种理论，源自学生发展理论的不断推演，是指学生投入参与有益教育活动的时间、精力以及努力程度。阿斯汀的"study involvement"（学生投入）以及乔治·库的"student engagement"（学生参与）都指向这一含义。

量化研究结果显示，学生和教师的参与行为对学生发展的影响占比较高，可见中外合作大学的学生在利用学校各类教育资源时的主动性较强。当然质性访谈的结果也体现了学生积极参与的现状。不过有个别受访教师仍提出，学生的配合还可以再主动些，尽管学生们会为了GPA、为了自己的未来而努力，但每个人都有自己的想法，也不免存在"佛系"的学生。一旦无所作为、没有目标地混过了四年，那么学生发展甚至发展质量根本无从谈起。

2. 适应性

中外合作大学的教育环境呈现多元化的特点，这样一个压力大、文化又多元的环境，对学生的适应能力是一种挑战。尽管已经是小班化和研讨式教学模式，但中外合作大学对英文的要求非常高，部分学生在全英文教学制度下，会出现英语学习跟不上的情况。也有部分学生认为所有的专业课都用英文上，在一定程度上会降低专业课的含金量，自己对专业学习有一定的期待，但精力既要分给专业学习又要分给英文学习，有点难平衡。

3. 自律性

中外合作大学相对宽松、自由的就读氛围对学生的自律要求较高。部分学生提到，"能不能合理、科学、自主地安排时间，对自律能力与规划能力是个考验"（X 同学，男，K 高校）。当然对于自律的度的把握并不容易，但对于那些需要调整的学生，受访教师会这样提醒他们："9 万元一年的学费，如果一堂课不去，600 元就没了。倘若不认真对待学习，其实就是对钱的不尊重。"（D 老师，男，N 高校）但事实上，不管怎样的高校、怎样的教育环境和教育氛围，老师都不可能手把手教，仍需要学生自身的努力。

4. 身心发展

在学生发展质量中，身心发展质量是最基础的，相对而言，也是最重要的。量化研究结果显示，中外合作大学学生发展的各项指标中，身体健康发展指标的均值远远低于其他各项发展指标。也曾有一位中外合作大学的体育教师撰文提到，学生的身体素质下降明显，成长质量堪忧。另外，中外合作大学学生的心理健康也需要高度关注。因为中外合作大学的学生往往对自我的要求比较高，容易出现心理波动或防线崩塌。

第二节　质量文化视角下学生发展支持系统构建

基于中外合作大学学生发展的影响因素和影响机理的深入分析，本节拟通过解读"谁的质量"和"质量风险",从质量文化的四个层来全面构建中外合作大学学生发展的支持体系。这是从"质量文化"理论的视角对"院校影响"和"学生发展"理论的全面回应。

一、物质层质量文化支持系统构建,保障学生发展

学生选择中外合作大学,主要看中其引入的优质教育资源,并能可持续发展。而学校和学生良好的可持续发展必然离不开强有力的物质保障,如教育经费的保障、硬件环境的保障、师生队伍的保障等。尤其是量化研究结果呈现的物质层质量文化对学生发展的负向影响,则更需要中外合作大学本身正视学生群体由于高消费而产生的高期待的落差问题。

（一）拓宽教育经费来源渠道

跨境教育亦可称为跨境教育服务贸易,顾名思义带有一定的利益驱动性。中外合作大学作为跨境教育的一种表现形式,其办学经费来源和教育投资回报等,在 21 世纪初即中外合作大学兴起之时成为教育界关注的焦点。

但落地在中国本土的中外合作大学,在办学模式的探索中坚持教育的公益性应该是首要原则。例如宁波诺丁汉大学前校长杨福家教授坦言:"宁波诺丁汉大学绝不参与国内教育产业的竞争,一不谋利,二求平衡,三求卓越。"[1]宁波诺丁汉大学的境外合作学校也不会抽取办学资金到英国,而且还会对宁波诺丁汉进行资金投入。

中外合作大学办学成本非常高,仅仅依靠学生的学费收入远远不够。尤其是学生群体在学习方面的资金需求巨大,如学校为学生建宿舍楼的费用、建实验室的费用、建体育馆的费用、购买实验器材的费用,还有从国外高薪聘请外籍教师的费用等。正如宁波诺丁汉大学前总务长贝利在学校创办之初提到的:"我们从诺丁汉本部调来的工作人员,除了按英国当地标准发放工资外,还增加30% 的海外补贴,有的资深教师的年薪相当于人民币 70 万元。"[2]由此,多样化

---

① 王福银,张宝蓉.外国优质高等教育中国化的新探索——宁波诺丁汉大学办学模式解析[J].高等教育,2005(15):33.
② 邱文.宁波诺丁汉中外合作办学样板缘何推广难[J].教育,2006(18):39.

和科学持续的经费来源是中外合作大学可持续发展的前提。

以西交利物浦大学为例，该校打造了"五根支柱"的财务支撑体系，即学费、研究经费、教育发展基金会、地方政府和国家的支持5个方面，为该校的人才培养、学生发展提供了源源不断的资金支持。[①] 以宁波诺丁汉大学为例，该校积极争取国家、地方政府和企业的支持和资金补贴。宁波市政府在学校创办之初一次性补贴1.5亿元，并在2011年规定该校每招收一个理科生即补贴1.8万元，同时又为实验室建设投入了3.5亿元。[②]

尽管本研究的量化分析部分并不涉及教育经费，但这对质性访谈中师生们提及的"资金支持"是一种重要的回应。并且，中外合作大学只有切实拓宽经费来源，提升办学积极性，除了收取学费外，积极从研究经费、企事业单位或个人捐赠及教育发展基金会、地方政府和国家支持等方面着手，才能获得更强大的发展资金的支持，自身也才能更加稳定、可持续发展。

（二）构建有益学生发展的高质量校园环境

所谓环境塑造人。尽管这是一个广义的环境概念，但是物质环境仍然起了重要的作用，因为校园的物质环境是学生生活与学习的重要基础条件，在育人过程中产生重要影响。

首先，具有独立校园的中外合作大学在环境的整体设计上，在引入合作方高校校园设计风格的同时可加入本土中国元素。例如宁波诺丁汉大学行政楼前融合了中式庭院和西式广场风格的设计，恰到好处地体现了中西交融的韵味。不过也有部分中外合作大学，如上海纽约大学等，由于地域等各种客观条件限制，校园环境显得比较简单。而一个优美的校园环境，既能体现该校的学术氛围，也能间接体现学生发展的朝气与活力。

其次，要加大对各类设施设备的投入，例如图书馆、体育馆、文体馆，教室、自习室、寝室、实验室等等，都是与学生的成长与发展息息相关的基础设施。在本研究的质性访谈中，多个受访学生提及对食堂、图书馆、自习室等设

施设备不满意，作为高消费群体，他们或许对此类最基础的物质条件有较高的期待。另如沈菲菲①等，分别将英国诺丁汉大学和宁波诺丁汉大学的学生对学习资源的满意度进行了比较研究，发现前者的满意度均值显著高于后者，因此在引入优质教育资源的目标引领下，中外合作大学自身还需要进一步完善如增加图书馆藏书数量等客观保障条件。

再次，网络设施的投入与建设也是需要高度关注的。例如选课系统的崩塌、宿舍日常网络不流畅、宿舍抢选系统的崩塌等也偶有发生。只有凭借实力雄厚的基础设施设备，为学生发展提供强有力且及时有效的保障，才能更好地挖掘学生的潜力和创造力。

（三）提升师资队伍质量

国际化的师资队伍是中外合作大学引进优质教育资源的一大特色。由质性访谈得知，中外合作大学的专业教师，约一半来自合作高校，另一半来自全球招聘，均可涉及30余个国家和地区，外教的比例均在70%以上，甚至如K高校，已达到90%以上。师资队伍的独特结构，实现了教学力量的优势互补。不同文化背景教师之间的协同可以碰撞形成国际化的文化氛围，同时为学生外语水平的提升、全英文课程的学习、跨文化能力的培养、国际化视野的拓展带来重要的影响。

第一，中外合作大学要提升师资队伍质量，需要高质量地引进各层次、全方位的管理与专业人才。如宁波诺丁汉大学、上海纽约大学引进的人才都是外方学校高层或中层管理与学术人才。这些人才具备深厚的专业功底、成熟的教学经验、卓越的学术成就、丰富的领导阅历和颇高的国际知名度，可以确保教育家办学的专业水准和"教授治校"的大学传统，体现出"内行领导"的学术凝聚力和"与世界接轨"的国际化视野。②

第二，师资队伍的流动需要进一步科学化、合理化。基于国际教师的现实

① 沈菲菲.基于学生满意度的我国跨境高等教育质量保障现状与对策研究——以宁波诺丁汉大学为例[J].扬州大学学报,2014(3):15-21.
② 沈伟其,喻立森.大学教育在于成就创新型人才——宁波诺丁汉大学的行动与认识[J].中国高教研究,2011(1):58.

情况，要有"不为我有、但为我用"的用人原则，通过灵活的用人政策来吸引更多的优秀教师加入中外合作大学。从质性访谈得知，N 高校会与外籍教师签订 3～5 年的合同，通过严格的选拔选聘制度、高标准的准入制度、严谨的管理制度、完善的激励与淘汰制度等来使外教队伍管理形成内部质量控制中的出彩环节。

第三，加强中外教师间的合作与交流。尽管外教占据较大比例，但中外教师间的实质性交流，更能带动教学质量的提升，带动多元文化的融合。尤其对于交叉学科而言，中外教师更需要进一步开阔视野，加快知识更新速度，形成优势互补。教师队伍的水平提升了，才能为学生发展"加码"。

第四，加强教师业务培训和考核。在量化研究和质性分析中，均提及行政管理教师的水平需要进一步提升。那么无论是专业岗教师还是管理岗教师，均有必要通过不定期的培训、进修、学位攻读、参加学术会议和活动等途径更多地接触更为完善、系统的管理知识、学术技能，激发他们的积极性和创造力，以此来提升教学能力、科研水平，乃至国际竞争力。同时要完善教师考核机制，建立能进能出、能上能下的提升或淘汰机制。

第五，基于中外合作大学学生思想政治教育或者说学校党建工作的需要，其辅导员或班主任队伍的设置是否必要这一问题，值得进一步考虑。

量化分析中的物质层质量文化对学生发展有负向影响，虽然不知是因为硬件环境未达期待，还是由于软件师资未达期待，但从访谈可知，学生对中外合作大学的师资期待值是非常高的。因此只要中外合作大学的师资队伍具备高质量和可控性，那么对于学生发展而言，肯定会有趋于正向的影响效果。

（四）优化学生结构与质量

中外合作大学的学生规模基本稳定在 3000～8000 人，其中包含了本科生、国际生、硕士生、博士生等不同层次。在生源质量方面，本科生都是超过生源省重点线几十分的考生，应该说相对不错。

但在质性访谈中，不少受访教师和学生均提及，作为中外合作大学，在引进优质教育资源的同时，需要进一步加大力度引进国际学生，并扩大研究生规模。如果国际生的占比达不到一定比例，那么学校整体的国际化水平或国际化指标呈现是不理想的。而学生之所以选择就读中外合作大学，其中很大一部分原因还是能在学校与更多的国际生进行多元文化与国际知识的交流，当然在四年期间到合作高校交换这种形式能弥补一些不足，但本校国际学生的缺乏，会导致生源分级结构与质量的不理想。

另外，2020年笼罩全球的疫情，对中外合作大学的学生质量而言，或许既是"危"，又暗藏"机"。疫情导致中外合作大学的高考录取投档线出现明显下滑，学生录取位次也出现不同程度的下降，这在一定程度上影响了生源质量。但中外合作大学又可以借此在全球抗疫、学生流动受阻的情况下进行补位，展现新作为。例如可以积极作为，为不能前往国外就学的留学生提供安置，让他们安心学习。这在一定程度上也进一步优化了生源结构，对本校学生的发展有一定的促进作用。

二、行为层质量文化支持系统构建，提升学生发展水平

大学生是居于核心地位的最主要利益相关者，是高等教育质量、效果和效率实现的关键。[①] 同时，教师的教育教学行为以及和学生之间的关系建构能促进学生成长。朋辈之间的互动，更是能够通过激励、合作与引领，促进彼此共同发展。

（一）学生要重视参与和投入

学生是高校教育教学活动的重要参与者，对教育教学活动的每个"真实瞬间"都有着最为真切的感知。因此，学生的感知和体验是高等教育质量最真实的反应。[②] 在行为层质量文化的支持系统构建中，通过最重要的利益相关者——学生群体的参与来提升学生的发展水平，是已经被学术界广泛验证的途径，这在学生参与理论和学生发展理论中也得到了全面而深入的支持。由于中外合作大学强调自由、自律等相对宽松的文化氛围，对于学生的自律与自觉的要求就非常高。在这类特殊的学习、生活环境中，学生只有积极参与学业活动，参与课外活动，才能更好地促进自身的发展，也才能反过来促进学校教育质量的

---

① 胡子祥.学生参与高等教育质量评估机制研究[M].成都：西南交通大学出版社,2015:93.
② 胡子祥.学生参与高等教育质量评估机制研究[M].成都：西南交通大学出版社,2015:89.

提升。

第一，学生要积极参与学校的学业活动。如积极参与专业课程的学习，参与英语课程的学习或英语水平的提升训练，参与博雅教育或全人教育等具有校本文化气质的特色课程的学习，参与中国文化课和中国国情课或中华传统文化活动，参与能开阔眼界的境外暑期课程的学习，同时也要利用课余时间积极投入学业。当然，在这些学业参与中，需要学生积极利用图书馆藏书资源、电子信息资源等，通过撰写论文、撰写作业、同团队合作等方式开展。中外合作大学学生对本科毕业后的升学结果较为重视，如果学业成绩好、绩点高，就能成功申请到世界知名高等学府进行深造，以往不乏这样的成功案例。

第二，学生要积极参与学校的课外活动。如参加社团或学生组织，参加文化艺术活动，参加校内外实习、兼职等活动，参加课外学术科技活动，参加志愿服务、社会实践等活动，参与学校事务管理，参与对教师教学的评价，并为学校发展献言献策。学生只有积极投入，才能在大学四年得到最大可能的成长和发展。尤其中外合作大学具有天然的国际化优势，很多课外活动也自然带上了国际化的烙印，学生在参与的过程中会有不一样的体验。

第三，学生在参与过程中要以发展结果为导向。学生在成长过程中，要有一定的规划意识，例如能以发展结果或预期结果为导向来定位自身。本研究通过探索性因子分析和验证性因子分析，将学生发展分成了通识教育、知识技能、个人社会性发展三个维度，每个维度涵盖了不少具体的发展结果指向，例如要注重转变学习模式，注重全球公民素质养成，注重跨文化能力提升，注重批判性思考和独立思考能力提升，注重自我管理、与人交往、团队合作、环境适应等能力的提升等。

（二）教师要提升参与的有效性

教师作为高等教育重要的利益相关者，其积极的参与行为也是促进高校质量文化建设进而提升学生发展水平的关键所在。基于中外合作大学教师队伍的特殊性，需要在多元化、复杂化的教育教学环境中，进一步提升其参与度，强化投入的规范性和有效性。

第一，教师群体要提升质量文化意识，从而强化学生发展目标。在中外教师融合的教育教学氛围中，对教师队伍的质量建设更需要有统一的要求。教师群体要认识到自身行为对学校的人才培养质量有着举足轻重的作用，并将这种意识贯穿于平时的教学行为、育人行为中。专业教师如此，管理岗教师如此，学校领导层更应如此。要将自身作为学校质量文化提升的引领者，从而以学生发展目标为指向，开展各个层次的教育教学活动。

第二，专任教师要针对中外合作大学的特色教学模式和特色教育对象，开展有针对性的教学行为。如强化小班化、研讨式的课堂模式以开展更深层次学习，在引入优质教学内容的同时多引入跨文化视角，针对不同的学生开展差异化教学等。另外，在前文的质性研究中发现，人文社科类的外籍教师对中国传统文化理解得不深，这需要更强化相关课程的顶层设计，也可面向外籍教师开展传统文化的相关培训，以此来提升外籍教师自身的跨文化能力。

第三，与学生发展相关的管理岗教师的行为更多地体现在三个方面，一是学术支持服务，二是学生后勤服务，三是思想政治教育。在质性访谈中，受访学生对行政管理岗的教师水平提出了保留意见。的确，中外合作大学的学生管理模式与国内普通高校有着极大的区别，其垂直的学生管理模式，要求内容更全面、体系更完善，还要体现良好的服务能力，由此对学生管理岗的教师提出了较大的挑战。但是面对挑战，管理岗教师更需要重塑"以人为本"的管理理念，完善学生管理模式，并进行改革和创新，以更高的标准和更规范的管理为学生服务。

（三）加强师生互动

师生间的交流和互动直接影响教育教学效果以及学生发展的结果，尤其是在中外合作大学，需要建立基于校本特质的师生互动机制。

首先，要发挥导师的作用。在课内交流中，导师应鼓励学生积极思考、主动发言，引导学生学会学习，激发学生求知的热情。在课外交流中，导师应腾出一定的时间或保持好一定的频率与学生开展一对一的交流，如学业学习情况的交流、生活问题的交流、个人发展规划的交流等。学生可在 office hour 时间内与导师交流，向其咨询，也可在既定时间外通过电子邮件等交流形式进行预约或沟通。导师若有较强的规范意识，还可以做好互动学生的个体成长记录，并及时将过程与结果建议反馈给学院、家长、学生本人。

其次，可以通过建立线上学习论坛的形式，强化师生交流。以 N 高校为例，其建立了一个由学生和教师共同构成的"学习社区"。学生可以通过此论坛对各个院系的教师教学情况进行信息反馈，教师也可以借此询问学生的学习进度，解答学生的学习困惑。

的确，无论是一对一的交流，还是群体式的互动，学校教育教学的过程和结果都是通过教师和学生两大群体来共同完成的。本研究的行为层质量文化的最初量化指标设计中，有涉及师生互动、人际交往的板块内容，但经过预测卷的探索性因子分析，将教师与学生互动交流的行为纳入了教师的教学行为板块中。而通过质性研究和文献梳理或理论解读，我们发现，师生之间的互动交流是影响学生发展十分重要的因素，两者之间的行为和关系建构是教师教书育人使命的应有之义，因为其最终指向学生主体性人格的发展。

（四）促进朋辈互动

心理学家把特定群体之间的相互影响称为同群效应或同辈影响。同辈影响在高等教育领域被广泛研究，也是学生发展影响因素的重要组成部分。研究结果表明，同辈之间的互动和交流对学生的学习参与度和学生发展都存在积极的正向的影响。例如帕斯卡雷拉的变化评价综合模型认为"同伴群体的互动"对学生发展产生的影响是直接的，而非间接的。阿斯汀同样认为，同辈群体是学生在校期间成长"最强有力的影响源"。当然在量化研究中，同辈效应的验证并不容易，因为学生就读于何种高校，可能是家长或其他原因导致的结果，同时也有可能是因为"镜像效应"而产生的多重影响。但是，朋辈互动这一因素在文化层面的理性认知和在质性访谈当中是比较能够得到认同的。前文也已有所论证。因此在行为层的质量文化中，朋辈互动是应该被重视的，尤其是在中外合作大学这类特殊类型学校中。

第一，研究表明，与传统个体化的学习方式相比，合作学习能明显促使学生获得深层次的信息，发展高水平的思维能力。[①] 中外合作大学已经将此作为教学特色，当然学校还可以将朋辈互动的团队合作式学习情况纳入学生学习结果的考核内容中，以强化效果呈现。同时学校还可以创设实体与虚拟的互动平台或互动空间，鼓励学生间积极利用线上网络和线下空间等各种形式开展朋辈互动。

第二，课外活动的互动，如社团活动、志愿服务、社会实践等团体活动，也是朋辈互动的重要呈现形式。中外合作大学学生社团十分活跃，社团类型多样，可以通过共同的兴趣与爱好，凝聚学生团体，在组织和活动中增强朋辈互动。尤其中外合作大学还可以借力国际化的交流渠道，在海内外增强不同族群学生的互动。研究证明，学生课外活动的丰富程度与同辈交流的密切程度有着很高的相关性，课余活动是学生在大学期间人际互动关系的一种较为正式的实现形式，它的一部分作用来源于同伴文化的影响力。[②]

第三，中外合作大学比学赶超的良好学风和校风氛围，更能促进朋辈之间的影响。质性访谈中有受访学生提到，没有谁会逼迫谁去申研、去考雅思、去阅读，但当身边的每个同学都在这么做时，这种主流方向就是一种影响和变化。这种朋辈间的正向影响，润物细无声，但效果明显。

三、制度层质量文化支持系统构建，激励学生发展

无规矩不成方圆。保障高校各项教育教学工作的顺利开展，实现质量发展的目标，促进学生的全面发展，势必需要科学合理的制度来支撑。

对于高校的质量发展而言，内、外部的质量控制机制是重要的制度保障。外部质量控制机制如中外合作大学需要接受中外双方政府或专门的质量保障机构对其进行整体认证和评估，如宁波诺丁汉大学需要接受英国高等教育质量保障署（QAA）的质量评估，温州肯恩大学需要接受美国中部各州高等教育委员

[①] Mitchell M G, Montgomery H, Holder M, et al. Group Investigation as Cooperative Learning Strategy: An Integrated as a Cooperative Learning Strategy: An Integrated Analysis of the Literature[J]. The Alberta Journal of Education Research, 2008,54(4):388−395.

[②] Pascarella E T, Terenzini P T. How College Affects Student: Findings and Insights from Twenty Years of Research[M]. San Francisco: Jossey−Bass Publishers,1991:101.

会（Middle States Commission on Higher Education, MSCHE）的认证。同时，中外合作大学还需要接受中方教育行政部门和合作高校的积极监管。

　　当然从学生发展的角度看，高校内部质量控制机制与师生群体具有更密切的联系。如北京师范大学—香港浸会大学联合国际学院为了实现学校及学生的高质量发展，建立了一套完整的质量保障体系，如图45所示。

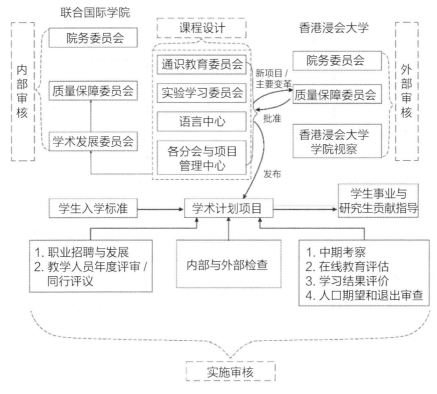

图 45　北京师范大学—香港浸会大学联合国际学院质量保障体系 [①]

　　的确，从前文的质性访谈可知，制度层质量文化建设对中外合作大学的学生发展产生了重要影响。不过量化研究的直接效应结果却提示了学生认为中外合作大学制度层质量文化的"存在感不强"，但通过对学生发展间接效应的分析发现，如果将制度的制约或激励转化为精神层的理念，则能有效地提升学生发展质量。因此需要学生更多地熟悉制度、参与其中，并通过建立更为完善的教

①　郭丽君 . 中国跨国高等教育质量保障体系研究 [M]. 北京 : 社会科学文献出版社 ,2014:148.

学制度、学生支持制度、学生评价制度等，提升学生对组织的认同感，进而凝聚成文化，为学生发展助力。

（一）高度重视学生评价制度

中外合作大学在学生评价中具有良好的制度基础，但还需要进一步重视学生评价、突显学生评价的特色。

首先，质量评价需要转型。从传统的角度评价一所高校的发展质量，主要是从教育的外围因素和教育结果等全局视角来衡量学校的办学水平。例如关注大学的排名、关注师生比、关注教学改革和管理等。这些评价导向都有助于高校进一步提升软、硬件建设水平，改善办学条件，有助于教育行政部门进一步调整教育资源配置。但这样的评价维度基本上是以聚焦高校的资源和声誉为主导，对学生成长和发展并无直接的影响。正如潘懋元先生指出的："长期以来人们忽视了对作为教育主体的大学生学习的研究，忽视了从教学的本源上去解决质量问题。"[①] 因此，评价一所高校的质量水平，应该将评价视角从关注外围转向关注学生。若从学生发展结果导向出发，则既能全面地揭示学生的发展过程和发展结果，又能揭示高校到底在学生发展的过程中如何影响学生，还能帮助高校分析其在课程设置、教学实施、学生服务等方面存在的具体问题并提出改进措施。例如宁波诺丁汉大学会借助英国诺丁汉大学的质量评估第三方合作伙伴，每年对学生进行就读体验的测评，并结合英国诺丁汉大学全球各分校的评价结果进行纵向和横向的比较。这对提升学生发展具有重要的作用。

其次，要坚持评价标准的多元化和学业考评的多元化。当学生被提至质量评价的主体地位时，评价者需要进一步关注评价标准的设置，以及学业考评体系的设计。中外合作大学多倾向于开展博雅教育和全人教育，因而在评价标准中要呈现出多元化的趋势。例如西交利物浦大学的评价标准，内容紧扣国际化特色，以培养具有国际视野和跨文化能力的人才为目标。同样在学业考评体系设计中，中外合作大学也要体现出人性化和多元化的特色。例如宁波诺丁汉大学的学业评价注重过程性和综合化，既强调期末考试或论文的考评，又压实过

---

① 潘懋元《学习风格与大学生自主学习》书评 [J]. 西安交通大学学报(社会科学版),2004(4):95.

程作业和小测试的考评，目的在于考查学生的批判性思维能力、听说读写能力、团队合作能力等等。

（二）提升学生对制度的参与度

制度设计主要源于高校的管理层，少部分制度设计会征求学生代表的意见。但制度具有天然的制约性特征，不受学生欢迎且学生对制度的关注度不高，参与感不强。因此，中外合作大学需要积极创建学生参与质量监控、教学、学生发展等各项制度的氛围，鼓励学生广泛地或有代表性地参与学校的相关管理。同时也可以借助信息化技术，让学生更加及时、全面地参与到制度的设计、调整、完善中来。例如建立管理层在线反馈机制、邮箱反馈机制等，邀请学生乃至家长群体对制度提意见或建议。

同时，还应该对相关制度进行广泛宣传，通过邮箱、显示屏等途径，达到广而告之的目的。只有提升学生对制度的参与度、熟悉感，制度才能更彰显温情与人文关怀，同时关注到差异群体的不同需求，真正从制度层面激励或保障学生发展。

（三）建立完善的教学制度

中外合作大学独特的教学制度是其引入的优质教育资源的重要内容之一。英国诺丁汉大学制定的《质量手册》即对其全球分校的教学制度、教学质量进行监督和管理，涉及课程乃至专业设置、教学方式、教学内容、学生学业评价、师生互动交流，等等。本部分主要从专业和课程的设置，以及教学模式两个层面进行探讨。

首先，优化专业与课程设置，实现"强强联合"，提升学生学术素养。在质性访谈中，学生对参与全英文课程、全人教育特色课程、中国文化课、各类专业课等表现出了高度的热情，对中外合作大学的专业和课程设置认可度较高。而专业和课程又是人才培养的直接途径，其对学生发展有着重要的影响。对中外合作大学而言，需要借助合作方和中方的各自优势，优化专业与课程设置。既要引进合作方高水平大学的专业结构，引入强势专业、优质课程和教材资源，并结合自身发展特色，调整专业和课程设置，又要开发具有中国特色的优势课程和教学内容。

其次，教学模式的国际化，促进学生深层次学习。中外合作大学的教学特征之一，即关注学生的深层次学习。小班化教学、研讨式合作式教学、项目化研究性教学以及教学导师制的实施都是促进学生深层次学习的机制保障。另外，还需要通过教学反馈机制来审视教学成效，如是否提升了学生知识应用能力与资源获取能力，是否对学生的价值观、态度和情感等产生了转变效应等。

（四）优化学生支持制度

学生支持体系的涵盖面比较广泛，既包括图书馆资源等硬件设施设备，也包括学术支持中心、就业服务中心、社团指导中心、经济资助中心等职能机构，还包括学业指导、职业生涯规划、心理辅导等各类帮扶机制。可以说在高等学校中，学生支持体系是支撑并引导学生适应学校的学习和生活，强化其学业成就、促进其全面发展的有效路径。本部分的学生支持制度，主要从学生的学业质量支持制度和生活质量支持制度进行探讨。

首先，优化学业质量支持制度。英国诺丁汉大学在本部及全球分校的学业支持制度中主要涉及学院指导说明、个人导师和高级导师、个人导师的角色与导师会、个人发展目标、为学生打印材料的政策等。英国密德萨斯大学在本校及其迪拜跨境校区为学生的学业支持主要提供如下服务：学术促进服务、英语语言支持、学生学习助理计划、残障和学习困难学生支持、奖学金和助学金、科研研讨会等。结合国际跨境高校经验以及前文的质性和量化研究结果，中外合作大学可以在荣誉学位制度、转专业制度、考核评价制度、学分绩点制度、奖学金助学金制度、导师制、新生学业指导、学术促进服务、office hour 制度、境外交流服务等方面着手优化，从学业成就的角度来支持学生发展。

其次，优化生活质量支持制度。国外高校除了学业支持制度之外，主要从经济资助或学费支持角度服务需要帮助的学生。中外合作大学的学生大部分来自国内，因此相应的生活理念等与国外学生有较大差异，例如在住宿上，中外合作大学的学生不同于国外学生，在校内统一住宿，且住宿模式多采用跨专业的书院制模式，而且有自由选择宿舍等不同等级的优化服务。另外，中外合作大学宿舍的硬件网络系统常有问题，还需要提升服务质量。另外如学生权益维护制度、学生各类反馈制度、心理健康制度、个人发展规划或职业生涯指导制度等，均可为中外合作大学学生的成长提供重要的基础支持。

四、精神层质量文化支持系统构建，引领学生发展

国外学者在探讨质量文化理论时，始终强调信任、价值观等精神观念的重要性；国内以金字塔/同心圆质量文化模型持有者为代表的学者均认为，精神层质量文化处于最重要的位置，起关键作用。在本研究的学生发展的影响机理讨论中，也发现质量文化的物质、行为、制度和精神四个层共同作用、链式驱动、递进影响，最终通过共同作用于精神层质量文化而对学生发展起重大影响，且精神层质量文化对学生发展的影响占比最高。

可见，精神层质量文化对学生发展的影响起到了关键作用。本部分从中外合作大学的质量意识、质量理念、质量定位和质量愿景四个方面来构建支持系统，引领学生发展。

（一）质量意识：国际化与本土化的平衡

中外合作大学作为教育国际化的产物，在引入境外优质教育的同时如何保持自身的价值取向、政治特色和文化多样性，换句话说，"如何找到国际化与本土化的平衡"是中外合作大学在办学意识或者办学导向中需要思考的问题，因为这直接影响着人才培养的主体——学生的质量价值取向和文化认同。

首先，办学导向要坚持国际化与本土化的平衡。上海纽约大学前校长俞立中教授曾提到："在中国国土上搞一个反对中国政府的学校，这是绝对不允许的。"的确，中外合作大学的"合作"不是简单的西方化或本土化，这有悖于国家教育开放和教育国际化的政策本意。中外合作大学的办学导向是通过引进境外优质教育资源而吸收有益养料，实现中外双方的优势互补，在优势互补中再提升自我，弘扬自身的价值和特色，并且进一步辐射至本国的高等教育。可以说，中外合作大学为国际化和本土化的相生相容提供了天然的平台。

其次，专业和课程设置要坚持国际化与本土化的平衡。高等教育中的专业和课程设置是时刻影响学生学术养成的重要因素。中外合作大学的专业与课程设置，依照合作框架，一般由境外高校提供，例如英国诺丁汉大学提供了国际

文化传播专业、国际学专业、能源再生可利用专业等五星级专业，来培养学生的国际化视野与学术能力。但是国际化的本质属性是双向交流，一个国家的教育和课程若丧失了特色化的本土基础，便失去了与他国进行国际交流的必要。[①]因此中外合作大学可以在专业和课程目标的本土化、内容的本土化以及结构的本土化上进行适应性的调整。例如昆山杜克大学"通识教育遇见中国传统"课程目标阐释，就使中美两国的文化与教育特色得到了交融；在内容的本土化中，例如北京师范大学—香港浸会大学联合国际学院（UIC）的"人文与社会科学学部"中有 5 个专业是香港浸会大学本部所没有的，如政府与国际关系等；在课程结构的本土化中，由于中英合作大学需要将英国高校的 3 年学制扩展为 4 年，因此如西交利物浦大学的一年级课程由语言中心和中国文化教学中心开设。[②]

（二）质量理念：学生本位

学生在校期间的发展质量是一所高校人才培养质量的关键所在。因此在高校发展质量评价转型中，尤其需要强调学生本位意识，需要明确学生这一利益相关者的主体地位。

首先，在学习上，学校要通过强化深层次的学习和多元化的学业评价方式，来体现"以生为本"的教育理念。中外合作大学的课程大部分采用小班化教学模式，能够使学生与教师、学生与同辈之间产生良好的课堂学习互动效果，进而尽可能地关注到个体的学术成长。多元化的学业评价方式，更是尊重学生发展规律的一种途径。针对学生的具体情况，部分考核强调独立性，部分考核强调合作性，以期最大限度地发挥学生的学业潜能。

其次，在学生管理上，中外合作大学更需要突显"以学生为中心"的服务理念。因为学生群体已经从受教育者的角色转变成教育服务的消费者，在当前以人为本的人文环境中，学生会考虑高额学费与教育收获之间的等价问题。因此，中外合作大学的学生管理工作更需要树立"学生满意"的服务质量标准或质量观念，从学生意见反馈渠道畅通与否、生活设施设备便捷与否、学生管理制度多

---

① 杨启亮. 守护家园：课程与教学变革的本土化 [J]. 教育研究,2007(9):25.

② 华长慧,孙珂. 高水平中外合作大学研究——理论建构与实践探索 [M]. 北京：高等教育出版社,2018:101.

元化与否等角度去思考，切实为学生发展提供最佳的基础保障。

（三）质量定位：培养具有爱国情怀的国际化人才

中外合作大学的学生培养质量定位，即"培养什么样的人"是中外合作高校的合作双方母校需要达成一致共识的。宁波诺丁汉大学原党委书记华长慧教授提到，创办宁波诺丁汉大学的最根本目的是充分利用国外优质教育资源，培养既融汇中西文化又具有强烈爱国情怀的国际人才。[①] 这应该是所有中外合作大学从学生发展质量定位上对"培养什么样的人"的最好回应。

第一，从人才培养的目标看，中外合作大学在本土培养人才，就应该通过本土化的实践培养学生承担本土社会的责任，进而建构本土社会的公民身份。这一育人目标需要学生进一步增强对民族和文化的认同感，进而强化世界公民的责任。

第二，从人才培养的过程看，中外合作大学在引入境外优质课程或优质教学体系时，要充分考虑中国社会、经济与政治的现实情况。在设置国际化的课程，实行全英文教学时，需要根据实际和相关的政策要求，融入更多的中国元素。例如宁波诺丁汉大学的拓展类课程中，在涉及世界各国政治、历史和文化方面的内容时，会涵盖中国的外交关系、时事政治，以及当代中国研究的方法等。[②] 在专业学习以外学生还可以通过短期或长期的做交换生的机会，对比不同的社会政治和文化，从而培养更浓厚的爱国主义情怀。

第三，从人才培养的结果看，中外合作大学的学生发展质量得到了广泛的认可。不仅学生在国际高等学府继续深造的占比非常高，可与国内双一流高校的学生升学率相媲美，而且学生在国外就读期间表现出了较强的国际竞争力，如担任相关校内组织或社会组织的负责人，进入大企业实习、就业等。当然大部分毕业生都毅然选择回国，有效避免了人才外流，同时在国内就业时，他们也表现出了强劲的竞争力。

---

① 本刊编辑部.英国高等教育模式的本土化实践——记宁波诺丁汉大学 [J].教育发展研究,2010(3):57.

② 华长慧,孙珂.高水平中外合作大学研究——理论建构与实践探索 [M].北京:高等教育出版社,2018:99.

（四）质量愿景：品牌、引领

在质量文化理论中，通过共同的"文化凝聚"，达成相互"信任"，进而形成"共同愿景"，是精神层质量文化的理想路径与追寻目标。映射到高等教育领域，精神层面的文化凝聚是高校质量文化的核心，其独具特色的质量价值体系使师生相互信任，倘若学生在这样的环境中成长与发展，必然会展现出不一样的气质。品牌和引领是质量愿景值得探讨的两个方面。

首先，品牌承载了质量和文化。当学生在填报志愿、选择大学时，会受高质量教育品牌的直接影响。学校的办学特色越明显，其对社会的价值贡献就越高，反过来，社会对其的认可度就越高。中外合作大学在国内外已然成为教育国际化的创新品牌：招收高质量的学生，招聘高质量的教师，保证高质量的教学，最终实现高质量的人才培养。[①] 这种通过长期教育实践而获得的品牌价值，不但代表着育人质量，更孕育和体现着气质文化，在一定程度上提升了学生的竞争优势，强化了人才的辨识度。

其次，引领意味着创新与扩散。《上海市示范性中外合作办学机构（项目）评选指标》（试行）中，一级指标和二级指标均提到了发挥创新引领示范作用的要求，即"办学理念、办学特色和办学成果，辐射提升了中方母体的整体办学能力和水平，并在上海市乃至全国同类院校中产生了影响"，"具有明确的创造品牌意识和具体举措，对扩大本校该学科领域在上海、我国或国际上的影响等方面做出了较大的贡献"。[②] 中外合作大学作为高等教育国际化进程中重要的发展战略之一，根据前述研究，其在质量保障、人才培养模式或者学生发展成果等领域的独特尝试已初见成效，具有一定的创新扩散的价值。其既可以带动引领其他中外合作办学项目或机构的成长，也可以对跨境教育中的高校及其学生发展进行辐射，更重要的是还可以对国内普通高校产生示范性的影响。考量如下：一是为国内普通高校质量建设提供借鉴。部分中外合作大学会不定期地对学生发展进行质量追踪调查。例如，"诺丁汉学生体验调查"是每年在英国诺丁

---

① 宁波诺丁汉大学.宁波诺丁汉大学用质量说话 办国际一流大学 [J].大学（研究版）,2015(9):2.

② 郭丽君.中国跨国高等教育质量保障体系研究 [M].北京：社会科学文献出版社,2014:195.

汉大学（包括全球各分校）的学生中实施的一项调查，问题包括总体满意度、选择申请缘由、新生入学、学习、生活、校园支持等。其调查结果可为学校的质量治理、学生发展提供决策支持，并以此作为全球各分校质量评估的内容之一。这一举措是将高等教育质量评估的重心由重视教育投入转到了重视学生体验、学生发展等衡量指标上，使得高等教育质量评估呈现多元化趋势，实现了质量评估的价值转向。二是为普通高校质量文化建设提供借鉴。教育部高教司原司长吴岩在 2019 年初的全国高教处长会上提出要努力建设以质量文化为核心的高等教育奋进文化，并提到将选树 30 所左右的质量文化建设示范校。或许选取质量文化物质层、行为层、制度层、精神层的四层理论框架，对普通高校教育教学质量提升、促进学生发展以及本校的质量文化建设有一定的借鉴意义。三是为普通高校中外合作办学提供借鉴。中外合作大学在学校的价值增值、学生的发展增值、体制机制的改革创新等领域形成了特有的高等教育改革示范效应，在主动服务党和国家发展大局，满足多样化、多层次教育需求的同时，更助推了世界一流大学和一流学科建设。

第八章

研究结论、创新与展望

本研究基于质量文化理论框架，聚焦于中外合作大学学生发展的探讨，对学生发展的现状、影响因素、影响机理以及支持系统进行了剖析，建构了理论框架、理论模型，并提出了政策建议。本章将对研究的主体结论进行陈述与提炼，并研判创新点、局限与展望。

第一节 研究主要结论

20世纪80年代以来，受教育服务贸易和高等教育大众化的影响，各个国家对高等教育的需求旺盛，如中国等亚洲国家、发展中国家等都希望大量引进优质高等教育资源，但优质高等教育资源仅集中在少数国家，供给不足，这就给双方的合作办学提供了可能。

对中外合作大学教育质量的探讨，应将学生这一利益主体纳入，将其获得的发展作为质量评价的重要监测点。本研究从质量文化理论的视角，对中外合作大学的学生发展展开全面剖析。通过文献梳理，采用混合方法研究，结合质性访谈和量化分析，揭示了中外合作大学学生发展的现状、影响因素、影响机理，并构建了质量文化视角下中外合作大学学生发展的支持系统。

研究的主要结论如下。

一、总体结论：整合的框架

根据混合方法研究得出的总体结论是：中外合作大学学生发展是"高质量"、"特色化"与"挑战性"的融合，而其在质量文化视角下的影响因素与影响机理则可以用"链式多重中介模型"来概括，证实了中外合作大学质量文化四个层通过链式多重中介作用正向影响学生发展，进而构建了质量文化视角下中外合作大学学生发展支持系统，并探讨了研究结果对普通高校学生发展的借鉴意义。总体结论框架如图46所示。

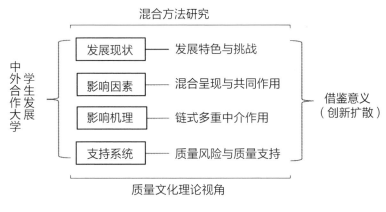

图46　总体结论框架

二、发展现状：发展特色与挑战

本研究通过混合方法研究，建构了中外合作大学学生"通识教育、知识技能、个人社会性发展"三个发展子维度。并从"高质量发展、核心能力呈现独特性、发展面临挑战"三个方面提炼了中外合作大学学生发展的概貌与特色。

首先，高质量发展可以从学生发展子维度的高均值、质性访谈以及年度优质就业质量报告的分析中得到证实。可以说学生良好的"入口"和"出口"表现，使得社会各界对中外合作大学学生的认可度较高。假设1（H1）"中外合作大学学生发展现状良好"得到了证实。

其次，核心能力呈现的独特性主要体现为提升了批判性思维能力、跨文化能力、外语能力、分析和逻辑思维能力、信息技术能力、合作能力、适应能力，开阔了全球化视野，增强了博雅意识、国家认同与社会责任感，并能主动学习、积极思考，寻找自己所需要的信息，形成自己的价值及伦理标准。

再次，发展面临挑战，如部分学生英语水平跟不上全英文教学要求、专业学习能力跟不上课程进度、批判性思维过于严重、自我管理能力和健康生活意识有待提升等。

三、影响因素：混合呈现与共同作用

本研究发现，中外合作大学学生发展的影响因素的量化和质性研究结果之间呈现出错综复杂的关系。

第一，通过预测卷和正式卷的因子分析以及访谈材料分析，发现质量文化四个层的量化指标和质性类属存在差异，但也殊途同归。可以说，量化研究指标基本能支撑起中外合作大学学生发展影响因素的研究框架，质性研究类属则是进一步丰富了影响因素。

第二，显著性分析结果是对质性分析的补位。关于人口统计学特征等是否会对学生发展产生影响，质性访谈几乎无法进行精准的分析，受访的师生基本也未过多提及，而量化研究则可以通过显著性分析得出有效的分析结果：学生的性别、学生的生源质量以及父母的职业差异均不对中外合作大学学生发展及其三个子维度产生显著影响，但专业类别、年级、学生干部经历、父母的受教育程度、不同生源地以及不同合作类型的学校对学生发展或其三个子维度存在一定的显著差异。

第三，相关分析与质性分析结果相互验证。质性分析呈现了质量文化理论对中外合作大学学生发展的正向影响关系。这与相关分析中的研究结果一致，即物质层、行为层、制度层、精神层及其子维度与学生发展及其子维度均呈显著相关。此外，家庭社会经济地位（SES）和生源质量在相关分析中呈现不相关与低相关，这也与质性结果类似。

第四，回归分析与质性分析结果关系复杂，需要影响机理的进一步解释。物质层及其子维度对学生发展呈现负向影响，与质性结果不同；物质层的"通过质量保障机制稳控师资质量"类属对量化结果进行了补充与解释；行为层的学生课外活动行为未进入回归方程，与质性结果不同；行为层的"师生互动"和"朋辈互动"是对量化结果的补充；不同合作类型的高校进入两个回归方程，是对质性分析的补位，同时也有进一步的研究价值。

第五，影响权重结果与理论契合，但仍需影响机理的进一步验证。影响权重在质性分析中无法精准呈现，但在相关分析和回归分析中则可以计算。从相关分析看，中外合作大学学生发展的影响系数由低到高为：物质层、行为层、制度层、精神层。从回归分析看，影响的权重系数由低到高为：物质层、制度层、行为层、精神层。这在一定程度上佐证了质量文化金字塔模型和本研究提出的质量文化理论，但仍需影响机理的进一步验证。

四、影响机理：链式多重中介作用

第一，构建了质量文化视角下中外合作大学学生发展的影响机理模型。模型中所有变量对因变量学生发展的解释力达到了91%，对因变量学生发展之通识教育、知识技能、个人社会性发展等子维度的解释力也分别达到了66%、84%、78%。可以认为，中外合作大学质量文化对学生发展及其三个子维度的贡献度非常大，呈现出较高的解释水平。

第二，分析了本研究的影响机理模型与原有质量文化、学生发展相关理论模型的四个异同：一是学生发展的结果呈现维度不同。二是学生发展的影响过程剖析视角不同。本研究创新性地构建了一个质量文化理论框架来剖析，原有成熟的院校影响力理论主要通过不设理论视角的形式来分析，一般从学生背景因素、院校环境、学生参与和投入等层面来剖析。三是结果获取不同。本研究创新性地获得了一个质量文化四层面的链式多重中介理论模型。四是对精神观念等作为质量文化核心概念的价值认同一致。

第三，证实了"中外合作大学质量文化四个层通过链式多重中介作用正向影响学生发展"。发现物质层质量文化除了会直接影响学生发展外，还遵循以下两类驱动型理论体系链式影响学生发展：物质层质量文化→一重中介→学生发展、物质层质量文化→链式多重中介→学生发展。以上两类驱动型理论体系中的变量都以层层递进、环环相扣的链式形式影响学生发展及其三个子维度。

第四，在一重中介效应中，制度层、行为层和精神层质量文化分别在模型中起中介作用。尽管制度层质量文化对学生发展呈现直接的负向影响，不过从后续的链式多重中介效应可见，制度层质量文化能通过精神层质量文化等中介变量对学生发展产生正向影响。

第五，在链式多重中介效应中，"物质层质量文化→行为层质量文化→制度层质量文化→精神层质量文化→学生发展"是最重要的一条影响路径。这条完整的链式影响路径，呈现了一种链式驱动理论。而另一条"物质层质量文化→行为层质量文化→制度层质量文化→学生发展"链式二重中介的中介效应值为负，缘于制度层质量文化与学生发展之间的回归系数为负。

第六，关于物质层质量文化对学生发展的回归路径系数为负的解读：国外学生发展理论中关于学校投入（物质和资金支持、教师队伍）与学生发展之间的关系没有得到较为稳定或一致的结论；学生因为付出了相对高的学费，可能认为学校在物质层方面的建设对自己有帮助，但还未达到原有的预期；部分学者认为外籍教师队伍的不稳定性会带来一定的质量影响。尽管物质层质量文化对学生发展的直接效应为负，但研究已证明其主要通过行为层、制度层、精神层质量文化等中介变量的间接效应来对学生发展产生总体的正向影响。

第七，制度层质量文化对学生发展的回归路径系数为负的可能性解读：学生认为制度的"存在感"不强；熟悉的制度多是制约类的制度；中外合作大学的成立时间不长，制度有待进一步完善；相关制度的本土化问题需要进一步考量；现有的学生发展理论中，制度类的影响因素较为少见。尽管制度层质量文化对学生发展的直接效应为负，但研究已证明其主要通过精神层质量文化等中介变量的间接效应来对学生发展产生总体的正向影响。

第八，质量文化对中外合作大学学生发展的总影响由高到低排序分别为：精神层、行为层、物质层、制度层质量文化。本研究认为精神层质量文化对学生发展影响最为重要，符合质量文化理论；行为层质量文化对学生发展的总影响占比第二，符合质量文化和学生发展理论；物质层质量文化和制度层质量文化的影响模式相近；质量文化四个层共同作用于学生发展；学生发展三个子维度受质量文化影响由高到低的排序为：知识技能、个人社会性发展、通识教育。

五、支持系统：质量风险与质量支持

本研究在探讨质量问责的核心——"谁的质量"和高校及学生发展的"质量

风险"后，从质量文化的视角构建了中外合作大学学生发展的支持系统。

首先，在坚持"以学生为中心"的理念下，高等教育的质量评价应该转型，指向学生发展的质量，因为这才是衡量高等教育质量的核心指标。可以说学生发展是高等教育质量问责三角的平衡点。

其次，中外合作大学面临的质量风险涉及设施设备、师资队伍、教学体系、学生结构、学生服务支持、制度环境、办学理念、办学定位等方面。学生内部发展质量风险主要涉及参与度、适应性、自律性和身心发展等方面。

最后，质量文化视角下的学生发展支持系统构建。通过经费来源、校园环境、师资队伍、学生结构四个方面，从物质层质量文化支持系统的构建来保障中外合作大学学生发展；通过学生参与、教师参与、师生互动、朋辈互动四个方面，从行为层质量文化支持系统的构建来提升中外合作大学学生发展水平；通过评价制度、制度参与、教学制度、支持制度四个方面，从制度层质量文化支持系统的构建来激励中外合作大学学生发展；通过质量意识、质量理念、质量定位、质量愿景四个方面，从精神层质量文化支持系统的构建来引领中外合作大学学生发展。这是从"质量文化"理论的视角对"院校影响"和"学生发展"理论的全面回应，并能为普通高校的质量建设和学生发展提供一定的借鉴。

第二节　研究创新、局限与展望

一、研究创新

（一）创新点

本研究将质量文化、中外合作大学、学生发展三个研究聚焦点融合在一起，采用混合方法研究，可能在如下几个方面有所创新。

第一，拓展了学生发展研究的理论视角。当前的学生发展实证研究多从学生发展理论和院校影响力理论切入。本研究借鉴高等教育质量文化理论，创造性地将其运用于中外合作大学这一特殊类型高校，并通过混合方法研究，构建了基于质量文化理论的学生发展影响模型，为跨境高等教育学生发展的研究提供了新视角，也是对现有理论的一种验证、延伸与补充，因为现有的学生发展相关理论在剖析影响因素时，多从学生背景、院校环境、学生的参与和投入等开放式的视角来考量。

第二，构建了"链式多重中介"影响机理模型。本研究基于质量文化理论、学生发展理论等相关理论基础，创造性地将物质层、行为层、制度层、精神层质量文化和学生发展整合到一个研究框架内，通过混合方法研究，构建了质量文化对中外合作大学学生发展的链式多重中介影响机理模型。模型中所有变量对因变量学生发展的解释力达到了91%，呈现出较高的解释水平。此外，分析了本研究的影响机理模型与原有质量文化、学生发展相关理论模型的四个异同：一是学生发展的结果呈现维度不同，二是学生发展的影响过程剖析的理论视角不同，三是"链式多重中介"影响机理模型这一结果获取不同，四是对精神观念等作为质量文化核心概念的价值认同一致。

第三，呈现了质量文化对学生发展的驱动型理论体系。证实了"中外合作大学质量文化四个层通过链式多重中介作用正向影响学生发展"。发现物质层质量文化除了会直接影响学生发展外，还会通过一重中介和链式多重中介作用影响学生发展。两类驱动型理论体系中的变量都以层层递进、环环相扣的链式形式影响学生发展及其三个子维度。其中"物质层质量文化→行为层质量文化→制度层质量文化→精神层质量文化→学生发展"是最重要的一条链式影响路径。

第四，提出了质量文化视角下中外合作大学学生发展的支持系统。从物质层质量文化支持系统的构建来保障中外合作大学学生发展，从行为层质量文化支持系统的构建来提升中外合作大学学生发展水平，从制度层质量文化支持系统的构建来激励中外合作大学学生发展，从精神层质量文化支持系统的构建来引领中外合作大学学生发展。

第五，为中外合作办学、普通高校的质量建设和学生发展提供了借鉴。既可以带动引领其他中外合作办学项目或机构的成长，也可以对跨境教育中的高校及其学生发展进行辐射，更重要的是还能对国内普通高校产生示范性的影响。

（二）样本中介：可能的借鉴

马克思主义哲学认为："中介是客观事物转化和发展的中间环节，也是对立面双方融合和统一的环节。"从系统论的角度分析，所谓中介，是指两个或多个系统或者系统的构成要素间的中间媒体。①在社会系统中，尤其是进入信息化、全球化时代之后，由于经济的高速发展、信息的急剧膨胀，社会子系统间的沟通、交流与合作更加密切。

映射到教育中，根据系统论的中介解读，中外合作大学作为合作方优质教育资源的引入载体，其办学理念、办学模式、质量治理、学生发展等在本土国际化的过程中已自成特色，那么，其对国内普通高校的学生发展、改革创新等所产生的影响或启示，可通过"样本中介"这一本土概念来尝试进行解读。

1."样本中介"的价值识别

中外合作大学作为中国高等教育国际化进程中重要的发展战略之一，其在质量保障、人才培养模式、学生管理、教育教学改革等领域的独特尝试，已初见成效。从价值论的角度而言，有必要对质量文化视角下中外合作大学学生发展这一"样本中介"进行价值识别，挖掘其可能的借鉴价值。

一是对普通高校质量问责转向的可能性借鉴。在研究过程中发现，宁波诺丁汉大学、西交利物浦大学、北京师范大学—香港浸会大学联合国际学院等中外合作大学会不定期地对学生发展进行质量追踪调查。例如，"诺丁汉学生体验调查"（NSES——以前称为诺丁汉学生量表/晴雨表）是每年在诺丁汉大学（包括全球各分校）的学生中实施的一项调查，由专为英国教育部门提供咨询的I-graduate设计并管理。调查的问题包括总体满意度、选择申请缘由、新生入学、学习、生活、校园支持等主题。调查结果为学校的质量治理、学生发展提供决策支持，并以此作为全球各分校质量评估的内容之一。这一举措是将高等教育质量评估的重心由重视教育投入转到了重视学生体验、学生发展等衡量指标上，使得高等教育质量评估呈现多元化趋势，实现了质量评估的价值转向，更多融入了人本主义和后现代主义的评价视角。

二是对普通高校质量文化建设的可能性借鉴。教育部高教司原司长吴岩在2019年初的全国高教处长会上提出："2019年要努力建设以质量文化为核心的

---

① 颜丙峰,宋晓慧.教育中介组织的理论与实践[M].上海:上海人民出版社,2006:1.

高等教育奋进文化，续写中国本科教育的'十新'面貌。"① 并提到将要选树 30 所左右的质量文化建设示范校。本研究以"质量文化"为理论视角，从物质、行为、制度、精神质量文化四个层面来构建影响中外合作大学学生发展的理论框架，并建构学生发展的支持系统，应该说结合质性和量化的混合方法研究，架构起了较为完善的质量文化建设体系。"质量文化"无论作为一种建设理念，还是建设技术，对高等院校的质量保障长效机制的建立都起到了推动的作用。在高度重视内涵式发展的当下，质量文化培育是新时代高等教育内涵式发展的核心，完善高校内部质量保障体系建设是实现内涵式发展的必由之路。

三是对普通高校中外合作办学的可能性借鉴。中外合作办学是经济全球化、教育国际化的必然趋势，也是中国教育事业的重要组成部分。教育部公布的数据显示，截至 2021 年 10 月底，经教育部批准或备案的中外合作办学机构和项目共有 2447 个，其中本科以上机构和项目 1295 个。② 中外合作大学作为中外合作办学的表现形式之一，在大学的价值增值、学生的发展增值、体制机制的改革创新等领域形成了特有的高等教育改革示范效应，在维护国家教育主权，主动服务党和国家工作大局，满足多样化、多层次教育需求的同时，更助推了世界一流大学和一流学科建设。应该说中外合作大学在一定程度上为大量镶嵌于国内普通高校中的以"二级学院"等形式为主的中外合作办学项目提供了鲜活的经验和有益的借鉴。

2."样本中介"的创新扩散

埃弗雷特·M. 罗杰斯在《创新的扩散》一书中提出了创新扩散理论，认为创新扩散理论是对个人和组织中思想、技术和实践的传播的研究。③ 质量文化视角下中外合作大学学生发展这一"样本中介"，作为具体的研究过程，抑或是系统的研究结果，对普通高校的学生发展价值取向、维度认知以及理论和实践视

---

① 河南省教育厅 .2019 年全国高教处长会在郑召开 .[EB/OL].(2019－02－13)[2024－03－14]. https://www.henan.gov.cn/2019/02－13/734030.html

② 中国教育新闻网 . 中外合作办学国外优质教育资源本土化建设研究 [EB/OL].(2023－01－19)[2023－10－10]. https://baijiahao.baidu.com/s?id=1754537962778010293&wfr=spider&for=pc.

③ 谢莹莹 . 创新的扩散 : 中外合作大学学生社团发展特色及其影响因素研究 [J]. 中国青年研究 ,2018(2):107.

角的选取具有可能性的传播意义或创新性的借鉴价值。

一是对普通高校学生发展价值取向的可能性借鉴。黄四林等学者在《学生发展核心素养研究的国际分析》中提出，在核心素养的价值取向中，不同的国家和区域呈现出了不同的取向选择，例如经济合作与发展组织（OECD）"以培养完整的人为价值取向，目标是实现个人成功的生活和社会的健全发展"，而"美国以未来社会职业需求为价值取向，意在培养学生在将来工作和生活中所必须掌握的技能、知识和专业职能"。[①] 这一研究结果与本研究的初期结果基本相符，中英、中国内地和中国香港合作背景的中外合作大学较倾向于"OECD型"，中美合作背景的中外合作大学倾向于后一种类型，但又不完全相符。本研究经过量化和质性的混合方法研究，最终提出的中外合作大学学生发展的价值取向定义为——"培养具有爱国主义情怀的国际化人才"。这是兼具国际化、时代性与民族性的学生发展价值取向。这一价值取向对于在国际化浪潮中奋力前行的普通高等院校而言，具有一定的人才培养定位参考意义，可以避免学生在发展过程中因价值观失衡而丢失了作为本民族、本国家成员应有的秉性和认知。这一价值取向也是对于高校应该"培养什么样的人"的最掷地有声的回答——需要扎根中国大地培养人。

二是对普通高校学生发展共识性子维度与核心能力培养的可能性借鉴。首先是共识性的三个子维度。林崇德等学者认为，尽管学生发展核心素养价值取向各个国家和地区各有差异，但是在其内容维度上却存有一致性：与文化知识学习有关的素养、与自我发展有关的素养、与社会参与有关的素养。[②] 本研究通过混合方法研究得出的学生发展三个子维度与其基本相近——通识教育、知识技能、个人社会性发展。似乎有理由相信，普通高校和特殊类型学校的学生发展可以通过这三个共识性子维度展开研究与剖析，来进一步获取学生发展现状展示和背后影响机制的数据展示。其次是特色性的核心能力挖掘。"批判性思考、独立思考能力；跨文化（接受、学习、交流）能力；外语能力；能够主动学习、积极思考，寻找自己所需要的信息；形成自己的价值及伦理标准；分析

---

① 黄四林, 左璜, 莫雷, 等. 学生发展核心素养研究的国际分析 [J]. 中国教育学刊, 2016(6):10.
② 黄四林, 左璜, 莫雷, 等. 学生发展核心素养研究的国际分析 [J]. 中国教育学刊, 2016(6):11.

和逻辑思维能力；全球化视野；信息技术能力；发展与人合作的能力；适应变化能力；博雅教育意识；国家和社会责任感提升"这 12 个方面是本研究提出的中外合作大学学生发展的核心能力。这一结果有助于思考：不同的高校是否可以深入而全面地挖掘本校学生的独特的核心能力，并以此有针对性地进一步解决学生发展的瓶颈问题，或者通过背后影响机制的剖析来进一步提升学生发展能力？同时也有助于思考：对于追求国际化发展程度高的部分高校而言，人才培养的质量，或许可以参考以上这 12 个方面。

三是对普通高校学生发展理论与实践视角选取的可能性借鉴。本研究关于中外合作大学学生发展的影响因素、影响机理、支持系统都是在"质量文化"的视角下或者说理论框架下展开探讨的。先前高等教育领域关于学生发展的研究较多通过学生发展理论和院校影响力理论来呈现发展结果和解释发展过程，本研究选取了"质量文化"理论，对普通高校的学生发展研究来说，或许是一种可能的创新和可能的扩散。因为通过这一框架发现：首先，高等教育的质量文化可以由物质层、行为层、制度层、精神层四个层面来构成，而且探索性因子分析和验证性因子分析呈现了良好的信效度和结构的稳健性。其次，在由质量文化四个层构建的中外合作大学学生发展影响机理模型中，所有自变量对因变量学生发展的解释力达到了 91%，呈现出较高的解释水平。同时证实了"中外合作大学质量文化四个层通过链式多重中介作用正向影响学生发展"。在链式多重中介效应中，"物质层质量文化→行为层质量文化→制度层质量文化→精神层质量文化→学生发展"是最重要的一条影响路径。这条完整的链式影响路径，呈现了一种链式驱动理论。再次，支持系统的四个方面的探讨也紧扣学生发展的良好预期而展开。当然，选取"质量文化"这一理论或技术手段，既是一种创新，也是一种挑战，因为"质量"和"文化"本身就是两个莫衷一是的概念。叠加而成的新理论、新概念在实际操作过程中，需要针对不同的高校特质进行不同的解读和把握。

二、研究局限与展望

尽管研究有所收获，但尚存在一些不足，有必要提出未来有待进一步完善与发展的研究方向和内容。

首先，对于中外合作大学学生发展研究更重要的意义在于，需要通过长期的数据积累，建立覆盖所有 10 所中外合作大学的数据库和数据模型，通过横向、纵向的比较，更深入地发现个体高校的不足并借此改进、提升。可以说数据模型和数据库的积累与建立十分必要。

其次，进行深入的比较研究或许会有更多惊喜。可对不同合作背景或不同合作类型的中外合作大学学生发展进行深入的比较研究，例如中英合作、中美合作、中国内地与中国香港合作、中俄合作、中以合作，因为不同的中外合作模式对学生发展有不同的影响力和渗透力。也可对跨境高等教育分支机构的学生发展进行比较研究，例如对英国诺丁汉大学和其在中国宁波及马来西亚分校的学生发展进行比较研究。还可以将中外合作大学与中方母校的学生发展进行比较研究，例如对西交利物浦大学与西安交通大学的学生发展进行比较研究。相信会有一些有意义的值得借鉴与反思的研究结果。

最后，中外合作大学的学生结构比较复杂，尽管本研究的研究对象是中外合作大学的本科生，但实际覆盖的是境内本科生，本科生中的国际生并未触及。倘若进行延伸研究，可能会对研究中的指标构成和结果呈现有一定的补充价值。

参考文献

中文参考文献

中文书籍:

1. 鲍威.未完成的转型:高等教育影响力与学生发展 [M]. 北京:教育科学出版社,2014.

2. 克拉克.高等教育系统:学术组织的跨国研究 [M]. 王承绪,徐辉,殷企平,等译.杭州:杭州大学出版社,1994.

3. 陈向明.质的研究方法与社会科学研究 [M]. 北京:教育科学出版社,2016.

4. 陈玉琨,等.高等教育质量保障体系概论 [M]. 北京:北京师范大学出版社,2004.

5. 邓津,林肯.定性研究:经验资料收集与分析的方法 [M]. 重庆:重庆大学出版社,2007.

6. 博耶.大学——美国大学生的就读经验 [M]. 徐凡,等译.北京:北京师范大学出版社,1993.

7. 范富格特.国际高等教育政策比较研究 [M]. 王承绪,等译.杭州:浙江教育出版社,2001.

8. 高耀明.大学生学习问题研究:就读经验·学习适应·参与管理 [M]. 上海:学林出版社,2013.

9. 龚益鸣.现代质量管理学 [M]. 北京:清华大学出版社,2003.

10. 郭丽君.中国跨国高等教育质量保障体系研究 [M]. 北京:社会科学文献出版社,2014.

11. 韩映雄,林倩仪.创造有意义的大学新生经历 [M]. 上海:上海教育出版社,2009.

12. 华长慧，孙珂.高水平中外合作大学研究——理论建构与实践探索 [M].北京：高等教育出版社，2018.

13. 黄海涛.学生学习成果评估：美国高等教育质量保障研究 [M].北京：教育科学出版社，2014.

14. 胡子祥.学生参与高等教育质量评估机制研究 [M].成都：西南交通大学出版社，2015.

15. 蒋凯.全球化时代的高等教育：市场的挑战 [M].北京：北京大学出版社，2013.

16. 江彦桥，上海市教育评估院.跨境教育监管与质量保障 [M].北京：高等教育出版社，2014.

17. 李盛兵.跨国高等教育人才培养模式研究 [M].北京：人民出版社，2010.

18. 林金辉，刘志平.高等教育中外合作办学研究 [M].广州：广东高等教育出版社，2010.

19. 林金辉.中外合作办学教育学 [M].厦门：厦门大学出版社，2011.

20. 林金辉，薛卫洋.中外合作办学规模、质量、效益研究 [M].厦门：厦门大学出版社，2016.

21. 林金辉，鄢晓，薛卫洋.中外合作办学与国际化人才培养 [M].厦门：厦门大学出版社，2015.

22. 刘广第.质量管理学 [M].北京：清华大学出版社，2003.

23. 德威利斯.量表编制：理论与应用 [M].席仲恩，杜珏，译.重庆：重庆大学出版社，2016.

24. 马陆亭.高等学校的分层与管理 [M].广州：广东教育出版社，2004.

25. 戚维明，罗国英.质量文化建设方略 [M].北京：中国标准出版社，2011.

26. 史静寰，罗燕，赵琳，等.本科教育：质量与评价（2009—2011）[M].北京：教育科学出版社，2014.

27. 唐仁春.高等学校全面质量管理策略研究 [M].长沙：湖南人民出版社，2011.

28. 陶西平.教育评价辞典 [M].北京：北京师范大学出版社，1998.

29. 田锋 . 国际高等教育质量外部保障实践的研究 [M]. 广州：华南理工大学出版社，2014.

30. 王剑波 . 跨国高等教育与中外合作办学 [M]. 济南：山东教育出版社，2004.

31. 韦伯 . 社会科学方法论 [M]. 北京：中央编译出版社，1998.

32. 魏文斌 . 第三种管理维度：组织文化管理通论 [M]. 长春：吉林人民出版社，2006.

33. 温忠麟 . 调节效应和中介效应分析 [M]. 北京：教育科学出版社，2012.

34. 吴明隆 . 问卷统计分析实务——SPSS 操作与应用 [M]. 重庆：重庆大学出版社，2016.

35. 吴明隆 . 结构方程模型——AMOS 的操作与应用 [M]. 重庆：重庆大学出版社，2019.

36. 吴岩，周爱军，李亚东 . 国际高等教育质量保障体系新视野 [M]. 北京：教育科学出版社，2014.

37. 萧俊明 . 文化转向的由来——关于当代西方文化观念、文化理论和文化研究的考察 [M]. 北京：社会科学文献出版社，2004.

38. 杨福家 . 博雅教育 [M]. 上海：复旦大学出版社，2014.

39. 叶宝娟，胡竹菁 . 中介效应分析技术及应用 [M]. 北京：中国社会科学出版社，2018.

40. 克雷斯维尔，查克 . 混合方法研究：设计与实施 [M]. 游宇，陈福平，译 . 重庆：重庆大学出版社，2017.

41. 克雷斯维尔 . 研究设计与写作指导：定性、定量与混合研究的路径 [M]. 崔延强，译 . 重庆：重庆大学出版社，2016.

42. 张公绪，孙静 . 新编质量管理学 [M]. 北京：高等教育出版社，2003.

43. 张劲英 . 中国研究型大学本科新生学业成就之影响因素分析 [M]. 杭州：浙江大学出版社，2017.

44. 郑金洲 . 教育文化学 [M]. 北京：人民教育出版社，2000.

45. 中国质量协会 . 质量文化在中国 [M]. 北京：中国社会科学出版社，2007.

46. 钟秉林 . 大学的走向 [M]. 北京：商务印书馆，2015.

中文期刊：

1. 安富海.学生发展增值评价的"学生立场"及其实现路径 [J].教育发展研究，2023（10）：27-32.

2. 鲍威.未完成的转型——普及化阶段首都高等教育的人才培养与学生发展 [J].北京大学教育评论，2010（1）：27-44.

3. 鲍威.高等院校教学质量与教育成果及其关联性的实证研究——基于北京市高校学生学业状况的调研 [J].大学（研究与评价），2008（3）：71-82.

4. 曹雅洁，王保星.以自由教育夯实学生发展根基：斯坦福大学一年级本科生教学改革实践解析 [J].中国高教研究，2022（8）：49-54.

5. 岑劲需.高等教育的多样化与跨国模式——马来西亚私立高等教育的发展和变革 [J].民办教育研究，2006（4）：97-102.

6. 车伟民，孔令凯.我国跨境教育的质量风险分析 [J].中国高等教育，2010（5）：25-27.

7. 陈佑清，蔡其全.关于知识学习对于学生发展作用的三种误解 [J].华中师范大学学报（人文社会科学版），2021（3）：153-160.

8. 程明明，常桐善，黄海涛.美国加州大学本科生就读经验调查项目解析 [J].清华大学教育研究，2009（6）：95-103.

9. 董立平，孙维胜.大学质量文化的本质特征与结构剖析 [J].当代教育科学，2008（13）：6-9.

10. 傅根生，唐娥.高校质量文化研究：问题与思考 [J].国家教育行政学院学报，2009（11）：15-18.

11. 顾明远.教育的国际化与本土化 [J].华中师范大学学报（人文社会科学版），2011（6）：123-127.

12. 顾明远.世界高等教育发展的基本趋势和经验 [J].北京师范大学学报（社会科学版），2006（5）：26-34.

13. 郭强，刘玥."双一流"背景下中外合作大学人才培养现状分析 [J].黑龙江高教研究，2021（3）：52-58.

14. 海迪·罗斯，罗燕，岑逾豪.清华大学和美国大学在学习过程指标上的比较：一种高等教育质量观 [J]. 清华大学教育研究，2008（2）：36–42.

15. 韩延明. 新时代大学质量文化探要 [J]. 中国高教研究，2022（9）：32–37.

16. 韩映雄，梁亦菡. 高等教育质量保障体系中的质量文化建设 [J]. 中国高等教育评估，2006（4）：28–29＋38.

17. 何茂勋. 高校质量文化论纲 [J]. 高教论坛，2004（3）：140–145.

18. 洪煜，钟秉林，刘丽. 高等教育中外合作办学的现状、问题与对策——基于教育部中外合作办学监督工作信息平台数据的统计分析 [J]. 国家教育行政学院学报，2016（11）：29–38.

19. 黄启兵，毛亚庆. 从兴盛到衰落：西方高等教育中的全面质量管理 [J]. 比较教育研究，2008（3）：56–60.

20. 黄水香. 从质量管理到质量文化：应用型本科院校高质量发展的出路 [J]. 应用型高等教育研究，2022（4）：15–19.

21. 蒋家东，徐哲. 质量文化研究（下）——维度及模式分析 [J]. 航空标准与质量，2000（3）：22–26.

22. 蒋友梅. 转型期中国大学组织内部质量文化的生成 [J]. 江苏高教，2010（5）：54–57.

23. 李福辉. 欧洲高校与质量文化：迎接质量保证的挑战 [J]. 山东教育学院学报，2009（6）：40–42.

24. 李佳丽，张平平，武玮. 家庭教育投入对学生发展的异质性影响效应研究 [J]. 国家教育行政学院学报，2021（8）：35–45.

25. 李文利. 高等教育之于学生发展：能力提升还是能力筛选？[J]. 北京大学教育评论，2010（1）：2–16＋188.

26. 林崇德. 中国学生发展核心素养：深入回答“立什么德、树什么人” [J]. 人民教育，2016（19）：14–16.

27. 林浩亮. 质量文化建设：新评估周期高校内部教育质量保障新思维 [J]. 长春工业大学学报（高教研究版），2014（3）：29–32.

28. 林金辉. 中外合作办学基本规律及其运用 [J]. 江苏高教，2012（1）：47–50.

29. 林金辉. 中外合作办学中引进优质教育资源问题研究 [J]. 教育研究，2012

（10）：34–38＋68.

30. 刘尔思，车伟民，黄镇海.论我国高校多层次跨境教育质量控制体系的构建 [J].高等教育研究，2010（4）：41–45.

31. 刘桂辉，郑小琴.知识促进学生发展的条件及过程 [J].当地教育科学，2021（1）：29–34+64.

32. 刘海峰.高等教育的国际化与本土化 [J].中国高等教育，2001（2）：22–23＋29.

33. 柳士顺，凌文辁.多重中介模型及其应用 [J].心理科学，2009（2）：433–435.

34. 鲁学军，卜慧芬.学生发展视角下地方本科院校学生工作体系建构：理念、内容、路径 [J].江苏高教，2021（11）：103–107.

35. 罗燕，罗斯，岑逾豪.国际比较视野中的高等教育测量——NSSE-China 工具的开发：文化适应与信度、效度报告 [J].复旦教育论坛，2007（7）：12–18.

36. 民盟上海市委课题组，金忠明.关于中外合作办学运行机制的思考——以上海纽约大学为例 [J].教育发展研究，2012（7）：1–6.

37. 沈丹，陈阳，洪林.质量文化视域下创新创业教育内卷化及其纾解 [J].教育与职业，2022（8）：107–112.

38. 史静寰.走向质量治理：中国大学生学情调查的现状与发展 [J].中国高教研究，2016（2）：37–41.

39. 史秋衡，郭建鹏.我国大学生学情状态与影响机制的实证分析 [J].教育研究，2012（2）：109–121.

40. 孙珂.中外合作大学的办学体制模式研究——基于对 5 所中外合作大学的实地考察 [J].重庆高教研究，2014（1）：89–94.

41. 孙珂.中外合作大学课程体系建设的国际化视野与本土化转向 [J].重庆高教研究，2016（5）：96–102.

42. 孙珂.中外合作大学国际化人才培养的优势与挑战——以宁波诺丁汉大学为例 [J].世界教育信息，2014（24）：55–60.

43. 孙珂.中外合作大学学生学业成绩影响因素研究 [J].神州学人，2023（5）：
    39-43.

44. 唐大光.高校质量文化及其培育研究 [J].国家教育行政学院学报，2009（5）：
    23-27.

45. 唐文.培育以学生为中心的高等教育质量文化 [J].江苏高教，2009（6）：
    50-52.

46. 汤燕.中外合作大学与普通高校人才培养模式比较研究——以苏州大学和
    西交利物浦大学为例 [J].黑龙江教育，2014（7）：64-66.

47. 田健.教育质量文化建设的意义及其路径选择 [J].高等农业教育，2010（2）：
    42-44.

48. 王惠，傅文第.提高文化认同 建设中国特色大学质量文化 [J].教育探索，
    2021（8）：45-47.

49. 王建华.高等教育质量管理：文化的视角 [J].教育研究，2010（2）：57-62.

50. 王文静，陈方舟，蒋凯.解码高校学生发展的"黑箱"——齐克林大学生发
    展七向量理论评析 [J].现代大学教育，2022（5）：27-34.

51. 王晓黎.基于质量体系的质量文化实践探讨 [J].中国质量，2022（6）：
    66-68.

52. 王章豹，王朝兵.高校教学质量文化的层次结构和建设原则探析 [J].合肥工
    业大学学报（社会科学版），2011（5）：121-127.

53. 魏红，钟秉林.重视学生学习效果 改善教育评估效能——国际高等教育评
    估发展新趋势及其启示 [J].中国高教研究，2009（10）：16-19.

54. 魏晓雅.一流本科教育背景下高校人才培养的质量文化审思 [J].教书育人
    （高教论坛），2022（6）：4-6.

55. 邬大光.高等教育：质量、质量保障与质量文化 [J].中国高教研究，2022
    （9）：18-24.

56. 杨中超.大学对学生发展的影响：基于国外大样本元分析的证据 [J].外国教
    育研究，2021（3）：116-128.

57. 俞凌云，蒋凯.个体与环境互动视域下的高校学生发展——阿斯汀院校影

响与高等教育评价理论评析 [J]. 大学教育科学，2023（1）：104–113.

58. 余瑶 . 基于质量文化的高校内部质量保障体系内涵要素与建构逻辑 [J]. 中国成人教育，2022（10）：24–27.

59. 查强，康静，蒋家琼 . 中外合作办学研究：一个批判的文化主义视角 [J]. 大学教育科学，2012（2）：12–19.

60. 张娜 . 国内外学习投入及其学校影响因素研究综述 [J]. 心理研究，2012（2）：83–92.

61. 张瑞丹 . 基于哈贝马斯交往行为理论的高校质量文化建设研究 [J]. 科技视界，2021（20）：50–53.

62. 赵风波 . 中外合作大学的教学质量保障机制探析——基于宁波诺丁汉大学的分析 [J]. 中国高教研究，2014（6）：79–84.

63. 赵婷婷 . 大学质量文化：从合格质量转向创新质量 [J]. 教育研究，2023（4）：137–147.

64. 周廷勇，周作宇 . 高校学生发展影响因素的探索性研究 [J]. 复旦教育论坛，2012（3）：48–55＋86.

65. 周作宇，周廷勇 . 大学生就读经验：评价高等教育质量的一个新视角 [J]. 大学（研究与评价），2007（1）：27–31.

66. 钟秉林，王新凤 . 通识教育的内涵及其本土化实践路径探析 [J]. 国家教育行政学院学报，2017（5）：3–9.

67. 朱红 . 高校学生参与度及其成长的影响机制——十年首都大学生发展数据分析 [J]. 清华大学教育研究，2010（6）：35–43+63.

68. 朱江华 . 质量文化：地方院校师范专业发展的内生性建构思路探讨 [J]. 当地教育论坛，2022（5）：68–77.

69. 朱志勇 . 教育研究方法论范式与方法的反思 [J]. 教育研究与实验，2005（1）：7–12.

70. 朱志勇 . 教育研究者在质化研究中的"关系"：一种反思社会学的思考 [J]. 教育理论与实践，2001（6）：1–6.

学位论文及其他

1. 杜江月.高等教育中外合作办学引进优质教育资源的研究——以宁波诺丁汉大学为例 [D].金华：浙江师范大学，2015.

2. 杜云英.高等教育质量文化研究——以研究型大学 X 大学为例 [D].北京：北京师范大学，2012.

3. 韩映雄.高等教育质量精细分析 [D].上海：华东师范大学，2003.

4. 郝美玲.质量文化视角下高校内部质量保障体系研究 [D].哈尔滨：黑龙江大学，2009.

5. 黄琼萃.大学生就读经验调查 [D].上海：上海师范大学，2011.

6. 刘志平.高等教育中外合作办学引进优质教育资源问题研究 [D].厦门：厦门大学，2008.

7. 陆伊.基于胜任力的大学生综合素质评价指标体系研究 [D].苏州：苏州大学，2007.

8. 沈迎新.中外合作办学质量管理研究 [D].南京：南京师范大学，2013.

9. 夏欢欢.认识论信念视角下大学生批判性思维研究 [D].北京：北京师范大学，2016.

10. 阎光才.识读大学：组织文化的视角 [D].上海：华东师范大学，2001.

11. 杨珂珂.大学生社团参与及其对学生发展的影响研究 [D].上海：华东师范大学，2022.

12. 赵璐.中外合作大学的人才培养模式研究——以 X 大学为例 [D].上海：华东师范大学，2016.

13. 周菲.家庭背景对大学生学习投入的影响研究 [D].南京：南京大学，2015.

14. 邹韵.质量文化视域下师范人才培养持续改进的现状与优化策略研究——以 D 大学为例 [D].长春：东北师范大学，2022.

15. 顾明远.教育大词典（第 3 卷）[Z].上海：上海教育出版社，1991.

16. 罗竹风.汉语大词典（第 10 卷）[Z].上海：汉语大词典出版社，1993.

17. 钟秉林.在庆祝北京师范大学建校 100 周年大会上的讲话 [R].北京：北京师范大学 100 周年庆祝大会文件汇编（内部资料），2002.

英文参考文献

1. Abes E S, et al. Student Development in College: Theory, Research, and Practice (review) [J].Journal of College Student Development, 2011 (52): 131 - 133.

2. Adam S. Transnational Education Project[R].Report and Recommendations. London:University of Westminster, 2001.

3. Ahmad S Z. Evaluating Student Satisfaction of Quality at International Branch Campuses[J].Assessment & Evaluation in Higher Education,2015,40(4):488-507.

4. Altbach P G. Globalization and the University: Myths and Realities in An Unequal World[M]. Tertiary Education and Management,2004.

5. Amrein-Beardsley A. Methodological Concerns about the Education Value-added Assessment System[J]. Educational Researcher, 2008(37):65–75.

6. Anderman E M, Gimbert B, O'Connell A, et al. Approaches to Academic Growth Assessment[J]. British Journal of Educational Psychology, 2015(85):138–153.

7. Anderman E, Anderman L, Yough M, et al. Value-added Models of Assessment: Implications for Motivation and Accountability[J]. Educational Psychologist,2010(45):123–137.

8. Astin A W. Assessment for Excellence: the Philosophy and Practice of Assessment and Evaluation in Higher Education[M].Macmillan Publishing Company, 1991.

9. Astin A W. Student Involvement: A Developmental Theory for Higher Education [J].Journal of College Student Personnel,1984,25(4):297-308.

10. Astin A,et al. Student Involvement: A Developmental Theory for Higher Education[J]. Journal of College Student Personnel, 1999(25): 297-308.

11. Azzone G,et al. Factors driving university choice: a principal component

analysis on Italian institutions[J]. Studies in Higher Education, 2018 (45): 2426 - 2438.

12. Bergmark U,et al. Student participation within teacher education: emphasising democratic values, engagement and learning for a future profession[J].Higher Education Research & Development, 2018 (37): 1352 - 1365.

13. Bernardo M, et al. The Making of Heroes: A Grounded Theory on Student Development[J].Asia-pacific Social Science Review, 2008(7): 1-1.

14. Bowen H R. Investment in Learning: The Individual and Social Value of American Higher Education[M].San Francisco:Jossey-Bass, 1977.

15. Burnstad H M, et al. Putting Students First: How Colleges Develop Students Purposefully[J]. Community College Journal of Research and Practice, 2007 (31): 245 - 247.

16. Chickering A W.,Gamson,Z.F. Seven Principles for Good Practice in Undergraduate Education[J].AAHE Bulletin,1987,39(7):3-7.

17. Colling C, Harvey L. Quality Control, Assurance and Assessment-the Link to Continuous Improvement[J].Quality Assurance in Education,Vol.3.1995.

18. CSEQ. At a Glance[EB/OL].(2013-02-02)[2019-01-13].http://cseq.iub.edu/cseq_glance.cfm.

19. Damme D V. Quality Issues in the Internationalisation of Higher Education[J]. Higher Education, 2011,41(4):415-441.

20. Deci E L, Ryan R M. Facilitating Optimal Motivation and Psychological Well-Beingacross Life's Domains[J]. Canadian Psychology, 2008(49):14–23.

21. Dudley-Marling C,et al. Teacher Quality: The Perspectives of NCTE Members[J].English in Education, 2006(38): 167-193.

22. Dumitraşcu O, et al. Modeling Factors with Influence on Sustainable University Managemen[J].Sustainability, 2015 (7): 1-20.

23. Dzimińska M,et al. Trust-Based Quality Culture Conceptual Model for Higher Education Institutions[J]. Sustainability ,2018,10(8):2599.

24. Ehlers U -D. Moving from Control to Culture in Higher Education Quality[J]. Changing Cultures in Higher Education,2010(9):385-401.

25. Ehlers U -D. Understanding Quality Culture[J].Quality Assurance in Education,2009,17(4):343-363.

26. European University Association. EUA's Quality Culture in European University:A Bottom-up Approach.Report on the Three Rounds of the Qualtiy Culture Project 2002-2006[EB/OL](2012-02-01)[2018-06-03].http://www.eua. be/eua/jsp/en/upload/Quality_Culture_2002_2003.1150459570109.pdf,2012- 2-1.

27. European University Association. Examining Quality Culture Part II: Processes and Tools Participation, Ownership and Bureaucracy[EB/OL].(2012-02-01) [2018-06-03]. http://www.eua.be/pubs/Examining_Quality_Culture_Part_II. pdf.

28. European University Association. Examining Quality Culture Part II: Quality Assurance Processes in Higher   Education Institutions[EB/OL].(2012-02-01) [2018-06-03].http://www.eua.be/pubs/Examining_Quality_Culture_Part_I.pdf.

29. Foubert J, et al. A Longitudinal Study of Chickering and Reisser's Vectors: Exploring Gender Differences and Implications for Refining the Theory[J]. Journal of College Student Development, 2005 (46): 461 - 471.

30. Gvaramadze I. From Quality Assurance to Quality Enhancement in the European Higher Education Area[J].European Journal of Education,2008,43(4).

31. Hanushek E A. The Impact of Differential Expenditures on School Performance[J]. Educational Researcher,1989,18(4):45-62.

32. Harvey L A. Critical Analysis of Quality Culture[EB/OL].(2012-02- 08)[2018-12-20]. http://www.inqaahe.org/admin/files/assets/subsites/1/ documenten/1241773373_16-harvey-a-critical-analysis-of-quality-culture.pdf.

33. Harvey L, Knight,P. Transforming Higher Education[M].Buckingham,SHRE/ Open University Press, 1996.

34. Harvey L. Quality Culture Understandings, Boundaries and Linkages[J]. European Journal of Education, 2008,43(4):427-442.

35. Hatcher L, Kryter K, Prus J S, et al. Predicting College Student Satisfaction, Commitment and Attrition from Investment Model Constructs[J].Jounal of Applied Social Psychology,1992,22(16):1273-1296.

36. Hill Y,et al. Students' perceptions of quality in higher education[J]. Quality Assurance in Education, 2003 (11): 15-20.

37. Indiana University. National Survey of Student Engagement[EB/OL].(2015-03-25)[2019-10-10]. http://ness.iub.edu/html/about.cfm.

38. Jian-fang C, et al. The Effective Way to Improve the Talent Training Quality of Sino-Foreign Cooperation in Running Schools[J]. Theory and Practice of Education ,2011(1):1-6.

39. Joe B. A Total Quality Culture[J]. Management Review, New York, 1994, 83(5): 61.

40. Kadhila N,et al. Strengthening internal quality assurance as a lever for enhancing student learning experiences and academic success: lessons from Namibia[J]. Quality in Higher Education, 2019 (25): 20 - 4.

41. King P M, et al. Using Student Development Theory to Inform Institutional Research[J]. New Directions for Institutional Research, 2000 (108): 19-36.

42. Kuh G D, Kinzie J, Buekley J A, et al. What Matters to Student Success: A Review of the Literature[J].National Postsecondary Education Cooperative Commissioned Paper, 2006.

43. Kuh G D. Their Own Words: What Students Learn Outside the Class[J]. American Educational Research Journal,1993,20(2):277-304.

44. Kuh G D. What We're Learning About Student Engagement from NSSE: Benchmarks for Effective Educational Practices [J]. Change, 2003, 35(2): 24-32.

45. Kuh T S. The Structure of Scientific Revolutions(2nd ed.)[M].Chicago:

University of Chicago Press, 1970.

46. Lanarès J.Tracking the Development of a Quality Culture[EB/OL].(2011-12-23)[2019-02-01]. http://www.eua.be/typo3conf/ext/bzb_securelink/pushFile. php?Cuid＝3091.

47. Li-fang Z,et al. Cognitive development and student approaches to learning: An investigation of Perry's theory with Chinese and U.S. university students[J]. Higher Education, 2001 (41): 239-261.

48. Liston C. Students in Transnational Tertiary Education[J].Higher Education in Europe, 1999:425-437.

49. Marks G, et al. Inadequacies in the SES–Achievement model: Evidence from PISA and other studies[J]. Review of Education ,2021(3):11.

50. Miller-Idriss C, Hanauer E. Transnational Higher Education: Offshore Campuses in the Middle-cast[J].Comparative Education,2011(2):181-207.

51. Mok K H, Ong K C.Transforming from"Economic Power"to"Sot Power":Transnationalization and Internationalization of Higher Education in China[J].Survival of the Fittest, 2014(2):133-155.

52. Nuñez A, et al. Using Segmented Assimilation Theory to Enhance Conceptualization of College Participation[J]. Interactions: UCLA Journal of Education and Information Studies, 2004(1):1.

53. Pace C.Robert. Measuring Outcomes of College:50 Years of Fingdings and Recommendations for the Future[M].San Francisco:Jossey-Bass, 1979.

54. Pascarella E T, Terenzini P T. How College Affects Student[M].San Francisco:Jossey-Bass, 1991.

55. Pascarella E T. College Environmental Influences on Learning and Cognitive Development: A Critical Review and Synthesis[G].J.Smart(ed.).Higher Education: Handbook of Theory and Research.NY:Agathon, 1985:10.

56. Pascarella E. College Environmental Influences on Learning and Cognitive Development:A Critical Review and Synthesis[M].Smart,J.

Higher Education:Handbook of Theory and Research(Vol.1).New York:Agathon,1985:1-62.

57. Pennings H,et al. Interpersonal adaptation in teacher-student interaction[J]. Learning and Instruction ,2018(6):41-57.

58. Podsakoff P M, MacKenzie S B, Lee J Y, et al. Common Method Biases in Behavioral Research: A Critical Review of the Literature and Recommended Remedies[J]. Journal of Applied Psychology,2003,88(5):879-903.

59. Richard P. Standards and Quality in Education[J].British Journal of Education Studies,XL(3), 1992.

60. Saa A A,et al. Factors Affecting Students' Performance in Higher Education: A Systematic Review of Predictive Data Mining Techniques.Technology[J]. Knowledge and Learning ,2019(24): 1-32.

61. Schein E H. Organizational Culture[J].American Psychologist,1990,45(2).

62. Schein E H. The Corporate Culture Survival Guide: Sense and Nonsense about Culture Change[M].San Francisco:Jossey-Bass Publishers, 1999.

63. Sheppard C,et al. Course Design, Teaching Method and Student Epistemology[J]. Higher Education, 1991(22): 229-249.

64. Shouping H, et al. Maximizing What Students Get Out of College: Testing a Learning Productivity Model[J]. Journal of College Student Development, 2003 (44): 185 - 203.

65. Shulruf B,et al. Individual and school factors affecting students' participation and success in higher education[J]. Higher Education, 2008(56): 613-632.

66. Sia E K. Intercultural Competence Teaching in Transnational Higher Education:A Case Review of an International Branch Campus in Uzbekistan[J]. Journal of Education for Teaching,2015:1-12.

67. Sibanda L,et al. Factors Influencing Academic Performance of University Students[J].Demography and Social Economy ,2015(2): 103-115.

68. Soria K M. Class Counts : Experience Difference in Academic and Social

Integer Between Working and Middle/upper-class Students at Large[J].Public Research University, College Student Retention,2013-2014,15(2):215-242.

69. Torres V, et al. Identity Development Theories in Student Affairs: Origins, Current Status, and New Approaches[J]. Journal of College Student Development, 2009 (50): 577 - 596.

70. Weimer M. Undergraduate Socialization: A Conceptual Approach[G].J.Smart. Higher Education: Handbook of Theory and Research.NY:Agathon, 1989.

71. Wilkins S, Balakrishnan M S, Huisman,J. Student Choice in Higher Education:Motivations for Choosing to Study at an International Branch Campus[J].Journal of Studies in International Education,2011:413-433.

72. Yi F. University of Nottingham Ningbo China and Xi'an Jiaotong-Liverpool University:Globalization of Higher Education in China[J].Higher Education,2013(65):471-485.

73. Yorke M. Developing a Quality Culture in Higher Education[J].Tertiary Education and Management,2000(6):19-36.

74. Zhang C. Transnational Higher Education in China:Why Has the State Encouraged its Development? [M]. Stanford University, 2003.

75. Zhaohong L, et al. Research and Practice of Quality Culture Construction in Universities[C]. 2021 2nd Asia-Pacific Conference on Image Processing, Electronics and Computers ,2021.